英语教育与教师教育研究

English Language Education and Teacher Education Research

第3辑

首都师范大学外国语言学及应用语言学研究所　编

首都师范大学出版社
CAPITAL NORMAL UNIVERSITY PRESS

图书在版编目(CIP)数据

英语教育与教师教育研究．第3辑/首都师范大学外国语言学及应用语言学研究所编.—北京：首都师范大学出版社，2013.5（2014.03重印）

ISBN 978-7-5656-1518-4

Ⅰ.①英…　Ⅱ.①首…　Ⅲ.①英语－教学研究－文集　Ⅳ.①H319.3－53

中国版本图书馆CIP数据核字(2013)第099068号

YINGYU JIAOYU YU JIAOSHI JIAOYU YANJIU

英语教育与教师教育研究（第3辑）

首都师范大学外国语言学及应用语言学研究所　编

首都师范大学出版社出版发行
地　址　北京西三环北路105号
邮　编　100048
电　话　68418523(总编室)　68982468(发行部)
网　址　www.cnupn.com.cn
三河市博文印刷厂印刷
全国新华书店发行
版　次　2013年5月第1版
印　次　2014年3月第2次印刷
开　本　787mm×1092mm　1/16
印　张　14
字　数　262千
定　价　28.00元

目　录

理论探索

话语研究

大学英语教学

中小学英语

文化、翻译与文学

理论探索

语言意义的形式化理论问题思考

北京工商大学　赵　华　首都师范大学　隋　然

摘　要：在语言意义理论研究中，语言学家遭遇的是哲学的传统问题——语言与思维问题。将人类思维过程视为计算过程是当代心理学提出的一个假说；认知科学认为，人类的认知就是知识的逻辑运算，也即思维就是计算，这最终将导致语言学研究进入自然科学领域。信息的计算化处理与语言的意义发生最广泛的关系，对于伴随功能语言学、认知语言学、语用学等学科动态发展的语义形式化研究而言，势必要解决自然语言及其意义的形式化问题，也即人类言语思维的形式化问题。语义形式化如同计算化，其取决于先验语言的表述，包括深入的原则陈述、系统的形式化、理性主义重建、新概念和新范畴的不断提出等等。形式化或计算化的目的在于逻辑语言对自然语言进行严格和精确的描写并完善这一过程。

关键词：语言与思维；语言意义理论；自然语言与逻辑语言；语义形式化

语言是一项具有生理和心理基础的知识结构和知识系统，在语言学研究和语言符号研究中，认识论和方法论是关键问题。在语言符号系统内，演绎模式与语言意义的关系最为密切，一般被理解为信息传达的主要途径。这涉及语言的功能问题，并通过语言的结构和形式反映出来。语言意义的研究迄今仍然是一个悬而未决的问题，这一问题仍然妨碍语言学成为货真价实的“严格科学”，尽管语言符号和语言形式的描写已经达到很高的严格程度。对于内容表达而言，世界上几乎所有的自然语言都存在“意义”和“意向”两种概念，它们对应的是本质上二位一体的两种实体：内容表达与信息传达。在这一语境中，语言学家遭遇的是哲学中的传统问题—语言与思维问题。

1. 语言哲学认识论中的语言意义理论问题

美国实用主义哲学家理查德·罗蒂(R. Rorty)在《哲学与自然之镜》(*Philosophy and the Mirror of Nature*，1979)中，以戴维森(D. Davidson)的研究思想为主要依据，对认识论(epistemology)和语言哲学(philosophy of language)的关联问题进行了探索，并试图将分析哲学与欧洲大陆哲学联系起来，并成为认识论和语言哲学关系的元层次(metalevel)分析。罗蒂首先将认识论视为认知研究的传统学说——对心智以外所有事物的精确表示，以及对该表示构成方式的理解和对普遍表示理论的创建，其基础是视觉隐喻(picture metaphor)和镜像隐喻(metaphor of mirror)，而将这种认识论或传统认知理论予以具体化表达的则是洛克(J. Locke)、笛卡儿(R. Descartes)和康德(I. Kant)。维特根斯坦(L. Wittgenstein)、海德格尔(M. Heidegger)等哲学家则提出了其他的一些研究方法。

在语言哲学研究过程中必然会出现各种变体现象，比如弗雷格(G. Frege)和塔尔斯基(A. Tarski)的“纯粹型”语言哲学，不存在认识论上的预设观点，也不触及哲学的传统问题，以及罗素(B. Russell)、卡尔纳普(R. Carnap)和奎因(W. Quine)的“混合型”语言哲学，从中可以发现明显的传统认识论痕迹。戴维森认为，“混合型”语言哲学将纯粹的意义理论与传统的认识论研究混为一谈，从而导致此后的操作主义(operationalism)、实证主义(verificationism)传统主义(conventionalism)等流派产生各种不同的形式和变体。所以，有必要在语言哲学概念中消除非认识论倾向，与此相关的是消除意义问题与事实问题的差异，并对康德关于情感接受与先验概念差异一说进行语言学意义上的重新阐释。这实际上并非意味着尝试描写现实的真理和最终结构，而是意味着对现实仅仅进行部分描写的方法，也即对语言的使用情况实行描写的方法。语言真值理论(theory of linguistic truth)研究方法最终将导致两种可能性的丧失：既不能将哲学问题进行形式化表述，也不可能说明语言与世界的关系，使得问题的研究变成对各种语句使用条件和状况的解释。

分析哲学认为，哲学的主要任务是对意义进行分析，意义理论不仅是认识论的理据，而且也是整个哲学的理据，语言哲学是研究理据的学科，认识论问题只有在意义理论中才能得到正确的解决。这一被语言哲学视为“第一哲学”的意义理论引起明确的异议。理查德·罗蒂指出，亚里士多德(Aristoteles)未提出认知理论，也未感到提出认知理论的必要性，笛卡儿和洛克未提出意义理论，但他们都提出了哲学中的基本问题。理查德·罗蒂在研究语言哲学与传统哲学问题的关系时，对“混合型”语言哲学提出批评，认为不应该将问题从认识论引向语言哲学。语言哲学认识论的“超级任务”是阐明语言的工作机制，发现语言“套住”世界的奥秘，其中自然也包括真值和认知成为可能的原因。如果说语言在事实关系上与世界紧密相连，那么人类将永远处于与世界的联系之中，同时也将永远面临丧失与世界联系的风险。奎因反对区分综合句子(synthetic sentence)和分析句子(analytic sentence)，也反对把每一个语句从术语简化成模式，因为这势必无法指明言语主体的丰富情感经验。奎因认为，“经验主义教条"的前提是研究孤立的句子，在理论语境中偏离其功能，只检验个别句子的真值，而非考察其整个系统。整体论(holism)及其研究方法将知识的真值问题引入整体评价范围，这实际上也是科学与非科学的区分问题。罗蒂认为，哲学面临的风险就在于对科学和非科学进行区分。罗蒂及其他哲学家的观点试图说明认识论及语言哲学问题的特点，指出以语言意义理论为核心的分析哲学搁置了语言的预设性和先验性，忽视了海德格尔所说的"人的本性寓于语言之中"这一事实，因为人类生存的第一空间是语言，在认识研究上要赋予语言以应有的位置，所以在意义理论语境下的语言研究似乎对认知理论毫无成效，应该首先将语言视为"世界经验"，将语言的认知问题的研究从语句层面转向人类作为认知主体所拥有的语言整体论研究方法层面上来，其中语言已不仅仅是符号系统及其意义，而且还是历史文化语境，甚至是"本体论视界"，因而解释学(hermeneutics)及其语言研究线索的"本体论转向"对认知哲学研究具有十分重要的意义，并有望走出"纯粹认识论"的误区。

加达默尔(H. Gadamer)关于语言在视度认知和表达中的作用的论述也很有意义，比如人们言语中的"落日"表达的是现实视度，任何处于静止状态的人看到的都是这一景象，对于人类的观察而言，"落日"具有现实性，因为这一现象与人类存在相关联，并不能以科学的视点予以否认(对于科学研究而言，这是地球运行旋转而产生的现象，不存在"日出"或"日落"的问题)，真理本身与对待世界的态度相关联，不存在完全纯粹意义上的真理，只有语言才能现实性地完全开启对待世界的特定态度，其中的视度与科学具有共存的权利。语言不仅保存常性的东西，而且还表达变性的东西，并且使凌驾于个体意识之上的现实变得清晰可见。加达默尔得出这样的结论："语言并非是反射思维的产物，世界的语言经验具有绝对性。"显然，这种解释学思想与其他各种不同的语言学理念总体上应该成为现代认识论及认知哲学的基础，并在人类学语境中及历史文化前提下予以研究。

对科学性知识(scientific knowledge)与叙述性知识(narrative knowledge)之间差异的研究导致语言与认知问题研究的新进展。与科学性知识相对应的叙述性知识指的是以叙述形式表现并为语用学所研究的知识(生活知识)。与认识论不同的是，认知哲学涉及各种不同类型的知识和语言，因而科学性和非科学性知识便成为基本问题之一，同时在研究现代主义与后现代主义之间的联系和差异方面具有社会文化意义。对科学性知识和叙述性知识的对比研究旨在解决"语言游戏"的一般研究方法问题。"语言游戏"现象如同"生活形式"，但"语言游戏"方法同样可以阐明语言的区别以及科学性知识和叙述性知识之间互为对立的特点。语言事实导致语用学研究的出现，其中包括"语言游戏"一说的创立及其方法的使用。人类的知识不仅仅是科学性知识，也不仅仅产生于具有真值标准的所指性语句，很多知识依托的是各种评价语句，这些所谓的叙述性知识并非完全与语句形式相关，它们通过叙述传达语用原则，建构社会联系。因此，叙述性知识引出大量的“语言游戏”。

科学性知识排除所有“语言游戏”的可能性(但不包括具有真值评价意义的所指性语句，因为这是一种证实性和仿造性语句)，以前在语句中积累的知识随时都可能被否定或忽然推翻，而那些直接实现社会文化联系的“语言游戏”也排除在科学性知识之外。与叙述性知识的“瞬间性”不同的是，科学性知识具有“历时性”，一方面在记忆中存储，另一方面又需要新探索。鉴于这种区别，不能以科学性论点评判叙述性知识，也不能以叙述性观点评判科学性知识，它们的标准各异，评判将造成错误。长期以来，所谓自然科学与人文科学的划分也正是基于这种差异，这实际上也是客观性和主观性的差异，后者通过语用原则确认自身，无需寻求论据和证据。

2. 自然语言与逻辑语言的关系问题

如果将语言的意义视为语言学的核心概念，那么就必须以十分精确的科学性手段对语言进行全方位的客观描写，但面临的问题十分复杂，其中认识论和方法论问题至关重要。

早在17—18世纪，德国哲学家、数学家、数理逻辑创始人莱布尼茨(G. W. Leibniz)就对哲学话语的自然语言属性提出了质疑，认为各种自然语言的民族性、地域性、不精确性和不规则性无法为哲学提供明确的概念和严密的推理，其主张在哲学话语中用数理逻辑语言取代自然语言。尽管这一想法未能完全实现，但至少表明了人类对自然语言的理性认识。以语言形式为载体的人脑与电脑的逻辑结构区别就归结为自然语言与非自然语言的本质性区别，尽管二者都具有逻辑结构，但后者具有的是精确的逻辑结构。所以，人脑与电脑的交际工具目前只能是逻辑语言，而非自然语言，计算机只能接受高度形式化的逻辑语言。将人类思维过程视为计算过程是当代心理学提出的一个假说。在认知科学中，符号主义(symbolicism)认为，认知是知识的逻辑运算(operation)，而思维就是计算(computation)。将自然语言规则予以形式逻辑化表达并使之可以“计算”，这只是计算机的自然语言理解和识别研究的首要步骤，而研究心智表现及其运算的认知科学理论追求的是心智研究的物质体现，这最终将导致语言学研究进入自然科学研究。如今，自然语言的形式化研究取得了重大发展，科学语言学的概念及研究方法逐渐产生和形成，其研究成果已经得到计算机科学的承认和接纳，并成为计算机逻辑语言的基础理论。

自然语言的形式化研究涉及人类智力活动计算能力的结构问题。在深入研究计算机理解和识别自然语言的过程中，人们所面临的问题已经从“电脑是否思维”转到“人脑是否计算”上来。如果说人脑的本质就是计算，并在科学的方法论意义上得到实证研究，那么与人类记忆、知觉、意象、概念等相关的自然语言理解和识别问题便可以成为计算机程序的研究对象，并通过递归性、聚合式、范畴化以及类型存储、水平搜索、垂直搜索、几何编码、语符编码等信息加工手段显示思维过程，从而得出类似人脑的输入输出系统、计算模拟描述和计算常规结构。自然语言的计算化技术致力于以可执行的程序代替日常语言的推理式解释，因而这也是自然语言逻辑形式化技术。

目前，自然语言的形式化分析和描写仍需要在理论上进一步探索。形式化如同计算化，取决于先验语言的表述，包括深入的原则陈述、系统的形式化、理性主义重建、新概念和新范畴的不断提出等等。形式化或计算化的目的在于完善逻辑语言对自然语言描写的严格性和精确性，没有先验语言的表述，就谈不上自然语言的形式化和计算化。现代计算机程序一般包括机械模仿和理解力模仿两个因素，其中机械模仿因素远远多于理解力模仿因素，而机械模仿这种模拟技术就是形式化技术，所以任何计算化的自然语言分析都主要依赖逻辑语言对这种分析的表述。自然语言的高度形式化描写对计算机程序的机械模仿至关重要，但这种形式化并非意味着纯粹的形式特征。

计算机程序是否可以成为人类理解力模仿的合适模型呢？这是一个很大的疑问，因为理解力模仿不同于机械模仿，它们之间的区别非常类似自然语言中形式操作与意义操作之间的区别。机械模仿涉及的是形式性质，而理解力模仿涉及的却是准语义性质，这两种模仿方式在计算机程序中往往错综复杂地共存，只是理解力模仿方式还十分薄弱。现阶段计算机以机械模仿为主并通过逻辑语言与人类的自然语言对话，这可以被视为计算机在某种程度上理解和识别自然语言，但还远远不够。现代逻辑学家对自然语言逻辑关系的句法和语义特征做出了区分，而对于逻辑形式化观念而言，表示句法和语义特征的逻辑语言（或元语言）孤立于感性意识，忽视或排除了意向意义、真值条件以及双语对译的等值性等复杂的直觉智力操作，自然语言表述的非常规推理和各种预设知识无法进入计算机程序，这在很大程度上限制了计算机对自然语言的理解和识别。即使是具有操作可能性的“形式语义学”或“纯语义学”，也无法解决人类计算所涉及的语境规约意义。“由于现代计算概念是一个非常有成效的新概念，与新技术的发展关系密切，因而在取自其他领域的旧有区分的框架（如形式和内容、句法和语义之间的区分）内不能把握它，我们对此完全不应该感到惊奇……人们至少在原则上能够区别神经元变形的生理形态和计算功能，也能够区别机械模拟提供类比的那些计算功能活动和理解力模拟提供类比的那些功能活动，包括内心表示。”(科恩，1998：228—256)

3. 语言意义与言语思维的形式化研究问题

语言学研究的主要任务之一是在所有自然语言中分离出共同的内核，并在这一基础之上建立“自然语义语言”，而“所有语言的共同内核可以被视作大量具体语言的同构现象，可以用于同一普遍自然语义元语言的不同语言学特点的变体阐释”。(Вежбицкая，1999：29)然而，“自 60 年代中期自然语义元语言理论产生以来，其基本假说和目的一成不变：寻求普遍的语义要素，拒绝人为的‘特征’和‘标记’，排斥意义表象的逻辑系统”。(同上：39)

这就出现了疑问：排除意义表象的逻辑系统，科学语义学或认知语义学是否可以成立？而这种语义学恰恰对作为“人类二阶大脑”(绝非人类大脑的延伸)的电脑理解和处理自然语言至关重要。“语言与思维”的传统基础研究认为，首先要在意义表达和接受方面辨别语言的各种基本和辅助功能，于是认知理论问题、情感经验与经验概念的关系问题、语言使用的方式和目的问题、信息及情感传达问题、个别和共同知识表达问题、语言的社会功能问题、语言符号与客观世界的关系乃至最终思维本身的实现等问题，统统被推至前台。人类的所有思维都是以经验为出发点，并最终返回到经验的终结点，在某种意义上数学的情况也是如此，问题是人类在科学研究中究竟与什么类型的经验打交道。至于语言学研究，其经验却具有本质上的悖论性——“思维经验”。认知理论习惯于区分思维与经验、思想与事实，语言学却又是“思维形式的思维”或“二阶思维”，因此语言学中的经验材料便是思想。从普遍相对论角度看，事实就是思想，就是一种脱离其产生语境的思想，也即以独立个体面貌被证实和展示的思想，如同日常生活用品一样。所以，物化的思想便是事实。在语言科学中存在经验与思维、事实与解释理论之间的区分，但这一区分归结于思维本身的自然属性，它存在于思维内部并对思维发生影响。事实充其量只不过是完成的思想，仿佛是某种固定下来的音、形、义同构的言语形式。

显然，在自然科学中，思想从未知趋向已知，新知识对旧知识做出补充，而语言学旨在发展、深化、扩充已有的知识并使之系统化，这些已有的知识常常表现为混乱的未经很好整理的思想或事实，于是在经验与理论之间产生了相对性差异，这种现实材料与理论结构之间的差异导致对经验进行整理和说明的需求。当然，如果理论本身变成经验也未尝不可，只要它取得相对终结性的结果并成为新的语言学研究的原始材料。语言学总结语言发展的聚合关系，追寻并分析已经形成的各种高级和低级形式，并在言语活动主体目不可及的层面上确定其联系。因此，传统语言学的“科学性”和“理论性”在本质上常常表现为一种纯粹的语言学及历史知识的功能，具有其独自的规则和语言游戏类型，具有其区别于自然科学的惯性研究方法。然而，这并非意味着“语文学、历史学、文化历史文献学及其他相近学科不可能在理想的‘科学性’和自然科学的客观性，尤其是形式化知识的福荫下发展”。（Микешина，2002：499）类似的观点和判断目前在几乎所有的人文科学领域中都占据上风，因为无论是过去还是现在，甚至在可预见的未来，人文科学研究的主观性都是其最显著的特点。但也不应该忘记，在已往的自然科学研究中又何尝不存在惊人的主观性并导致许多荒谬的结论呢。语言学研究不可能杜撰语言事实，其探寻新事实的可能性远远低于自然科学，但这并不能改变语言学研究认识论与方法论不断发展的本质，何况自然科学的使命也远不仅仅局限于发现新事实而已。

半个多世纪以来，语言学家不断追求语言学研究的科学性，其实现语言学研究科学性的愿望日趋强烈。美国语言学家布龙菲尔德(L. Bloomfield)曾为语言的意义问题所困扰，认为语言的意义研究无法达到语言的语音和形式研究的精确程度，结果提出了所谓的“无意义语言学”，意义被排除在科学语言学研究范围之外，意义问题成为科学语言学的薄弱环节。

认知科学似乎对语言学的这一窘迫状况有所改变，传统的思维与意义问题再次成为哲学以及语言学的主要研究对象，这一问题最终还进入心理学的核心概念。随着乔姆斯基(N. Chomsky)生成语法的出现，与形式系统相关的语言学研究方法引起了不同科学领域中众多学者的极大关注，因为这一语法首次提出了言语生成过程及其机制，在语言结构内部分离出语法(句法)系统的作用，并在这一系统中探究出特殊的由词汇单位生成语句的机制。至于说生成语法未能将句法与语义、语言能力与外部认知能力联系在一起，这当然是其缺陷，不过正是这一缺陷以空前的力量促使语言学界努力去填补所谓“乔姆斯基语法句法基要”所造成的语义空缺。

毫无疑问，语义空缺并未得到填补，无论是所谓的“形式语义学”，还是所谓的理论—模型语义学，都没有真正达到这一目的，即使是精于语句类型逻辑演算的“蒙塔古语法”，也只是在理论上证明了一个信念，即自然语言与逻辑语言的句法和语义在理论体系上具有同一性，但却无法完全自如地反映自然语言丰富和复杂的意义，逻辑语言的高度精确性与自然语言普遍的模糊性、较低的精确性以及较高的直觉判断效率性和可能性在句法和语义方面是否能够达到真正的统一，这仍然是语义学形式化研究的最大难题。

不研究语言的意义问题，就不可能研究人类的思维问题，反之，不研究人类思维的概念结构问题，同样也不可能研究语言的意义问题。语义形式化研究涉及语言学的科学性问题，对语言学研究意义重大，其中的关键因素是作为现代理论模型特点的计算化技术的应用，信息的计算化处理与语言的意义发生最广泛的关系，因而语义学的形式化研究势必伴随功能语言学、认知语言学、语用学等学科的动态发展，旨在解决自然语言及其意义的形式化问题，也即人类言语思维的形式化问题。这项工作十分艰巨，但在科学语言学中必须追求并接近这一目标，而且现阶段在某种程度上也未必不可行，否则将严重制约计算机技术的发展。

人类思想的重要成果之一，就是通过语言使转瞬即逝的日常生活经验获得具有普遍意义的规律并将其形式化。人类这种把获得的知识形式化的方法，最典型地表现在古希腊亚里士多德的形式逻辑中，几乎全部西方知识的结构都建立在亚里士多德逻辑的基础之上。按照这种逻辑，人类可以对自己的思想对象进行分类，由此形成概念，然后通过概念、判断和推理来论证和把握知识。在人类思想发展的过程中，具有决定性意义的是“思想符号化”和“符号通识化”，没有符号化的过程，人类只能停留在经验的阶段，很难形成具有普遍意义的思想，而且也无法与别人分享。从本质上说，符号化的目的是为了更加适合思想，也是为了交流和分享思想成果。在这个意义上，符号化的程度越高，传播和交流的效率也就越高。但人类思想和心智的功能毕竟存在两个方面，一方面是人类能够解释的思想过程，包括概念、判断、推理和记忆等，另一方面则是人类迄今尚无法做出解释的心智过程，包括情感、情绪和意志等。

4. 结语

从对后现代语言学研究的隐喻角度以及语言事实性的系统自身角度看，意向性是人性的主要部分，也即人类从精神和物质生活中获取意义的方式，而人类及其言语行为的开放性与意向的终结性表现出其自身的悖论，它们在意识和生物等多种层面上进行复杂的相互作用并导致发生转变。在这一转变的语境中考察人类的言语活动，其交流性和目标性在与其他系统的类比中更为明显。关于语言系统和言语系统的封闭性和开放性二元论势必引发界定方式的再认识，并促进二元论认识方式的转变，从而设立新的复杂层面和平台以使封闭性和开放性相互依存。人类个体的基本行为、记忆、感觉保持着所谓“一体的图式连续性”(Weiss，1970：213)。在一种层面上，人脑是“混乱的”，而在另一种层面上，人脑则具有非常复杂的模式，两个层面彼此不能相互取代，也不能相互简化，而是相互补充，处于统合状态。与人脑复杂的结构相适应的自然语言形式化研究必须考虑等级序列性、统一和互补的功能化及模式确认等。迈尔(E. Mayr)指出：“新实体在更高的整合水平上予以组合时，不是新实体的所有特点都是其构成特点的逻辑的或可预测的结果。”（Mayr，1988：34）帕蒂（H. Pattee）也曾经说过：“生物组织……具有无限的能力用以演变新功能以及新的控制等级水平，同时在每一水平上保持相对固定的基本构成。”（Pattee，1973：106—107）就语言学话语而言，言语行为各种功能之间的转化并不明显，但却具有神奇的力量，其事实依据在于生命系统与活动环境之间所保持的平衡状态，至于该平衡状态如何反映并运算，这是认知科学、认知语言学和计算语言学面临的最大挑战，其中涉及乔姆斯基提出的语言能力和语言行为以及他后来又提出的语法能力（grammatical competence）和语用能力（pragmatic competence）等问题。同时需要指出的是，人脑中储存的自然语言不仅仅意味着完整的一套词汇、语法以及习得的“开放观”，自然语言的完整存在是另一种意义上的事实。这种完整存在的自然语言正在被科学的自我意识和主导的逻辑语言所分解，并将其置于研究对象的地位，但科学的自我意识和主导的逻辑语言自身同时又是由自然语言建构而成的事实，这种情况使得我们很难单纯从工具意义上看待自然语言。

参考文献：

Блинов А. Л. 1992. Формальная онтология действий[C]. Логический анализ языка. Модели действия. Ин-т языкознания РАН. – М.: Наука.

Вежбицкая А. 1999. Семантические универсалии и описание языков[M]. Пер. сангл. А. Д. Шмелёва, под ред. Т. В. Булыгиной. – М.: Языки русской культуры.

Звегинцев В. А. 1996. Мысли о лингвистике. – М.: Изд-во МГУ.

Иванов Н. В. 2002. Проблемные аспекты языкового символизма (опыт теоретического рассмотрения). – Мн.: Пропилеи.

Кацнельсон С. Д. 2002. Типология языка и речевое мышление. Изд. 2-е, стереотипное. – М.: Эдиториал УРСС.

Киссель М. А. 2002. Метафизика в век науки. – Санкт-Петербург:《Искусство-СПБ》.

Кобозева И. М. 2000. Две ипостаси содержания речи: значение и смысл. Язык о языке: сб. статей / под общ. рук. и ред. Н. Д. Арутюновой. – М.: Языки русской культуры.

Кондратьевна П. Р. 2001. Речь: коммуникация, информация, кибернетика. Изд. 2-е, доп. – М.: Эдиториал УРСС.

Кронгауз М. А. 2001. Семантика. М.: Рос. гос. гуманит. ун – т.

Мельчук И. А. 1995. Русский язык в модели《Смысл – Текст》. – Москва – Вена: Школа《Языки русской культуры》, Венский славистический альманах.

Микешина Л. А. 2002. Философия познания. М.: Прогресс – Традиция.

Carnap R. 1951. The Nature and Application of Inductive Logic. University of Chicago Press.

Mayr E. 1988. Toward a New Philosophy of Biology：Observations of An Evolutionist. Cambridge，MA：Belknap Press of Harvard University Press.

Pattee H. 1973. (Ed.). Hierarchy Theory. New York：George Braziller.

Salmon W. 1984. Scientific Explanation and the Causal Structure of the World. Princeton University Press.

Shapere D. 1977. Scientific Theories and Their Domains. 2nd Ed，University of Illionis Press.

Weiss P. 1970. The Living System. In A. Koestler & J. Smythies(Eds.). Beyond Reductionism：New Perspectives in the Life Sciences[M]. New York：Macmillan.

袁毓林 . 1998. 语言的认知研究和计算分析[M]. 北京：北京大学出版社 .

[英]L. 科恩 . 1998. 理性的对话：分析哲学的分析[M]. 邱仁宗译 . 北京：社会科学文献出版社 .

作为副词短语作用域的介词短语之语篇意义[①]

首都师范大学　周晋英

摘　要：本文在系统功能语言学的框架内研究介词短语在副词词组中的意义和功能。我们首先确定研究对象是介词短语而不是介词词组，以及之所以称之为介词短语的原因，然后确定在副词词组中，介词短语作为作用域的功能。最后，我们对作用域的语篇功能进行分析。

关键词：介词短语；作用域；语篇功能

1. 介词短语和介词词组

对于 behind the tree 这样一个结构，学者有不一样的称谓。传统语法认为这是一个介词短语(prepositional phrase)，其构成是介词加上介词补语(prepositional complement)。介词表示介词补语和所在句子中某个成分之间的关系，可以充当介词补语的有名词短语(如 above the computer)、名词性从句(如 from what his said)或者名词性 - ing 从句(如 after having dinner)(Quirk et al.，1985：657)。值得注意的是，在 Quirk 等人的语法著作中，描述一个由两个及以上单词组成的单位时，一般只使用短语(phrase)而不使用词组(group)这个名称，如名词短语、动词短语和介词短语等等。换言之，传统语法不区分词组和短语。

但是，系统功能语言学(Halliday，1994/2000；Eggins，2004；Halliday & Matthiessen，2004/2008；Thompson，1996/2000)一般是区分词组和短语的。就构成而言，系统功能语言学和传统语法的观点基本一致，即介词加上介词补语。但是，至于这个单位究竟是介词短语还是介词词组，系统功能语言学有两种不同的观点，持有这两种观点的代表人物分别是 Halliday 和 Fawcett。

Halliday(1994/2000：212)指出介词短语(prepositional phrase)是由介词加上名词词组构成的。他认为这种结构应该是介词短语而不是介词词组，其原

① 本研究是北京市教育委员会 2011 年度社科计划资助项目“英语介词的系统功能语言学句法研究”阶段性成果，项目编号 SM201110028004。

因是短语和词组是有区别的。词组顾名思义是一组词；英语中一共有五种类型词组：名词词组、动词词组、副词词组、连词词组和介词词组（preposition group）。短语在系统功能语言学中特指介词短语。词组和短语的区别在于前者是某一个单词的扩展，而后者是某一个小句的压缩（Halliday，1994/2000：180）。所以，在英语的级阶（scale of rank）中，词组和短语源自不同的出发点，但最终都处于相似的位置，即单词和小句之间。根据以上论述，在英语中既存在介词词组也存在介词短语。例如，right behind the tree 中的 right behind 是介词词组，而 behind the tree 则是介词短语。

Halliday（1994/2000：212）不仅区分了介词短语和介词词组，他还对介词词组和介词复合体（如 in front of）进行了区分。尽管介词词组和介词复合体都由两个或者两个以上单词构成，但是从本质上来说它们不属于同一个范畴。介词词组内部的逻辑关系是修饰与被修饰的关系，只有中心词（head）是必要成分，如 right behind 这个介词词组中，只有中心词 behind 是必要成分。然而，在介词复合体中，每一个单词都是必要成分，如果去掉任何一个单词，整个介词复合体的意义就会缺失或者发生变化。

Fawcett（2013 forthcoming）认为没有必要区分介词词组和介词短语，只需要使用介词词组（prepositional group）这个标签就足以满足分析的需要。所以，英语中没有短语这个单位，只有词组，比如：名词词组、质量词组、数量词组和介词词组。他认为介词词组的构成形式是介词加上介词补语（completive），二者缺一不可，都是必要成分，其中，介词补语基本上是由名词词组填充的。Halliday 所指的介词词组（preposition group），对 Fawcett 来说不过是介词词组（prepositional group）中的组成部分而已。比如 right behind the tree，Halliday 的理论框架认为 right behind 是介词词组，而 right behind the tree 是介词短语。但是，Fawcett 的理论体系却认为，right behind 形成介词词组 right behind the tree 中的填充介词的数量词组，right 和 behind 分别是数量词组中的调节成分（adjustor）和数量（amount）。

以上介绍了传统语法及系统功能语言学对于本文研究对象所给予的称谓。我们在本研究中将采用 Halliday 的“介词短语”（prepositional phrase）而不是 Fawcett 的介词词组也不是传统语法所指的“介词词组”（prepositional phrase）。也就是说，我们认为有必要区分介词词组和介词短语，原因如下：

从逻辑结构（logic structure）的纬度上看，词组和短语的区别在于前者是向心结构（univariate structure）而后者是离心结构（multivariate structure）。向心结构是指重复修饰和被修饰关系的结构。离心结构指的是每一个成分对于整体来说都是不可或缺的结构（Martin，Matthiessen & Painter，2010：164）。

也就是说，在重复修饰与被修饰关系的向心结构中，比如词组，只有一个成分是必不可少的，即中心词。但是，在离心结构中，每一个成分都是必要成分。以名词词组 her old furniture 为例，old 修饰中心词 furniture，her 又修饰 old furniture。其中只有中心词 furniture 是无法去掉的，两个表示修饰关系的词 her 和 old 都是可以去掉的。相反，在介词短语 in London 中，in 和 London 都是必要成分，全部无法去除。

虽然词组和短语在英语的级阶中处于类似的位置，短语更像小句（Halliday & Matthiessen，2004/2008：361）。因此，Halliday 把介词解释为次动词（minor verb），把介词短语解释为次小句（minor clause）。从经验功能的维度上看，介词起的作用是次过程（Minor Process），名词的作用是范围（Range），或者是次范围（Minor Range）（Martin，Matthiessen & Painter，2010：183）。从人际功能的维度上看，介词的作用是次谓体（Minor Predicator），名词的作用是次补语（Minor Complement）。参见表 1：

表 1　作为离心结构的介词短语

介词短语	on	the table
词类/词组类型	介词	名词词组
经验功能	次过程	次范围
人际功能	次谓体	次补语

总之，介词词组和介词短语并不仅仅是称谓上的不同，它们还准确反映了这两个单位在逻辑结构上的区别。介词短语和小句除了在逻辑结构上都是离心结构，在元功能上也有相似性。下面，我们将在介绍介词短语一般功能的基础上，讨论介词短语的另外一个之前少有涉及的功能，即副词词组的作用域功能。

2. 介词短语的作用域功能

传统语法认为（Quirk et al.，1985：657），介词短语基本上有三种功能，分别是名词短语的后置修饰成分、状语（adverbial）和补语（complementation）。状语包括附加状语（Adjunct）、外加状语（Disjunct）、下加状语（Subjunct）和联加状语（Conjunct）（如例（1）到例（4））；补语包括动词补语和形容词补语，（如例（5）和例（6））。

（1）The people were dancing *on the table*.

（2）*From a personal point of view*，I find this a hard problem to solve.

(3)*In all fairness*, they did take off early in the morning.

(4)*On the other hand*, the food there was terrible.

(5)We were looking *at the morning star*.

(6)I'm happy *for his success*.

系统功能语言学认为，介词短语除了可以充当小句的状语和补语以外，还可以充当名词词组中的后置修饰成分(如(7))、质量词组中的作用域(scope)(如(8)中的 with a scalpel)、完结成分(finisher)(如(8)中的 than me)和数量词组中的完结成分(如(9)(Fawcett 2013 forthcoming))：

(7)the car park *by the supermarket*

(8)She is more skillful *with a scalpel than me*.

(9)Ivy has more ice cream *than that*.

作用域这个概念揭示了例(6)、(8)、(10)和(11)中斜体部分的意义。这几个例子都是形容词词组，在加的夫语法中(系统功能语言学的一个组成部分)，被称为质量词组(Quality group)。作用域反映了顶点(apex)所表达的质量(Quality)的适用"作用域"或者"领域"(reflect the "scope" or "domain" of application of the Quality expressed at the apex)(Tucker，1998：74)。

(10) good *with children*

(11)too fat *around the waist* to get into his trousers

传统语法中没有作用域这个概念，类似的概念有动词和形容词的补语(complementation)(如(5)和(6))(Quirk et al.，1985：1220)，以及内容外加状语(content disjunct)后面的范围确定成分(specification of range)(如(12))(Quirk et al.，1985：630)：

(12)Luckily *for Herbert*, the gun was not loaded.

我们认为，介词短语除了上述功能之外，还可以在副词词组中充当作用域。例如在下面两个例子中的斜体部分都是副词词组中的作用域，用来界定和反映副词词组的中心词所适用的作用域或者领域。在(13)中 fortunately 所表达的意义作用域仅仅限于 for me，而 unfortunately 的意义作用域仅限于 for him。同样，在(14)中，unfortunately 和 fortunately 都有各自的作用域，分别是 for him 和 for the defense。在这两个例子中作用域对副词词组意义的表达都有积极的贡献；否则，整个小句在意义表达上就会不明确，或者发生变化，如(13a)和(14a)。

(13) Fortunately for me and unfortunately for him, the door of the van was lined with industrial-strength zip ties.

(14) Unfortunately for him, fortunately for the defense, that didn't pan

out for him.

(13a) * Fortunately and unfortunately, the door of the van was lined with industrial-strength zip ties.

(14a) * Unfortunately, fortunately, that didn't pan out for him.

3. 讨论

上文确定了介词短语作为副词词组的作用域意义，下面我们将在系统功能语言学的框架内对其进行分析。我们既可以对其三个元功能进行全面的分析，也可以对其中的一个元功能进行分析(黄国文，2007)。本文将以(15)为例，着重探讨作为副词词组中作用域的介词短语的语篇功能。根据讨论的需要，我们将结合(15a)和(15b)一同进行分析。

(15)(He missed the train this morning; but) fortunately for him, his boss didn't find that.

(15a)(He missed the train this morning; but) he is fortunate that his boss didn't find that.

(15b)(He missed the train this morning; but) it is fortunate for him that his boss didn't find that.

从主位结构来看，通过对比(15)和(15a)，可以发现二者在主位结构上的区别。包含作用域的副词词组 fortunately for him 在(15)中作为评论状语出现。基于系统功能语言学对主位的论述，评论状语不是经验成分，只能是人际主位，是多重主位的一部分；另外一个主位是经验主位，也就是话题主位(Topical Theme)he，具体分析参见表 2。

表 2　例(15)的主位结构分析

<table>
<tr><td>Fortunately for him</td><td>his boss</td><td>didn't find that.</td></tr>
<tr><td>人际主位</td><td>经验主位</td><td rowspan="2">述位</td></tr>
<tr><td colspan="2">多重主位</td></tr>
</table>

例(15a)是小句复合体，he is fortunate 是控制小句(dominant clause)，that his boss didn't find that 是依赖小句。按照 Halliday 对主位结构的理论，我们可以把控制小句作为主位，依赖小句作为述位；而在控制小句和依赖小句中又可以划分自己的主位结构。控制小句中 he 是主位，is fortunate 是述位。依赖小句中 that his boss 是主位，didn't find that 是述位。

表 3　例(15a)的主位结构分析

He	is fortunate	that his boss	didn't find that.
主位	述位	主位	述位
主位		述位	

Fawcett(2008)认为英语中不存在小句复合体，也就是说，基本上所有的小句都是单句，只不过是在小句中通过级转移现象，某些嵌入小句成为小句的某一个成分。如(16)、(17)和(18)中的主语、时间状语和原因状语都由嵌入小句充当。

(16) *That she was absent for the meeting* was proven by a lot of people.

(17) He arrived at the cinema *after the film was over*.

(18) They cancelled the match *because it was going to rain*.

我们如果按照加的夫语法模式来分析(15a)的话，那么它就是一个单句。主语、操作词/主要动词、补语和另外一个补语分别是 he、is、fortunate 和嵌入小句 that his boss didn't find that。在此基础之上，从主位结构来看，he 就是主位。Fawcett(2009)认为分析小句的主位结构式，一旦主位得以确定，其他部分就自然而然地是剩余成分。所以，我们只需确定主位，其他成分则不用划分。见表 4。

表 4　加的夫语法框架内对(15a)的分析

He	is	fortunate	that his boss didn't find that.
主语	操作词/主要动词	补语	补语
主位			

实际上，(15)还有另外一个小句和它的经验意义相同，即(15b)。这是一个评论式强势主位(Evaluative Enhanced Theme)结构(Wang，2008)。我们参照 Wang(2008：136)的做法，对(15b)做出如下的主位结构分析，见表 5。这个小句中的评论式强势主位由质量词组构成，其中 fortunate 是顶点，for him 是作用域。

表 5　例(15b)的主位结构分析

It is	fortunate for him	that his boss didn't find that.
主位引发语	评论式强势主位	述位

Halliday 指出，说话人认为应该为了凸显某个成分，可以使之成为有标记主位(1994/2000：168)。结合对(15)、(15a)和(15b)的主位结构分析，我们可以得出结论，当说话的人试图凸显 his boss 的时候，就很有可能使用(15)；而当说话的人不打算凸显 his boss，只打算凸显 he 的时候，就更倾向于使用(15a)；如果说话人打算凸显评论意义及其作用域时，则很有可能使用(15b)。

4. 结语

本研究中，我们区分了介词词组和介词短语，确立了介词短语作为副词词组作用域的功能，随后，我们以 fortunately for him 为例对副词词组作用域进行了语篇功能分析。我们发现，与该副词词组经验功能相同的结构所表达的语篇意义是不相同的。英语中多样的表达方式，给说话者提供了丰富的语篇选择的资源。

参考文献：

Eggins，S. 2004. An Introduction to Systemic Functional Linguistics(2nd ed.)[M]. London：Continuum.

Fawcett，R. 2008. Invitation to Systemic Functional Linguistics through the Cardiff Grammar[M]. London：Equinox.

Fawcett，R. 2009. The Many Types of "Theme" in English. http：//www.isfla.org/Systemics/Print/Papers/Fawcett-ThemePaperv3.pdf. Retrieved Oct. 8th，2012.

Fawcett，R. 2013 forthcoming. The Functional Syntax Handbook：Analyzing English at the Level of Meaning[M]. London：Continuum.

Halliday，M. A. K. 1994/2000. An Introduction to Functional Grammar(2nd ed.)[M]. London：Arnold/Beijing：Foreign Language Teaching and Research Press.

Halliday，M. A. K. & C. M. I. M. Matthiessen. 2004/2008. An Introduction to Functional Grammar(3rd ed.)[M]. London：Arnold/Beijing：Foreign Language Teaching and Research Press.

Martin，J. R.，C. M. I. M. Matthiessen & Painter C. 2010. Deploying Functional Grammar[M]. Beijing：The Commercial Press.

Quirk，R.，Greenbaum，S.，Leech，G. & Svartvik，J. 1985. A Comprehensive Grammar of the English Language[M]. New York：Longman.

Thompson，G. 1996/2000. Introducing Functional Grammar[M]. London：Arnold/Beijing：Foreign Language Teaching and Research Press.

Tucker，G. H. 1998. The Lexicogrammar of Adjectives：A Systemic Functional Approach to Lexis[M]. London and New York：Cassell Academic.

Wang, Y. 2008. A Functional Study of the Evaluative Enhanced Theme Construction in English[M]. Singapore: Pearson Prentice Hall.

黄国文 . 2007. 系统功能够句法分析的目的和原则[J]. 外语学刊 (3): 39－45.

英国教师专业标准研制的历程与启示

首都师范大学　王　峥

摘　要：从上世纪80年代至今，英国已经推出了多套教师专业标准。本文考查了英国教师专业标准制订的历史，将其分为三个发展阶段，分析了各阶段的背景，总结了各套标准在功能、指标体系、教师发展阶段界定这三方面的差异，揭示了英国教师专业标准对我国教师专业标准制订的借鉴意义。

关键词：教师专业标准；合格教师；高级教师；教师专业发展

英国教师专业标准的变化，往往是受政府意志的驱使。从上世纪90年代初的梅杰到现在的卡梅伦，英国每换一个新首相，就要提出至少一个新教师专业标准。根据教师专业标准制定的内外环境及教师专业标准内在特征，可以将英国教师专业标准研制划分为三个阶段：第一阶段(1979—1997)，专业标准的雏形期，保守党执政，主要关注确定执教资格与“合格教师”的资质；第二阶段(1997—2010)，专业标准的丰富期，工党执政，主要关注细化教师发展阶段与要求，提升教师专业水平；第三阶段(2010—至今)，专业标准的简化期，保守党与自由党联合执政，主要关注教师发展与学生学业水平的联系。通过分析标准在各阶段的功能和指标体系，及其对教师发展层级的划分，本文展示了英国教师专业标准的演变过程，并分析了英国标准对中国教师专业标准研制的启示。

1. 英国教师专业标准功能的变化

教师专业标准具有各种功能，它是国家对合格教师的基本专业要求，是教师开展教育教学活动的基本规范，是引领教师专业发展的基本准则，也是教师培养、准入、培训、考核等工作的重要依据。但是英国每届政府都要求教师标准符合新教育政策的要求，因此每套教师专业标准都承担着不同的功能，标准本身的关注点也不同。

第一阶段(1979—1997)：明确执教资格与“合格教师”资质

第一阶段正值保守党执政阶段，以《1988年教育法》的出台为标志，体现了“撒切尔主义”理念在教育上的影响，在教育中推行新保守主义的右翼文化纲领，即强调教育中的标准、传统、秩序、权威和等级制度。据此，1988 年，英国教育与科学部公布了《合格教师身份》(*Qualified Teacher Status*，简称 QTS)的咨询文件。1989 年英国教育与科学部又公布了《教育(教师)条例》，明确规定了中小学教师的执教资格。1992 年，教育与科学部发表了“教师职前培训(第二阶段)”公告，说明了教师职前培训课程的认证标准和程序，并规定了新合格教师应该具备的素质。通过这些法令与条例的颁布，逐步明确了教师执教资格，并初步界定了“合格教师”的资格与条件。这份文件并没有使用“专业标准”(Professional Standards)一词，只是“教师专业标准”的雏形。

第二阶段(1997—2010)：细化教师发展阶段与要求，提升教师专业水平

1997 年布莱尔担任首相后，新工党提出第三条发展道路，认为建立公平与繁荣的社会既需要强大的公共服务体系，也需要充满活力的市场经济。布朗政府继续坚持中间路线的执政方针，充分利用政府和市场各自的优点促进社会繁荣，强调对公共服务领域的投资。在政府强大资金投入的支持下，借助全球对“教师专业”及“教师专业发展”的深入研究，英国教师专业标准的种类和内容都得到了极大的丰富，“专业标准”(Professional Standards)正式成为了政府文件的标题。

1997—1998 年，英国教师培训署(TTA)为校长、学科带头人、特殊教育带头人等三类教师先后发布了三份“国家专业标准”，提高了教师专业标准的针对性，初步建立了英国教师专业标准的体系。1998 年，英国教育与就业部(Department for Education and Employment)颁布了第四号公告《教学：高地位、高标准，对教师职前培训课程的要求》(*Teaching: High status, high standards: Requirements for courses of initial teacher training*)，细化了师范生获得“合格教师”资格的条件以及对教师职前培训机构的要求。

2002 年，英国教育与技能部(Department for Education and Skills)和教师培训署(Teacher Training Agency)联合颁布了《教学资格：合格教师专业标准和教师职前培训要求》(*Qualifying to Teach: Professional Standards for Qualified Teacher Status and Requirements for Initial Teacher Training*)，取代了 1998 年“合格教师标准”。

2007 年，英国教师培训发展署(TDA)发布了覆盖教师职业发展全过程的统一标准(*Professional Standards for Teachers: Why sit still in your career*)。这一标准规定了合格教师(QTS)、普通教师(Teachers on the Main Scale，Core)、资深教师(Post Threshold Teachers)、优秀教师(Excellent Teachers)、高级技能教师(Advanced Skills Teachers)等各职业发展阶段的教

师基本素质。这是英国第一个"大一统"的教师专业标准，对从师范生到校长的各类教师都有效。

第三阶段(2010至今)：将教师发展与学生学业水平密切联系

2010年11月，英国联合政府教育部颁布了学校白皮书《教学的重要性》(*The Importance of Teaching*：*The Schools White Paper*，2010)。这是英国卡梅伦联合政府在执政后颁布的首份全国教育报告，规划了联合政府教育新政的蓝图。联合政府之所以要对基础教育进行全面改革，是迫于近年来英国教育整体质量持续下滑的形势。一方面，英国教育的全球竞争力下降。突出表现为英国在国际学生评价项目(PISA)中的排名持续下降。另一方面，英国教育内在发展失衡。主要表现为教育不公平现象突出，学校教学质量每况愈下，优秀教师流失严重，学生行为习惯失范等。

在这一背景下，2012年英国教育部(Department for Education)颁布新教师专业标准，将"老师教"与"学生学"密切联系。2007年版《教师专业标准》中，对合格教师只提出"要为学习者提供机会，发展他们的读写、计算能力和信息交流技术方面的技能"。2012年新教师专业标准则细化为"不论教师教哪个学科，都要了解如何推动学生掌握高水平的读写能力、清晰流畅的表达能力、标准英语的正确用法，并为此承担责任"、"教授早期阅读的教师应掌握'系统综合自然拼读法'"及"教授早期算术的教师应掌握合适的教学策略"等三条与学生密切结合的具体标准，并明确提出，必须通过检验学生是否掌握相关知识来判定教师是否合格。

综合比较英国教师专业标准的三个发展阶段，可以发现由于每届政府研制教师专业标准的目的不同，不同的标准具有不同功能(详见表1)，从最初的明确教师执教资格发展为提升教师专业发展水平，再到通过提高教师专业发展水平而构建更好的学校教育体系。

表1 不同阶段英国教师专业标准的功能与关注点

特点	第一阶段(1979—1997)	第二阶段(1997—2010)	第三阶段(2010至今)
功 能	明确教师执教资格，规定合格教师标准	推动教师专业发展，提升教师专业水平，鼓励教师不断提升进步	提高教师标准的可操作性，通过提升教师教学水平，从而达到创建世界一流的学校教育体系的教育发展愿景
关注点	教师资质的合法性与准入条件	明确教师发展阶段及阶段标准	如何通过学生的学业表现明确检验教师专业标准

2. 英国教师专业标准指标体系的变化

指标体系是教师专业标准的核心内容。英国教师专业标准在指标维度上的变化反映出制定者对教师专业及专业标准作用的理解在不断深化。

第一阶段(1979—1997)：五个维度

1992年，英国教育与科学部发表了“教师职前培训(第二阶段)”的公告，说明了教师职前培训课程的认证标准和程序，并规定了新合格教师应该具备的素质，包括“学科知识”(subject knowledge)、“教学应用”(student application)、“班级管理”(class management)、“评价与记录学生进步”(assessment and recording of pupils' progress)、“继续专业发展”(further professional development)等五部分。这个合格教师标准密切联系教师的日常工作，将繁杂的教育教学内容梳理整合为五部分内容，没有二级维度。

第二阶段(1997—2010)：三个抽象的一级维度，三级指标体系

在这一时期，很多国家都以三要素来界定教师专业标准：专业素质、专业知识和专业技能。各国研制标准的组织逻辑或有不同，但无论如何，都可以把教师专业发展标准按照上述三个维度进行解构。据此，2007年，英国教师培训发展署发布的标准采用了“专业素质”(professional attributes)、“专业知识与认识”(professional knowledge and understanding)、“专业技能”(professional skills)三个一级维度。第一维度“专业素质”涵括了“与学生的关系、法定的工作职责、与他人沟通与合作、个人专业发展”等4个二级指标和11个三级指标。第二维度“专业知识与理解”涵括了“教与学、评价与监督、学科与课程、读写、计算及信息通讯技术的掌握、学习成绩与多样性、学生的福祉和身心健康”等6个二级指标和16个三级指标。第三维度“专业技能”中主要包括“计划、教学、评价、监督和反馈、对教学的反思、学习气氛的营造和团队合作”等6个二级指标和24项的三级指标。

第三阶段(2010至今)：维度更加直观，指标简化

2007年英国教师专业标准因其体系庞大而在执行过程中受到一些非议。例如，2011年初，在英国中小学校长协会(ASCL)年会上，英国教育大臣迈克尔·高夫(Michael Gove)指出：“校长和教师明白无误地告诉我，现行教师标准充斥着无效、无意义、模糊不清、空洞的概念”(Sellgreen，2011)。因此，2012年9月英国教育部颁布新合格教师专业标准，摒弃国际上流行的抽象维度(专业素质、专业知识和专业能力)，而将维度简化为“教学”与“个人行为与职业操守”两部分，使标准的要求更容易观测，可操作性也更强。而“高级教师标准”(征求意见稿)是用“叙述”的方式描述出色教师的个性特征，用描述的方法对高级教师提出以下五方面的要求：

(1)知识(精深的专业知识，广博的通识知识，有效课堂教学知识，行之有效的教育知识)

(2)课堂表现(有效掌控与沟通，有效引导与激励，有效评价与反馈)

(3)教学效果(学生在各种评估中表现优异，通过有效评估手段让学有所成，学生能举一反三)

(4)教学氛围与价值观(对学生有亲和力，营造乐于求知、相互尊重、彬彬有礼的课堂文化，使教学的软硬件环境都有利于学生学习，善于激发学生)

(5)专业情境(良好的同事关系，引领示范能力，诲人不倦)

由此可见英国教师专业标准的指标体系经历了由简到繁、又由繁至简的过程，详见表2。

表2　不同阶段英国教师专业标准的指标体系

	第一阶段(1979—1997)	第二阶段(1997—2010)	第三阶段(2010至今)
合格教师标准	1. 学科知识 2. 教学应用 3. 班级管理 4. 评价与记录学生进步 5. 继续专业发展 没有二级维度和三级指标	1. 专业素质 2. 专业知识 3. 专业技能 每个维度下设多个二级维度和三级指标	1. 教学 2. 个人与专业操守 没有二级维度和三级指标
更高级别教师标准	无	同上	1. 知识 2. 课堂表现 3. 教学效果 4. 教学氛围与价值观 5. 专业情境 没有二级维度和三级指标

3. 英国教师专业标准中教师发展阶段的变化

教师专业标准应该对教师职业生涯的不同发展阶段做出描述，以指导教师的职业生涯规划。不同时期的英国教师专业标准对此的规定有很大的变化。

第一阶段(1979－1997)：只针对新手教师

这个阶段，大部分研究集中于教师“专业化”研究，教师职业刚取得专业的地位，教师专业标准内容仅限于职业准入阶段的教师标准。这一阶段只初步界定了“合格教师”的资格与条件，没有对教师专业发展的阶段进行划分。

第二阶段(1997－2010)：涵盖整个教师群体和整个教师职业生涯发展阶段

在这一阶段，不同岗位的教师(校长、学科带头人、普通教师、特殊教育教师)和不同职业发展阶段的教师(从新手教师到高级技能教师)都拥有了相应的专业标准。

2007 年，英国教师培训发展署发布的标准将英国教师发展阶段划分为合格教师、普通教师、资深教师、优秀教师、高级技能教师五个层次，组成一个金字塔形的框架体系。要特别指出的是，“优秀教师”(Excellent Teachers)是布莱尔政府为了鼓励教师发展而特别设置的教师层级。原来的教师专业发展只有合格教师、普通教师、资深教师、高级技能教师四个阶段，特别优秀的“资深教师”在有指导本校和其他学校教师的经历之后，才可以晋升为“高级技能教师”。可是有些非常优秀的教师不愿意或者不擅长指导他人，只希望专心做好自己的本职工作。按照原来的教师专业发展阶段，他们就无法继续晋升。布莱尔政府为了鼓励这部分教师继续发展，特别设置了“优秀教师”这个层级，与高级技能教师并列。但是，由于这个特岗设置历史比较短，而且英国人出于特有的谨慎与谦虚，不好意思被同行称之为“优秀教师”，因此，目前英国全国拥有“优秀教师”称号的教育工作者只有 100 多位(Emery，2011)。

第三阶段(2010－至今)：两级职称体系

2011 年英国教育部聘请的教师专业标准审查小组提出了新版教师专业标准。新标准完全打破原有教师专业发展阶段，将标准简化为“合格教师标准”(Teachers' Standards)和“高级教师标准”(Master Teacher Standard)两部分，并作出如下规定：

· 任何教师只要满足高级教师标准，就是高级教师，没有最短任职年限的要求

· 高级教师的个人行为和职业操守与合格教师一样，没有更高要求

表 3　英国教师专业标准中教师发展阶段的变化

第一阶段(1979—1997)	第二阶段(1997—2010)	第三阶段(2010 至今)
合格教师	1. 合格教师 2. 普通教师 3. 资深教师 4. 优秀教师 5. 高级技能教师	1. 合格教师 2. 高级教师

英国教师专业发展阶段的简化便于考核评价，更容易与绩效考评相结合，也更有利于教师积极进取，而不是靠熬年头过日子。

通过梳理英国教师专业标准的发展历程，我们可以得到以下启示：

(1)明确教师专业标准的目的与用途

政府在研制和修订教师专业标准时，往往希望其能够作为教师培养、准入、培训、考核等各项工作的重要依据。但是从英国教师专业标准的修订工作来看，研制一个面面俱到的标准会产生歧义并降低可行性，用一个标准来考量所有教师会有很大难度。

(2)保证教师专业标准的稳定性与延续性

自 1992 年第一部标准算起，英国政府平均每隔四五年就要修改一次专业标准，2012 年的新标准已经是英格兰的第五部“合格教师”标准了。教师专业标准的变化，往往是受政客的驱使。从 1990 年代初的梅杰到现在的卡梅伦，英国每换一个新首相，就要提出至少一个新教师专业标准，以反映新政府的教育政策。这样一来，就很难保证专业标准的稳定性。

(3) 标准使用者(校长和教师)应该直接领导标准的制定

英国 2011 年教师专业标准修订小组的组员大多数是中小学的校长、教师或知名的学科专家，由一名中学校长任组长，15 名成员中只有一位大学教授。正是由于一线教育工作者的参与，新版标准才体现了“简明、直观、可操作性强”的特点。我国教师专业标准则是委托大学教授组成课题组，先由专家起草再征求教师意见，一线教师和教育管理者只是被动参与，并没有真正的话语权。

(4)平衡教师专业标准的简与繁

在制定教师专业标准过程中，都会遇到简与繁的两难困境。如果标准过于繁杂、具体，就会造成标准具体内容重复、界限不清，或者标准不能普遍适用的问题；如果标准过于简要、宏观，就会降低可操作性，从而变成一张毫无使用价值的教师技能列表。好的标准应该既体现教师应该具有哪些基本能力又说明优秀教师能够达到的高度；标准应该结构简单、表述简洁、内容具体；标准描述的教师行为应该都是可以被观察到的，使不同水平的教师的表现应该都能被清楚地区分开来。

参考文献：

Coates, S. 2011. First Report of the Independent Review of Teachers' Standards [M/OL]. http://media.education.gov.uk/assets/files/pdf/r/first%20report%20-%2012%

20july%202011. pdf.

Coates, S. 2011. Second Report of the Independent Review of Teachers' Standards [M/OL]. https: //www. education. gov. uk/publications/standard/AllPublicationsNoRsg/Page10/DFE- 00168-2011.

Department for Education. 1992. Initial Teacher Training (Secondary phase) Circular No. 9/92 [M/OL]. http: //www. canterbury. ac. uk/education/tf-mentors/ProfessionalDev/Mentors Library/ Policy/ documents/9 _ 92. pdf.

Department for Education. 2010. The Importance of Teaching: the schools white paper 2010 [M/OL]. https: //www. education. gov. uk/publications/eOrderingDownload/CM-7980. pdf.

Department for Education and Employment. 1998. Teaching: High Status, High Standards: Requirements for Courses of Initial Teacher Training [M/OL]. http: //www. canterbury. ac. uk/ education/tf-mentors/ ProfessionalDev/MentorsLibrary/Policy/documents/ 10 _ 97. PDF.

Department for Education and Skills and the Teacher Training Agency. 2002. Qualifying to Teach: Professional Standards for Qualified Teacher Status and Requirements for Initial Teacher Training [M/OL]. http: //www. geodata. soton. ac. uk/rgse/fmanage/Information _ Technology/ readonly. access/QualifyingtoTeach. pdf.

Emery, H. 2011. Attracting, retaining and developing effective teachers. PPT used in a training programme for members of Beijing Academy of Education Research.

General Teaching Council for England. 2010. Survey of Teachers 2010: Support to Improve Teaching Practice [M/OL]. http: //www. gtce. org. uk/documents/publicationpdfs/teach _ survey10. pdf.

Sellgren, K. 2011. Gove: tougher new teacher standards needed [EB/OL]. http: //www. bbc. co. uk/news/mobile/education-12717061.

Training and Development Agency for Schools. 2007. Professional Standards for Teachers: Why sit still in your career? [M/OL]. http: //webarchive. nationalarchives. gov. uk/20111218081624/http: //tda. gov. uk/ teacher/developing-career/professional-standards-guidance/~/media/resources/teacher/professional-standards/standards _ a4. pdf.

傅树京. 2008. 英国教师资格标准的演变及其价值取向[J]. 外国教育研究(2): 1—6.

郭清芬. 2010. 英国合格教师专业标准研究[D]. 重庆: 西南大学.

郝玲玲. 2011. 英国中小学教师专业标准研究[D]. 沈阳: 沈阳师范大学.

徐美娟. 2008. 英国教师专业标准研究[D]. 上海: 上海师范大学.

许明. 2012. 英国教师专业新标准述评[J]. 福建师范大学学报(哲学社会科学版)(4): 150—155.

朱旭东, 李琼. 2011. 教师标准体系研究[M]. 北京: 北京师范大学出版社.

提高大学英语教师教学能力的思考

北京行政学院　汪　消

摘　要：本文分析了英语学科的现状，对英语教师教学能力的内涵进行了探讨，提出提高大学英语教师教学能力的对策和途径。

关键词：大学英语教师；教学能力；对策

1. 英语学科现状

2007年，教育部颁发了《大学英语课程教学要求》文件，这一指导性文件对英语教学性质、目标、要求、管理和评估等都作了新的阐释。高校根据《大学英语课程教学要求》这个精神，制定了符合自身学校实际情况的教学改革。《大学英语课程教学要求》的颁发，极大地推动了大学英语教学改革，进一步提高了大学英语教学质量。

《大学英语课程教学要求》注重学生实际使用语言进行交际的能力，尤其是学生的听说能力。高校学生虽然可能通过四、六级大学英语水平考试，但是，客观地讲，他们实际英语综合应用能力，特别是听说能力，并没有得到应有的训练和加强。他们仍然在学习、工作和社会交往中不能用英语有效地进行交际，仍然感到力不从心。目前，高校外语教学改革聚焦在大纲修订、教材改革、课程设置、教学模式、教学理念、学习策略等研究上。但对教学过程，尤其是教师在教学过程中如何提高教学能力鲜有研究。事实上，教师作为教育改革的参与者、实践者，其专业素质、教学能力直接影响到教育改革的成败。美国教育学博士 Donald Freeman 教授指出："如果不把英语教学研究焦点对准教师，英语教学改革绝不会有大的起色。"《大学英语课程教学要求》中明确指出："教师素质是大学英语教学改革成功的关键。"

2. 英语教师教学能力的内涵

教师教学能力研究虽然在我国的起步较晚，但在教师教学能力的构成问题上，我国的专家、学者们做了较为全面、深入的研究。教师的教学能力大体上包括使用教材能力、教学设计能力、组织学生进行练习能力以及语言表达能力等。外语学科的教师教学能力是指对外语知识的理解、运用能力和外语教学输出能力。外语学科的教学能力主要包括两个方面：外语专业学科知识和教学知识。所谓教学知识是教师根据教学目标、教学规律和学生需求，组织和加工学科知识后形成的知识，一般以课堂教学为载体，以获取好的课堂效果为目的。

英语是一门语言实践课，语言技能是要靠学生自身的积极参与和反复实践才能达到熟练的境界。因此，在英语课堂教学中，教师应运用熟练的英语口语和书面表达来激发学生的学习兴趣，营造良好的学习氛围，提供合适的语言输入，善于传授新知识，增强学生的积极参与，增进学生对语言应用的理解。总之，体现学生在教学过程中的主体地位和发挥教师的主导作用。教师的教学能力是影响学生学习成绩和教学效果的关键因素之一。因此，提高英语教师教学能力就显得尤为重要。

3. 提高英语教师教学能力的对策和途径

3.1 加强需求调研

需求调研是提高教学能力，保证教学效果的前提。因此，作为一名高校教师，必须坚持树立以学生为中心的教学理念，把学生需求作为导向，来进行备课和讲课。为做到教学有的放矢，外语教师非常有必要针对不同经历、不同背景的学生进行需求调研。需求调研可以通过发放问卷和重点座谈的方式进行调查。问卷的内容可以分为四个方面：一是个人外语水平现状；二是个人的外语需求，需要加强学习的具体内容；三是目前外语学习存在的主要问题；四是喜欢的外语学习方式方法。通过上述四个方面情况进行调研，根据需求，结合教材，设计教学内容，增强英语教学的针对性。

3.2 创新教学手段

教学手段的创新是提高教师教学能力的突破口。在外语教学过程中，应充分发挥多媒体优势，使用现代化的教学手段来推动教学质量的提升。多媒体教学集声音、图形、动画和文字一体，不仅可以丰富教学内容，而且也能够活跃课堂气氛。多媒体教学创造了比较真实的交际环境，能让学生体会、感知和模仿，使学生得到最直接的视觉体验，使学生容易进入交际角色，激发学习兴趣，启发思考，便于互动。多媒体的教学手段还可以有效提高学生对英语的理解和运用能力，达到记忆深刻的理想教学效果。

3.3 运用网络教学

网络教学打破了空间和时间的限制，为英语教学开辟了新的空间，提供了新的方法和手段。互联网使用的普及，为师生教授和学习英语创造了良好的网络语言环境。师生足不出户就可以相互联系，突破时空限制，其效果是传统英语教学无法比拟的。除此之外，网络可以极大地丰富英语教学内容，实现资源共享，加快教学内容的更新步伐。网络教学还能使课堂更开放，更生动，更利于学生的主动参与，更有助于调动和发挥学生的主体性。

3.4 运用教学反思机制

反思是人最重要的品质之一。教学反思是教师以自己的职业活动，如教学态度、观念、判断力以及教学实践即教师自己课堂教学的各项具体内容为思考对象，对自己教学行为和由此所产生的结果进行审视、分析以及探究的过程。经常反思可以使教师养成对自己的观念和自己的教学持批判性态度，对陈旧的教育理念和行为的扬弃与对未来发展的规划，是一个自我超越的过程。教师的自我反思就是教师个人对自我教育教学观念，教学行为的自我认知、自我监控和自我调节。反思性教学已成为西方发达国家的一种促进教师教育发展的教学理论和教学实践的方式。因此，不断提高教师的教学反思水平，是提高教师教学能力的有效手段之一。

3.5 加强教师在职培训

在职培训是提升教师教学水平的重要途径。在职培训可分为校内和校外培训。校内的培训是源于学校课程和整体规划的需求，以提高教师教学和科研能力，满足个体教师发展需求，在教育专家和富有经验的教师指导下，由学校组织、规划、开展教育教学和教育科研活动，如学术讲座、学术沙龙、观摩课等，通过一系列活动方式来培训学校教师。校外培训包括到相关高等院校进修学习或出国做访问学者。学校还应鼓励教师攻读硕士或博士学位，参加国内和国际的各种学术研讨会议，开阔眼界，增长知识，提高能力。无论是校内培训，还是校外培训，教师自身还应不断积累、勤于思考、勇于实践、及时总结。总之，培训学习是每位教师创新和丰富教学内容，提高教学能力的重要途径。

3.6 提高语言表达能力

语言表达能力是教师教学能力的重要体现。马克思说："语言是思想的直接现实。"教学是以让学生最大限度地掌握知识为目的的，教学效果在很大程度上取决于语言表达能力。因此，在外语教学过程中，需要注重提高语言表达能力。首先，教师语言要准确。语言准确，就是表意明确，不产生歧义，没有偏差，符合实际。其次，语言要简洁、通俗易懂。外语教师语言必须符合现代生活节奏，要在有限的课堂时间内将教学内容传递给学生。语言要简明扼要，没有多余的话。通俗就是要通俗口语化，使用便于记忆的英语口语，让学生一听就懂。最后，语言要生动、富有感染力。好的教学内容要靠教师语言传递，否则，再好的内容，没有生动的语言支撑，也难以赢得学生的心。外语教师在传递语言中，应注意语音、语调、语速，把握好节奏。只有“动听”，才能“动人”，才能让学生坐得住，听得进，记得牢，用得上。

3.7　注重教学与科研相结合

就教师自身而言，教学和科研能力是教师角色任务。外语教师要有强烈的科研意识，敏锐的科研头脑，严谨的科研态度，明确科研对教学能力的提高有极大的促进作用。从科研环境来讲，学校和院系应积极组织和支持教师参与学科建设和课程建设等各种教育科研活动，使其了解本学科学术动态、学科前沿以及学科的发展方向，学习先进的教学理论，钻研教学规律，并用来指导教学实践。大学英语课堂本身就是一个天然的科研场所，教师自身做到多观察、多思考、多撰写与教学相关的科研论文，多选择一些与学科建设相关，与教学研究相关的课题来研究，并把取得的科研成果转化成授课内容，使教学内容和科学研究紧密结合。这个过程本身就是一个提高自身科研水平的过程，最终达到科研促进教学，科研提升外语教师教学能力的目的。

参考文献：

Kathleen M. Bailey，Andy Curtis，David Nunan. 2004. Pursuing Professional Development. 外语教学与研究出版社 .

教育部 . 2007 .《大学英语课程教学要求》. 中国新闻网（http：//www. chinanews. com/home/）.

陆宁宁，曾红 . 2011. 实践共同体：教师专业发展新视野 . 中国成人教育 .

二语习得中母语迁移现象研究综述

首都师范大学　边智慧

摘　要：第二语言学习中的母语迁移问题始终为人们所关注。本文通过对国内外相关母语迁移的理论和实证研究进行回顾，研究从不同角度证明了母语在外语教学中起着不容忽视的重要作用，着重阐述了母语在外语教学中的积极作用。教学中应正视母语在第二语言学习中的作用，以促进正迁移，减少负迁移。

关键词：母语迁移；二语习得

语言迁移问题在二语习得研究中一直占有重要地位，“至少一个世纪以来语言迁移一直是应用语言学、二语习得和语言研究的中心问题”(Odlin, 1989)。Long 和 Richards 在为 Oldin (1989)的《语言迁移》(*Language Transfer*)一书所作的序中指出：“至少一个世纪以来语言迁移一直是应用语言学、二语习得和研究的中心问题”。我国著名语言学家赵世开也明确指出：母语的迁移是二语习得研究中“根本性的问题”(赵世开，高远，2002)。

根据传统语言学的观点，母语对外语学习只有负面影响或起干扰作用。这种观点有一定的片面性，没有反映语言学习的本质。从表面上看，是母语影响了外语表达，实际上是母语帮助学习者完成了语言交际任务。

本文通过对国内外有关母语迁移的理论和实证研究的综述，意在向学习者阐述母语迁移的积极作用。本文认为母语有助于第二语言习得。二语习得理论认为，母语既是外语学习不可缺少的背景和基础，又是可以开发利用的资源。实证研究和问卷调查表明，中国学生的外语学习与母语学习呈正相关关系，母语对外语学习有一定的促进作用。

1. 二语习得中母语迁移相关理论研究

1.1　国外母语迁移相关理论研究综述

在第二语言习得(SLA)学科史上，迁移(transfer)是一个受到极大关注的因素，而有关迁移的定义也是很有争议的。有关母语迁移的研究始于 20 世纪四五十年代的美国，“迁移”这一概念最早来源于行为主义心理学，由 Lado 在

《跨文化语言学》(1957)中提出。他指出，在第二语言习得中，学习者广泛依赖已经掌握的母语，经常将母语的语言形式、意义以及与母语相连的文化迁移到第二语言习得中去，这种现象被称为“语言迁移”。在此后的几十年里，对母语迁移的研究在各领域、各层次取得进展。

从总体上看，国外对母语迁移的理论研究主要集中在迁移的定义、对母语迁移的表现形式及影响母语迁移的因素的讨论上。Sharwood 和 Kellerman (1977)认为迁移就是一种跨语言的影响(cross-linguistic influence)，迁移是已形成的母语习惯在第二语言习得中的影响。Selinker (1983) 将母语迁移分为正向迁移(positive transfer)和负向迁移(negative transfer)。Faerch 和 Kasper (1987)则把迁移看成是一种语言心理过程(procedure)，把迁移定义为“在发展和使用中介语过程中，第二语言学习者可用来激发他们的母语去使用中介语或理解外语知识的心理过程”。Odlin (1989)则认为迁移是“由目标语和已经学过的语言之间由于相似或者相异而产生的影响”。Ellis (1989)指出，在第二语言习得的早期母语的促进作用比较明显，因为这个时候的学习者还未能构建一个发展规则。他还通过实证研究表明，母语干扰是第二语言习得中普遍存在的现象。Ellis (1999)提出，行为主义的干扰(interference)观念必须扬弃，而认知框架内的借用或调解(intercession)观念，则应该成为二语习得理论的重要组成部分。

从母语迁移诸多不同定义和历史背景来看，语言迁移的研究大致经历了三个阶段，而不同阶段的研究也呈现出不同的发展趋势。在研究的初始阶段，行为主义的对比分析理论被应用于母语迁移的研究，在母语的语言结构层面上进行较为机械的分析。Lado (1957)提出了对比分析理论，指出两者语言的相似可以促使母语向第二语言的正迁移，二者的不同则产生负迁移。50 年代到 60 年代的对比分析研究主要集中在语音和语法层面上，认为通过对一些语言结构的比较可以预测出二语习得者在学习中可能出现的困难或问题。

随后 70 年代，伴随实证研究的兴起，对比分析理论遭到挑战。研究发现，第二语言习得中遇到的困难不总能够被对比分析所预测到，说明这些困难不一定是源于跨语言的差异。Dulay 和 Burt 于 1975 年提出了创造性结构理论。该理论完全否定母语迁移的存在，认为在第二语言的获得中，普遍的认知机制以及第二语言本身的性质是决定第二语言获得过程的重要因素，而母语很少起作用。学习者第二语言的差异主要是由于个人因素，如动机、焦虑和学习环境以及其他一些因素的影响造成的。这一阶段，对比分析和语言迁移研究遭到了质疑。

进入上世纪 70 年代后期至八九十年代，随着实证研究不断发展，母语在第二语言习得中的作用重新受到重视。Chomsky 于 1986 年提出了普遍语法(UG)的观点，这对母语迁移理论的推动和发展起了关键作用。UG 理论认为儿童头脑中天生存在一种特殊的机制(LAD)，这种机制在外界的语言刺激下能够被激活，从而使儿童获得语言能力。这个理论很好地解释了儿童母语学习中出现的“超能力”问题。而当研究者把该理论运用到第二语言习得问题的探讨上时，发现它也有较强的解释力。一种观点认为，在第二语言的学习过程中，母语迁移与 UG 是相互独立的。当根据母语规则对学习者的语言错误能够进行正确预测时，则表明母语迁移的影响。当语言错误既与母语规则不一致，又与目的语规则不一致时，则表明普遍语法的影响。还有一种观点认为，可以在普遍语法的大框架下来解释母语迁移的问题。当母语与第二语言之间共同的、基本的特征较多时，比较容易产生一般的普遍迁移；当两种语言间的许多基本特征不相似时，则难以产生迁移。也就是说，普遍语法和母语迁移是共同地影响语言学习的。

1.2 国内母语迁移理论研究综述

国外母语迁移研究始于上世纪 50 年代，八九十年代达到了高潮，无论是理论上还是实践上都已取得了很大成就。相比之下，国内对母语迁移的研究始于 90 年代末，起步较晚，发表的文章有限，理论探究不深，因此国内母语迁移研究仍然任重而道远。

国内外语教学界针对母语在外语教学中的积极作用也进行了广泛的探讨和研究。其主导观点是，母语在外语教学中有着不容忽视的作用，但在二语课堂中应尽量使用目的语。陆效用（2004)认为母语有助于二语习得，从表面上看母语影响了外语表达，实际上是母语帮助了学习者完成了语言交际任务。母语对于外语学习来说，在一定程度上有“正面影响”和“帮助作用”。周星和毛卫娟(2006)认为，在外语课堂教学中教师应尽可能多地使用目的语，但母语的作用也不可低估，尤其是对于初级水平的学习者。即使到了外语教学的高级阶段，母语的恰当利用仍能起到一定的积极作用。左丽芳（2007)认为在外语教学中要更多地关注母语与目的语之间的共性，从而促进母语在二语习得中的正迁移。

2. 二语习得中母语迁移相关实证研究

2.1 国外二语课堂中母语迁移研究状况

国外关于母语在二语课堂中的作用的相关实证研究始于上世纪 80 年代，主要是观察外语课堂中学生的母语使用的实际情况，并分析母语对学生外语学习的影响过程。

Kern分析了51名美国学生阅读法语文章的过程，发现这些学生经常运用母语来理解文中的词语和概念。Lay分析了中国学生的英文写作过程及其作文，发现运用母语思维较多的学生在作文内容、结构和细节上都表现出明显的优势。Friedlander研究了母语思维在二语写作构思阶段的作用，发现起初用母语构思的学生能够更丰富地用外语表达；用母语构思草稿对目的语终稿有积极影响。Cohen通过五个月时间对32名学习西班牙语的美国学生的观察，并用有声思维法记录其学习过程，发现尽管这些学生二语水平很高，但在认知处理过程中，仍然较多地依赖母语思维。Wode的实证研究结果显示，即便是儿童，在自然语境中习得外语，也存在着母语迁移的现象。Schweers调查了波多黎各大学师生对英语课堂使用母语(西班牙语)的态度，结果表明：88.7%的学生对使用母语予以肯定，母语的作用表现在解释难懂的概念、检查理解、定义新的词汇以及使学生感到放松和自信等方面(曹冬月，2010：61)。

2.2　国内二语课堂中母语迁移研究状况

随着母语迁移的理论的发展，实证研究也在不断完善。在国内，尤其是近20年来，越来越多的学者开始认识到母语在外语课堂教学中的积极作用，并从实证角度进行了探索，研究方法主要以量化为主，这与文秋芳和王立非的研究结果是一致的。“母语迁移的主流研究方法也是以量化为主，最常见的是用相关分析来界定母语与目的语的关系(Jarvis，2000)。”(文秋芳、王立非，2004)。郭纯洁、文秋芳(2004)；王立非(2004)；王文宇(2007)等分别从不同角度研究了母语在二语写作中的积极作用。鞠秋红、王文宇、周丹丹(2007)采用有声思维、回溯访谈的方法，分析了母语在中国大学生外语阅读过程中的作用。张桂萍、王新凤(2001)通过调查问卷和访谈，分析了英语教学中汉语的使用情况，发现汉语在初始阶段、讲解语法和词汇、检查阅读理解、帮助差生等方面有积极作用。

1998年陈月红对中、英、法三国学生进行英语关系从句的测试。结果表明，法国、英国学生没有明显差异，而中国、英国学生差异显著，其原因主要是由于母语的差异造成的。法、英语属印欧语系，两者的关系从句相似。而汉语属汉藏语系，无英语那样层层包孕的关系从句。这是对母语迁移在二语习得中的作用的很好说明。

2002年，陆效用随机抽取了100名小学生和100名中学生期末考试的英语和语文成绩，并通过皮尔逊相关系数公式，得出这两门成绩之间的相关系数。结果显示，学生的外语和母语学习之间呈显著的正相关关系，母语学习成绩好的学生，一般来说外语成绩也很好。此调查结果表明，学生的母语学习并没有给外语学习带来负面影响(陆效用，2002：15)。此外，他还对100名高校师生进行了问卷调查，有82.2%的师生认为，母语知识和技能对外语学习有帮助。

纪玉华和许其潮在2000年通过“三明治故事教学法”介绍了一种过渡性的传授外语的方法，其特点是以母语夹杂外语，逐步增加外语词汇比例，最终完全摆脱母语。该方法在儿童英语口语教学中取得了巨大的成功，证明了它的可行性、科学性和独到的效果。

唐丽萍从语码转换角度探讨了母语在外语课上的教学功能和社会功能，认为目的语和学生母语间适时的语码转换可以起到积极作用，它可以实现其“澄清”、“效率”、“强调”、“赞扬”、“鼓励”等功能(唐丽萍，2003：8)。

王俊菊针对初中英语课堂上的母语使用情况进行了问卷调查，结果发现：外语课上母语的使用现象相当普遍，大部分师生对使用母语尤其是教师使用母语持肯定的态度。但是，母语的使用必须局限于一定的范围，过分依赖和完全排斥都不利于外语教学。母语在外语课上可发挥促进性、辅助性、弥补性的作用，而不是起决定作用的教学语言(王俊菊，2003：402)。

3. 结语

综上所述，二语习得的过程是一个错综复杂的过程，受各种因素的制约，其中母语是一种不可忽略的学习基础，也是一种可以开发利用的资源。母语是学习者大脑中已经存在的语言知识，它能帮助学习者梳理所获得的语言输入，并使学习者的语言使用达到最高水平。母语在二语习得中不仅仅产生负迁移，同样也能产生正迁移。作为二语习得者和外语教学者不能只看到语际之间的差异，更要重视两者之间的共性。外语教师来要充分利用母语正迁移的积极作用，创造有利于二语学习的语言环境，引导学生正确对待母语迁移在二语习得中的作用。

参考文献：

Faerch，C. & Kasper，G. 1987. Perspectives on language transfer[J]. Applied Linguistics. Vol. 8.

Kellerman，E. 1977. Towards a characterization of the strategies of transfer in second language learning[J]. Interlanguage Studies Bulletin. Vol. 2.

Lado，R. 1957. Linguistics Across Culture：Applied Linguistics for Language Teachers [M]. Michigan：University of Michigan.

Odlin，T. 1989. Language Transfer：Cross-linguistic Influence in Language Learning [M]. Cambridge：Cambridge University Press.

Selinker，L. 1993. Language Transfer in Language Learning[M]. Philadelphia：John Benjamins Publishing Company.

A. 科恩 . 2000. 学习及应用第二语言的策略[M]. 北京：外语教学与研究出版社 .

R. 埃利斯 . 1994. 第二外语习得研究[M]. 上海：上海外语教育出版社 .

曹冬月 . 2010. 母语在外语教学中作用的研究综述[J]. 教育理论与实践(7)：61－62.

陈月红 . 1998. 中国学生对英语关系从句的习得[J]. 外语教学与研究(4)：11－16.

纪玉华，许其潮 . 2000. 从重复和记忆的关系看“三文治故事教学法”[J]. 外语与外语教学(8)：42－ 45.

鞠秋红，王文宇，周丹丹 . 2007. 中国大学生外语阅读过程中的母语思维研究[J]. 现代外语(3)：262－270.

陆效用 . 2002. 试论母语对二语迁移的正面影响[J]. 外语界(4)：11－15.

唐丽萍 . 2003. 语言课堂语码转换述评[J]. 国外外语教学(1)：8.

王俊菊 . 2003. 助跑器？绊脚石？一次有关外语教学中母语使用情况的调查[J]. 现代外语(4)：394－ 402.

王文宇 . 2002. 母语思维与二语习得：回顾与思考[J]. 外语界(4)：7.

文秋芳，王立非 . 2004. 二语习得研究 35 年：回顾与思考[J]. 外国语(7)：21－23.

张桂萍，王新凤 . 2001. 母语在外语教学中的应用[J]. 山东外语教学(3)：82－84.

周星，毛卫娟 . 2006. 外语课堂教学媒介语研究述评[J]. 外语与外语教学(4)：16.

左丽芳 . 2007. 论二语习得中的母语正迁移[J]. 社会科学家(6)：202－203.

关于英语课堂中母语使用的反思

首都师范大学　柏凌波

摘　要：目前，国内关于英语课堂话语的文献大多集中探讨英语课堂上教师以英语为主要教学媒介的使用情况，研究者们认为英语课堂应该且只能使用英语进行教学，潜意识之下排除了母语的使用。近年来，单语教学模式受到了越来越多国外研究者的质疑，本文通过梳理国内外关于英语课堂中母语使用的文献，归纳出支持英语课堂中母语使用的相关理论，包括心理语言学和认知视角、普通学习视角和社会文化视角，认为母语使用应该得到二语习得研究者的重视，最后基于英语课堂中的语码转换讨论了母语使用对于外语教学的作用。

关键词：母语使用；语码转换；二语习得

1. 引言

目前，国内外研究者已经就英语课堂的教师话语开展了大量的研究。研究者之所以特别关注英语课堂上教师话语的使用情况，是因为教师话语不仅是教师执行教学计划的工具，同时还是学生语言输入的一个重要来源，它在组织课堂教学和学习者的语言习得过程中起着至关重要的作用(Nunan，1991：189)。因此为了使学生能够更多地接触英语，英语教育研究者鼓励甚至要求英语教师在课堂上尽可能使用英语。Phillipson (1992)认为在语言教学课堂上完全避讳母语的使用，可以追根溯源到大英帝国殖民统治时期，那时英语教学中的单语制不过是政治权利关系的一种自然表述。当然，后来课堂上对目的语的大加提倡主要是从教学角度而非政治角度去考虑的。自 19 世纪以来，外语课堂只能用外语进行教学的思维已经深入人心，甚至认为外语课堂中只能用外语教学(也称单语教学或 monolingual teaching)，学生被禁止使用母语。而现在，该思维正不断受到国内外学者的挑战，支持外语教学中使用母语的理论不断涌现。本文将首先介绍单语教学的历史由来以及对外语教学的影响，然后通过文献回顾说明真实的课堂外语教学中存在广泛的母语使用情况，并根据相关理论证明母语在外语课堂中使用的必要性，最后以语码转换为例讨论英语课堂中母语使用对于英语教学的积极作用。

2. 单语教学的由来

在语言教学的历史上，单语教学并不是陌生词汇，远在中世纪时期，教会学校就使用拉丁文讲课(Phillipson，1992：186－187)。但是直到19世纪末，单语教学才以理论的形式存在于语言教学文献中，并且快速地涵盖几乎所有语言教学，如加拿大的浸入式语言教学(immersion teaching)。最早的单语教学源自Berlitz的记载：Berlitz曾经聘请一位叫Nicholas Joly的法国老师教一个法语学习班，班里都是说英语的美国学生，习惯于老师用英语讲解法语。但Berlitz没有意识到的是，Joly根本不会英语，在上法语课的时候，Joly用尽办法让学生理解他的话，包括手势、面部表情、图画等等。令人意想不到的是，学生很喜欢这种教学方式，教学效果似乎也有效，单语教学法从此流传开来。至今Berlitz网站(Berlitz London：2011)还张贴着Berlitz单语教学法的宗旨：

The Berlitz Method excludes any use of the student's native language in either the classroom or in the student's review materials. By totally immersing the student in the new language, we can most closely simulate the real-life situations in which he or she will be using the language, and eliminate the cumbersome process of introducing a concept first in the student's language and then in the target language.

3. 母语使用

随着20世纪二语习得研究(SLA)的发展，特别是基于20世纪80年代初由Krashen(1981)提出的"输入假设"(input hypothesis)、Long(1983)的"交互假设"(interaction hypothesis)以及Swain(1985)提出的"输出假设"(output hypothesis)，反对使用母语者认为，在以英语为外语的教学环境中，教师是目标语输入的最主要来源。教师应尽可能使用目标语以"提供一个充满目标语的环境"(Chaudron，1988)和提供"有价值的语言输入"(Ellis，1994)。因此相关研究也逐渐变成由单语教学一统天下的局面，如张会平、刘永兵(2010)利用语料库对于英语教师课堂话语的标记研究。然而，在真实的外语课堂中，母语仍然经常被教师使用(Benson，2000；Cook，2008)。从语言学习的角度看，仅有语言输入并不能确保语言被吸收。语言输入的质量比其数量更能决定语言是否能被学习者吸收和内化(Gass，1988)。大量的实证研究证明，母语使语言输入更容易被学生关注并处理(Van Lier，1995)；母语能帮助学生更好地理解目标语的重要概念(Turnbull，2001)；母语可以缓解学生的焦虑情绪，促进其对输入信息的运用(Krashen，1985)。

针对外语课堂中的母语使用现象，国外研究总体显示，母语使用在二语课堂上很普遍，但使用数量则因教学环境、学生程度的不同而存在较大差异(谢晓燕，2011)。而国内研究人员主要通过问卷调查和访谈的方式来了解教师是否使用汉语以及汉语使用的功能。王俊菊(2003)对中学英语教师进行的问卷调查显示，教师在课堂上使用汉语主要是帮助学生更好地理解教学内容，缓解学习过程中的焦虑。在陈立平(2004)的研究中，作为受试的大学英语专业教师都使用了母语，旨在清晰表达授课内容、活跃课堂气氛、提高教学效率及弥补自身英语能力的不足。

综上所述，理论上仍然坚持单语教学，而实际课堂教学中则广泛存在母语使用，这一现象造成了理论和实践的分离。Hall & Cook (2012) 指出已经到了双语教学(bilingual teaching)回归的时候了，他们认为英语作为外语的教学在本质上离不开母语使用。为此，本文将以课堂语码转换 (code-switching)这一双语教学中的常见现象为例，从语码转换的定义、语码转换中的母语数量、语码转换的功能等角度来说明母语在英语课堂中的使用情况及其对于目标语习得的积极作用。

3.1 语码转换的定义

语码转换是指在目标语言和母语之间进行的自然而迅速的交替使用(衡仁权，2004)。最初，语码转换是社会语言学的一个非常重要的研究领域，关于双语社会的语码转换已有大量丰富的研究。而本文所讨论的语码转换，主要是指语言课堂中教师目标语和母语之间交替使用的复杂的语言现象，既与双语社会的语码转换有相似之处，又有其独特的模式。Cook(2001)认为，语码转换是一种自然现象。通过语码转换，教师能够给学生营造一个真实的语言学习环境。Castellotti 和 Moore(1997)(引自 Turnbull & Arnett，2002)甚至认为语码转换是一种有效的外语教学策略。在他们看来，母语是辅助外语教学的一个重要的工具。在外语课堂教学中，教师应有意识地决定什么时候应该把母语引入到外语教学当中来，适时的语码转换对学生的目标语言学习有着积极的促进作用。当然，在教学过程中教师必须明白母语只是用来帮助学生建构目标语言的知识，它不能享有和目标语言同等重要的地位(Coste，1997，引自 Turnbull & Arnett，2002)。

3.2 语码转换中的母语数量

对于语码转换的研究，研究者最初从外语课堂中教师话语中的外语/母语使用比例入手，如 Duff & Polio (1990) 通过对 13 个班级外语课堂的录音后发现，外语使用远远大于母语使用的比例(67.9：32.1)。Turnbull (2001)发现了相似的结果，外语使用比例从 9%到 89%不等。同时，当外语老师面对不同的课程和班级时，语码转换的数量也不一样，Rolin-Ianziti & Rrownlie (2002) 发现 4 位法语老师在教授同样的听力课时，使用母语的变化幅度为 0 到 18.15%，Macaro (2001)观察到 6 位新手老师使用母语的变化幅度为 0 到 15.2%。国内研究者谢晓燕(2011)通过实证研究发现，3 位大学英语专业精读课教师的课堂汉语使用量占其话语总量的平均值为 22%，而个别教师的汉语使用量更是达到了 37.1%。综上所述，国内外外语课堂中教师的母语使用数量已将占到了相当的比例。

3.3 语码转换的功能

外语教师在课堂上进行语码转换主要是为了让学生听懂授课内容，而然，语码转换的功能不局限于此。Polio & Duff (1994) 提出，教师可用母语来表达常用课堂词汇、讲解语法、进行课堂管理、翻译目的语中的难词。Mattson & Burenhult (1999)认为语码转换包括话题转换、情感功能和重复功能。他们认为，在双语或多语环境下，有限的外语水平也是说话者在外语与母语之间进行转换的原因之一。Cook(2001)则指出，在外语教学过程中，母语可用于转达和检查词语或句子的意思、解释语法，用于组织课堂、维持课堂纪律和用于测试。国内少量针对外语课堂中语码转换功能的调查和研究大体上得出了和国外研究者相似的结果，如谢晓燕(2011)通过实证研究发现并总结出在外语课堂中，教师的母语使用主要用于翻译、评价、指示、引出学生的发言、个人评论、建议、行政事务、重复、批评、翻译练习、检测、元语言功能、母语词汇等 14 种教学功能。由此可见，教师在语言课堂上使用母语，进行语码转换是为了节省时间，让学生更快地投入到课堂活动中以便教学的顺利实施，由此达到更好地辅助教学从而更加有效地促进学生的课堂语言习得的作用。

虽然早在 1987 年，Atkinson 就提出在交际课堂上使用母语，并总结出母语在外语课堂上的九大优势；Widdowson (2003：152)也指出，鉴于母语使用不可避免且是课堂话语的一部分，母语应该被视为一种教学优势，而不是一味地阻止。然而，到目前为止并没有文献讨论语码转换是否有益于外语课堂教学，下面本文将试图从二语习得理论的角度来讨论这个问题。

4. 理论支持

4.1 双语思维

从心理语言学的角度来说，研究发现单语者(monolingual)和双语者(bilingual) 在处理语言任务时的表现有所差异(Bialystock & Feng，2009)。Cummins (2007：299) 也强调双语者在元认知方面的能力强于单语者，说明学习者得益于两种语言的比较学习，因此应该鼓励学习者看到两种语言间的不同，并认识到母语是外语学习不可分割的一部分。通过大量翔实的实证研究，Cummins (2007) 提出存在 5 类跨语言迁移：音位知觉迁移、语用能力迁移、敢于发起谈话、元认知和元语言策略、特殊语言元素和概念元素。Cummins 认为如果学习者能够积极区分两种语言的相同和不同之处，语言学习则会更有效。

4.2 母语促进二语习得

尽管主流二语习得研究较少关注母语在二语习得过程中的作用，仍有不少研究者(Schmidt，1990；Long，1991)提出二语习得也涉及母语使用，比如 NOTICING(《注意》)以及 FOCUS ON FORM(《形式干预》，翻译见邹慧民，2012)。有实证研究表明在学习单词的时候，同时给予单词母语翻译的学习效果比不给母语翻译的效果更好(Laufer & Girsai，2008)；Nation (2003) 也曾指出给予翻译的单词学习是最有效的学习方式。

4.3 先验知识

先验知识(prior knowledge)与外语学习有着紧密的联系，Widdowson (2003)就曾提出二语习得的理论 contrastive analysis，noticing 以及 language awareness 都要求外语学习者有意识地注意母语与外语的差别。有效的学习须建立在结合先验知识的基础之上，不仅包括学过的知识和技能，更包括塑造学习者身份和认知的全部经验(Cummins，2007：232)。

4.4 社会文化路径

Vygotsky(1978)认为学习总是在社会环境中发生，知识由能力较高的参与者与能力较低的参与者在某一认知活动中共同架构。这一理论的中心概念被称为最近发展区(zone of proximal development，ZPD)。根据 Vygotsky 的定义 ZPD 指的是“实际水平和潜在发展水平间的差距，即现有独立解决问题的能力与在更高能力的专家或同龄人帮助下解决问题的能力”。Vygotsky 认为教学应立足在某一恰当点从而保证儿童的“有效学习”。从这个角度来看，母语被认为是外语学校过程中的“支架”，学习者正是通过母语来理解学习任务、关注语言形式从而在交流中成功完成意义的传达。

5. 结语

尽管本文强调母语在外语习得过程中的重要性，但正如国内外大量关于课程语码转换的研究所显示，课堂上母语和外语的合理比例并没有固定的阀值和统一的界限。McMillan 和 Rivers 在 2011 年就曾这样说过“研究者大可不必认为没有明确的界定，教师就会在课堂上任意做语码转换。相反，教师和学习者最有理由决定母语使用的程度”。目前，对于语码转换的研究仍局限于传统的分类和简单描写，其对外语学习的有效性还没有实证研究的支持。本文希望通过介绍外语教学中的母语使用，从翻译法的母语应用到输入假设的排斥母语使用，再到目前众多研究对母语使用的认可，引起国内学术界对母语研究的重视。

参考文献：

Atkinson, D. 1987. The mother tongue in the classroom: a neglected resource? [J]. ELT Journal(4).

Bialystok, E. & Feng, X. 2009. Language proficiency and executive control in proactive interferece: Evidence from monolingual and bilingual children and adults. Brain and Language, (109): 93—100.

Chaudron, C. 1988. Second Language Classrooms: Research on Teaching and Learning [M]. Cambridge: Cambridge University Press.

Cook, V. 2001. Using the first language in the classroom[J]. The Canadian Modern Language Review (3).

Cummins, J. 2007. Rethinking monolingual instructional strategies in multilingual classrooms. Canadian Journal of Applied Linguistics.

Ellis, R. 1994. The Study of Second Language Acquisition[M]. Oxford: Oxford University Press.

Gass, S. 1988. Integrating research areas: A framework for second language studies [J]. Applied Linguistics(9): 198—217.

Krashen, S. D. 1985. The Input Hypothesis: Issues and Implications[M]. London: Longman.

Laufer, B. & Girsai, N. 2008. Form-focused instruction in second language vocabulary learning: A case for contrastive analysis and translation. Applied Linguistics (4): 694—716.

Long, M. 1991. Focus on form: A design feature in language teaching methodology. In K. De Bot, R. Ginsbery & C. Kramsch(eds.), Foreign language research in cross-cultural perspective. Amsterdam: John Benjamins, 39—52.

Mattsson, A. & Burenhult N. 1999. Code-switching in second language teaching of French[J]. Working Papers (47).

McMillan, B. & Rivers, D. 2011. The practice of policy: Teacher attitudes toward ‘English only’. System (39): 251—263.

Nation, P. 2003. The role of the first language in foreign language learning. Asian EFL Journal (1): 35—39.

Nunan, D. 1991. Language Teaching Methodology: A Textbook for Teachers[M]. Englewood Cliffs, NJ: Prentice Hall Inc.

Phillipson, R. 1992. Linguistic Imperialism[M]. Oxford: Oxford University Press.

Polio, C. & Duff, D. 1994. Teachers' language use in university foreign language classrooms: a qualitative analysis of English and target language alternation[J]. The Modern Language Journal (3).

Schmidt, R. 1990. The role of consciousness in second language learning[J]. Applied Linguistics (1): 17—46.

Turnbull, M. 2001. There is a role for the L1 in second and foreign language teaching but[J]. Canadian Modern Language Review (57): 531—540.

Turnbull M & Arnett K. 2002. Teachers uses of the first languages in second and foreign classrooms [J]. Annual Review of Applied Linguistics (22): 204—218.

Van Lier, L. 1995. The use of the L1 in L2 classes[J]. Babylonia(2): 37—43.

Vygotsky, L. S. 1978. Mind in society: The Development of Higher Psychological Process[M]. London: Harvard University Press.

Widdowson, H. G. 2003. Defining Issues in English Language Teaching[M]. Oxford: Oxford University Press.

陈立平. 2004. 英语专业教师在课堂上语码转换调查[J]. 解放军外国语学院学报(5): 34—40.

衡仁权. 2004. 国外外语课堂教学中教师目标语和母语的使用研究述评[J]. 外语界(6): 64—68.

王俊菊. 2004. 助跑器？绊脚石？——一次有关外语教学中母语使用情况的调查[J]. 现代外语(6): 395—402.

谢晓燕. 2011. 英语专业课堂教师母语使用的数量、功能和原因调查[J]. 现代外语(3): 271—278.

话语研究

社会文化理论与第二语言习得

首都师范大学　林　立　李　琳　杨　洋

摘　要：本文分析近年来第二语言习得研究新范式的内涵，讨论其哲学基础、研究方法的转变以及介绍对研究产生的影响一些研究实例。

关键词：研究范式；社会文化理论；维果茨基；第二语言习得

二语习得研究不断发展，逐步从行为主义、心理认知到社会认知新的研究范式。有的研究者(Johnson，2004)将第二语言习得研究分为三种范式，即行为主义、心理认知和社会认知，即不同认识论下形成的二语习得理论与范式(王冰、宋云霞，2011)。本文将社会认知论的研究范式称作“社会文化范式”。社会文化理论由前苏联心理学家维果茨基（Vygotsky）提出，强调社会文化因素在人类认知功能的发展中的核心作用。该理论中，人类认知活动的最重要形式是通过社会和物质环境内的互动而得到发展。该理论从产生、引进到西方国家，引入第二语言习得研究，传入到中国，经历了近百年的时间。虽然我们了解这个理论迟了一些，它却使人们以一个新的视角去看待二语习得，其中提到的一些概念，如中介、控制、内化等被广泛地运用于二语习得研究，并对二语教学带来有益启示。

本文的研究目的是介绍社会文化理论的产生背景、主要内容及该理论对第二语言习得研究的影响，本文采用文献综述法。

1. 社会文化理论的产生

20世纪二三十年代，前苏联心理学家维果茨基(1926－1986)及其同事列昂节夫(Leontyev)和鲁利亚(Luria)提出了社会文化理论，主张人的高级心理机能是社会历史的产物，受社会规律制约，强调人类社会文化对人的心理发展的重要作用，以及社会交互作用对认知发展重要性。尽管该理论以“社会文化”命名，它却不探讨关于人类生存中社会或文化的因素，而是研究一种高级心理机能发展的理论，此理论把社会和文化看做是人类思维方式的重要组成部分(Lantolf & Thorne，2006)，或者说此理论提供一个社会环境而可以系统研究认知的框架。

维果茨基的重要论著作有[①]：《意识作为行为心理学的问题》(1925)、《儿童期高级形式注意机制的发展》(1929)、《高级心理机能的发展》(1931 年)、《精神分裂症的概念障碍》(1932)、《心理学讲义》(1932)、《思维与语言》(1934)、《社会中的思维》(1978)。

1 与其他范式比较

70 年代，维果茨基的社会文化理论传入西方，大批美国和欧洲的学者开始注意并研究该理论，并将该理论运用于心理学、教育学、应用语言学等学科中。因此社会文化理论也成为第二语言习得理论基础之一，并得以发展。

社会文化理论作为一个新范式，使研究者以另一种角度重新审视第二语言的习得过程。它与之前二语习得的两大范式：行为主义和心理认知范式有许多区别，这些区别体现在哲学观、语言观、学习观、研究对象和研究方法等重要问题上，下面分别论述。

(1)哲学观。行为主义和心理认知观受法国哲学家笛卡尔二元论影响，认为“心灵”与“肉体”一分为二，主张人与社会是互为独立的两个实体，语言与文化可分为两个自主系统，互不影响。而社会文化论认为：二者是不可分割的整体，人与社会、语言与文化亦为一体。

(2)语言观。行为主义和心理认知学派都把语言能力和其他认知能力区分开来，并把语言看成是一系列符号结构的集合，认为语言独立于具体交际活动、存在于个人大脑之中的抽象句子。乔姆斯基(1979)认为语言能力与语言行为不同。而社会文化论认为语言是社会现象，与文化融为一体，无法分割，存在于人们交往活动中，是形式和意义统一的符号系统。

(3)学习观。行为主义强调学习环境的作用，主流认知心理学强调心理过程的主导作用，常把人脑比作信息处理器。与此不同的是，社会文化论认为学习者运用语言参与交际活动，获得语言和文化知识，转为个人头脑思维材料。

(4)研究对象和研究方法。行为主义视域下的二语习得研究把学习者作为研究对象，常用实验法，以环境刺激作为自变量，根据理论假设和操纵学习者行为，以“诱导”出的学习者对外部刺激引起的反应作为因变量，建立刺激与反应的统计关系 (Johnson，2004)。认知心理学视角的二语习得的研究对象是语言的习得，主要从学习者大脑内部机制探讨语言学习，把心理过程作为研究的焦点，常常通过实验对学习者的心理过程采用假设、逻辑演绎和信息加工来进行推导和计算，建立输入——输出的线性因果模式 (Johnson，2004)。也通过

① 余震球(译). 2005. 维果茨基教育论著选[M]. 北京：人民教育出版社；李维(译) 1997/2000. 思维与语言[M]. 杭州：浙江教育出版社 .

访谈、有声思维等质性探究人脑内部语言加工或产出的情况。社会文化论认为二语习得研究则恰恰相反，以语言运用为研究对象，主张语言习得与运用为连续体，无法分割，研究焦点为语言为中介的成功的社会交际活动。大多采用微变化分析(发现认知方面的微观变化)及定性研究法(如人种志、有声思维、观察、访谈、日记等)。观察发生在真实环境中，而不是实验室里。研究数据来自真实的课堂及其他社会场景。强调研究者与被研究者之间的互动，要求研究者能够从被研究者的角度理解、阐述社会交际事件。总之，以社会文化理论为理论基础的二语习得，在很大程度上开阔人们的视野，拓宽研究内容及研究思路，带来研究方法的变革，为二语习得研究可持续性发展注入了新的血液。

2. 维果茨基的主要理论

维果茨基理论可概括为三方面：心理发展观、人类高级心理机能的社会起源与维果茨基的思维和语言理论。三个方面中分别包含控制、最近发展区、支架等重要核心概念。

2.1 维果茨基的心理发展观

维果茨基认为：人类的高级心理机能是一个过程而不是结果，这些过程只能从社会和发展的角度来研究。他指出，历史的方法可用于四类不同层次的研究。系统发生 (phylogenesis) 关于人类物种发展；社会文化历史 (sociocultural history) 关注工具使用与社会文化背景；个体发生 (ontogenesis)涉及儿童心理发展过程中中介工具的出现，关注生物和社会因素的相互作用；微观发生 (microgenesis) 涉及短期形成的心理过程，大部分研究都是在微观发生领域 (Roebuck，1998)。

维果茨基探讨“发展”实质，提出文化——历史的发展观。他认为发展指心理发展，所谓心理发展指：一个人的心理(从出生到成年)，在环境与教育影响下，从低级心理机能的基础上，逐渐向高级心理机能转化。此外，维果茨基还认为：由于工具的使用，人们适应的方式发生了改变。人类所使用的工具中包含着人类一切生产活动的间接经验，即社会文化知识经验。正因如此，人类的心理发展规律不再受生物进化规律所制约，而受社会历史发展的规律所制约。

2.2 人类高级心理机能的社会起源

维果茨基分析心理机能由低级向高级发展原因时总结了三点：一、起源于社会文化——历史的发展，受社会规律制约；二、从个体发展来看，儿童在与成人交往过程中通过掌握高级的心理机能工具——语言，这一中介环节，使其在低级的心理机能基础上形成各种新的心理机能；三、高级心理机能是不断内化的结果。

低级心理机能向高级心理机能转化的过程被称作控制（Darhower，2000）。高级心理机能在符号的中介作用下最终被个体所控制。根据维果茨基观点，知识通过中介得到提炼和完善并达到一致。中介由外在的社会文化活动转向内在的心理功能的过程；中介是一种认知工具，它可以是一种物质工具，也可以是一个符号系统，或是社会互动中其他人的行为。儿童成长过程中，他们无法控制身边的事物，此时的他们正处于心理发展初期，而该阶段被称为物体控制阶段（object-regulation）。下一个阶段中，儿童可以在年长者使用言语中介的指导下完成任务，该阶段成为他人控制（other-regulation）阶段。当儿童最终可以凭借自己独立完成任务时，他们获得了自我控制（self-regulation）。在三个阶段中，他人控制的功能主要通过对话来实现，而他人控制向自我控制的转化发生在最近发展区。

最近发展区指"实际的发展水平"（level of actual development）与"潜在的发展水平"(level of potential development)之间的距离。前者由独立解决问题的能力决定；后者指在有指导的情况下借别人的帮助所达到的解决问题的水平。由于人的能力水平在自身发展过程中通过与外部世界的互动形成，不断发展，因此最近发展区也是动态变化的，它随着个体的成长而发展。

20 世纪 70 年代，在吸收、发展维果茨基"最近发展区"理论基础上，教育中提出了支架教学理论，孕育而生支架教学模式(彭元玲，2008)。它以学习者当前发展水平为基础，与他人构建一种互动和合作关系，最终从合作学习到独立学习，并把知识内化到学习者个体的目的。"支架"（scaffold）一词来自建筑学"脚手架"，即一种临时性的支撑架构。伍德等(Wood，Bruner & Ross）把支架用作隐喻，描述一个人学习过程中同伴、成人和有能力的人对其学习所进行的有效干预。

内化是一个与中介紧密相连的概念，指"人们心理之间的过程向个人心理之内的过程的转化"(车文博，2001)。内化是维果茨基建立的连接外部世界与个体内在心理过程之间的桥梁，是将曾经的外在帮助转化为个体内在的、可利用的资源的过程。维果茨基提出："在儿童的发展过程中，所有的高级心理机能都能两次登台：第一次是作为集体活动、社会活动，即作为心理间的技能；第二次是作为个体活动，作为儿童的内在思维方式、作为内部心理机能。"这说明内化既是个体发展过程，更是一种社会发展过程。

2.3 维果茨基的思维和语言理论

维果茨基在《思维和言语》一书中认为，思维的进步和言语的进步不是并行的，两者是既相互独立又相互依赖的发展系列。他认为言语主要功能是交际，以建立一定的社会关系。其次，话语也是内省和认知的产物。个体在与他人互动过程中掌握言语规范，从而形成了个体言语。维果茨基认为“言语发展图式开始阶段是社会性的，接着经历自我中心阶段，再接下来才是内部阶段”。

个体言语在心理活动的过程中发挥着重要作用，并逐渐转化为潜在的内部言语。从个体言语发展到内部言语是一个不断改进、完善、动态发展的过程。儿童在学说话的过程中，常常会自言自语，而这一现象说明儿童在进行自我中心的言语（egocentrism）。社会文化理论把儿童自言自语看作儿童正在发展的管理自身行为的能力的行为。因此，儿童的自言自语反映儿童早期对语言的运用，它是完全社会化的，具有交流意义。

3. 社会文化理论对二语习得研究影响

维果茨基的社会文化理论在20世纪60年代被西方心理学界广泛关注。然而，被引入二语习得领域却始于1985年Frawley和Lantolf发表在Applied Linguistics的“Second Language Discourse：A Vygotskian Perspective”。之后，西方二语习得研究者从调节理论、最近发展区和活动理论等多视角对二语习得进行的全方位研究见诸期刊、专著或者作为博士论文研究成果的多达300篇(Lantolf & Beckett，2009)。这些成果表明社会文化理论已在二语习得的研究领域中站稳脚跟，打开一个了解二语习得的新窗口。

在Vygotsky看来，语言学习过程是连接社会语言和心理语言的支架，学习者在复杂的社会认知任务中积极参与(俞洪亮，2007)。也就是说，社会文化理论考虑社会交互和语言发展的关系，把目的语的相互作用看做是语言学习的主要角色，而不是把语言学习看作是一种机械化的信息资源输入。Vygotsky关于调节、活动、支架和最近发展区等概念的论述形成社会文化理论的基本内核。20世纪90年代以来，以Lantolf为代表的一些研究者将Vygotsky理论在二语习得领域进行不断的解读，并尝试通过实证研究揭示二语学习者的语言学习过程(高一虹、周燕，2009)。

调节理论是社会文化理论的核心思想，西方学者在过去25年中从师生调节、同伴调节和自我调节等视角对调节理论视野下的二语习得进行实证研究。比如在自我调节的研究中，Frawley和Lantolf (1985)把维果茨基的自言自语(private speech)理论应用于二语实验。他们系统地比较不同水平二语学习者在看图讲故事的过程中所产生的自言自语，即叙述过程中加入自己的叙述(我看见他在……)；或使任务自身外在化(你们想知道他在做什么吗，他在……)。这些额外的叙述都不及母语者(一个小男孩正在……)表达流畅。Frawley和Lantolf (1985)把这些额外信息解释成是学习者需要“通过说话和确定任务来施加命令于任务”。Frawley和Lantolf认为学习者正通过自言自语，努力从目标调节(object regulation)(以此为例，就是指对图画的直接反应，或是对它们的描述)转向自我调节和任务控制，因为自我调节不是想当然就能执行的，要通过自己的努力才能实现(李霞、兰英，2007)。研究表明，用二语交谈时，学习者将花大量的精力于自我调节和交际中，而这又恰恰是二语研究者易于忽略的地方。因此，维果茨基关于自言自语的论述为自我意识的内化过程提供一个有价值的窗口，在这个过程中成熟的二语学习者面对复杂的二语学习过程，努力地实现着自我调节。

20 世纪 30 年代，维果斯基创造性地提出“最近发展区”概念，为更好地指导二语习得研究，De Guerrero(1996)首先注意到 Krashen 的 $i+1$ 和最近发展区两个概念的异同，认为这是两个截然不同的概念。Dunn 和 Lantolf(1998)也区分了二语习得研究中经常相提并论的最近发展区和 Krashen 的 $i+1$。他们认为这两个概念不同，Krashen 的 $i+1$ 关注的是语言难度，而最近发展区则是认知水平差距；并且他们认为 Krashen 的 i 虚无缥缈、无法驾驭，而最近发展区则可以通过实验得以验证。然而，更多的语言专家则认为 Vygotsky 的“最近发展区”与 Krashen 的“$i+1$”假说不谋而合，是语言教学在理论上的一大进步，其进步性在于它把“适时”定位在学生语言发展的前面(吴文、李森，2009)。

更多学者则侧重于最近发展区在二语习得中的应用。Aljaafreh 和 Lantolf(1994)为验证知识能否通过支架形式被内化到学习者的第二语言发展系统中，对一组成年二语学习者进行研究。研究证实“最近发展区”的概念。社会文化学派将其理论应用于二语习得，认为教师对学生提供支架式教学，即通过支架把管理学习的任务逐渐由教师转移给学生，最后撤去支架。同伴间的支架可以帮助学生顺利穿越最近发展区。其他的实证研究，如 Ajaalfreh 和 Lantolf(1994)发现，由于学生最近发展区的异同，显性和隐性反馈对学生的二语习得影响的差异较大，Nassaji 和 Swain(2000)也证实 Ajaalfreh 和 Lantolf 的结论，并且还发现学习者在学习最近发展区内的知识比随意选择的知识效果更好。

此外，最近发展区对传统二语习得理论中的石化现象(fossilization)也有启示。传统理论难以确定石化的界限，比如 Washburn(1998)应用了最近发展区理论，做了一项旨在确定石化的(fossilized)学习者和非石化学习者差异的研究。结果显示，两组学习者之间的差异没有质的不同，也不在于所犯错误的数量，而在于不同任务中所犯错误的类型。研究者因此得出结论，观察学习者在与不同的人进行交流互动时的表现，可以确定其语言形式是否还处在发展之中。不会改变的部分是已经石化的部分，而可以改变的部分是“最近发展区”中仍处于活动状态，尚未石化的部分。

社会文化理论使我们以不同于主流二语习得的角度来考察二语习得的问题，该理论消除了语言学习和语言使用的界限，把研究从乔姆斯基理想的听话者、说话者世界和实验中移出来，放到他们的日常生活中（包括真实的课堂环境）(Lantolf，1995；116)。

4. 结语

本文通过综述社会文化理论的渊源和现状，论述社会文化理论在二语习得中的应用及影响。我们了解到社会文化视角采取历史的、整体的角度审视第二语言习得，同时从独特视角审视二语习得研究中的许多问题，提供了有益的研究方向。如：最近发展区概念在教师协助、中介语发展等方面的运用；支架式协助帮助学习者由实际发展层向潜在发展层过渡，学习者内化吸收社会活动知识。由于社会文化理论下的二语习得研究，是研究真实的课堂以及其他社会场景里的语料，同时，还由于社会交际是学习的主要途径，所以学习者参与的交流尤其值得关注(王立非，2008)。所以，社会文化理论将社会文化、人类心智与语言习得相结合，将第二语言习得看作是一个与真实的社会文化因素互相作用的发展的过程，使得这个新视角对于第二语言习得研究具有很强的解释力。因此，在二语习得中，主张第二语言习得的过程是一个内化的过程，语言习得为一种信息处理模式的视角受到挑战。

传统的认知心理学仍将延续，其主导地位短时难以撼动。社会文化视角将仍会以挑战者姿态继续前行，其理论和方法将继续完善。Thorne (2005) 和 Lantolf (2000) 强调社会文化理论在二语习得理论建构中的重要性，认为社会环境是认知发展的核心。认知派和社会文化派论战在继续，但它们有望走向融合。学者在已经在这方面进行了大胆尝试。如 Larsen-Freeman (2002) 提出“混沌论”；Block (2003) 提出两大视角互补；Watson-Gegeo (2004) 从新的角度将认知与社会文化相整合。新范式的产生为二语习得发展做出了重要的贡献。

参考文献：

Aljaafreh，A. & Lantolf，J. P. 1994. Negative Feedback as Regulation and Second Language Learning in the Zone of Proximal Development [M]. The Modern Language Journal.

Block，D. 2003. The Social Turn in Second Language Acquisition [M]. Washington. D. C.：Georgetown University Press.

Darhower, M. 2000. Synchronous Computer mediated Communication in the Intermediate Foreign Language Class: A Sociocultural Case Study [M]. Pittsburgh: University of Pittsburgh.

Frawley, W. & Lantolf, J. P. 1985. Second Language Discourse: A Vygotskian Perspective [M]. Applied Linguistics 6 (1): 19—44.

Johnson, M. 2004. A Philosophy of Second Language Acquisition [M]. New Haven: Yale University Press.

Lantolf, J. P. & Beckett, T. G. 2009. Sociocutural theory and second language acquisition [J]. Language Teaching (42): 459—475.

Lantolf, J. P. 1995. Sociocuhural theory and second language acquisition [J]. Annual Review of Applied Linguistics 15(1): 108—124.

Lantolf, J. P. 2000. Second language learning as a mediated process [J]. Language Teaching.

Lantolf, J. P. 2005. Sociocultural and second language learning research: An Exegesis [A]. In Hinkel, E. (ed.). Handbook of Research in Second Language Teaching and Learning. Mahwah: Lawrence Erlbaum Associates Inc.

Lantolf, J. P. & Thorne, S. 2006. Sociocultural Theory and the Genesis of Second Language Development [M]. Oxford: Oxford University Press.

Larsen-Freeman, D. 2002. Language Acquisition and Language Use from a Chaos/Complexity Theory Perspective [A]. In Kramsch, C. (ed.). Language Acquisition and Language Socialization: Ecological Perspectives [C]. London: Continuum.

Roebuck, R. 1998. Reading and Recall in L1 and L2: A Sociocultural Approach [M]. Stamford: Ablex Publishing Corporation.

Thorne, S. L. 2005. Epistemology, politics, and ethics in sociocultural theory [J]. The Modern Language Journal.

Washburn, G. N. 1998. Working in the ZPD: Fossilized and Nonfossilized Nonnative Speakers [G] in James, P. L. & Gabriela, A. Vygotskian Approaches to Second Language Research. Norwood: Ablex Publishing Corporation: 69—81.

Watson-Gegeo, K. 2004. Mind, language, and epistemology: Toward a language socialization paradigm for SLA [J]. The Modern Language Journal.

车文博. 2001. 当代西方心理学新词典 [M]. 吉林人民出版社.

高一虹，周燕. 2009. 二语习得社会心理研究：心理学派与社会文化学派 [J]. 外语学刊(1).

李霞，兰英. 2007. 基于社会文化学派理论的第二语言学习观及其述评 [J]. 国外外语教学 (2).

彭元玲. 2008.“支架”理论在 E-learning 环境中的应用研究 [J]. 四川外语学院学报 (1).

乔姆斯基．1979. 句法结构[M]. 北京：中国社会科学出版社．

王冰，宋云霞．2011. 二语习得研究的理论与范式 [J]. 东北师大学报(哲学社会科学版)(4).

王立非．2008. 第二语言习得的语言学视角[M]. 北京：世界图书出版公司．

吴文，李森．2009. 社会文化视野下的生态语言教学观[J]. 山东外语教学(6)：48－53.

俞洪亮．2007.《口头话语分析与第二语言习得》导读[M]. Diana Boxer，Andrew Cohen 著 北京：世界图书出版公司．

语言变异研究：语言研究的新发展

首都师范大学　孙咏梅

摘　要：本文从语言的本质问题出发，探讨语言变异研究的研究目标、内容、方法等等，旨在指出，语言的本质特征是“有序异质性”，而语言变异研究的中心任务就是对语言的“有序异质性”做出科学合理的解释。

关键词：语言变异研究；有序异质性；社会语言学

1. 引言

语言变异研究是社会语言学的一个核心分支。从 20 世纪 60 年代社会语言学兴起之初，语言变异及其社会意义就被放在社会语言学的核心地位。几十年来，语言变异研究蓬勃发展，强调从社会视角出发研究语言变异，为语言研究提供了一个独特的视角。

语言变异过去一直被看做是语言研究的附属产品。因为经常以非标准的形式出现，语言变异一直被语言研究者看作是对语言正规形式的违反，对语言标准形式的偏离。本文认为，语言变异研究承认语言的变异性，恰恰能更好地解释语言在运用中的特征和本质，这代表了语言研究的新发展，为语言研究提供了一个新的研究领域。认识到语言的本质特征是“有序异质性”，语言变异研究的中心任务就是从语言内部和语言外部去考察语言，以真正揭示出语言的心理属性和社会属性，从而对语言的“有序异质性”做出科学合理的解释。

2. 语言的本质：同质还是异质？

传统语言学把语言看成是一个同质的、静止的符号系统。从索绪尔开始的结构语言学到乔姆斯基的转换——生成语言学，始终只把同质的语言认同为语言学应该研究的对象。索绪尔(1916)对“语言”和“言语”进行了区分，认为语言是同质的、能够划分出来加以研究的对象，而言语是异质的、没有什么规律可循的大杂烩。索绪尔之后，乔姆斯基区分了“语言能力”和“语言运用”。与索绪尔相似，乔姆斯基也认为语言学的研究对象应该是“同质言语社区中的理想的说话——听话人”(Chomsky，1965：3—4)。以索绪尔为代表的传统语言学家不愿意把变异性纳入语言的核心特征，因此他们的语言学研究一直存在一种消极对待语言变异的做法，把语言变异当做干扰，当做是语言结构系统的例外情况，认为语言研究应该忽略这些特殊现象，把重点放在抽取不同语言所表现出来的一般性规律上，这样做的结果是忽略了语言事实，而只满足于对语言系统的抽象描写，导致对语言认识的片面和僵化。从静态的、同质的视角出发研究语言，无法揭示语言系统的本质特征，也就无法解释语言变化的过程。

随着社会语言学的兴起，研究者们发现，语言变异现象是所有语言中普遍存在的现象，不管是在人口流动比较大的社区还是相对稳定的社区都充满语言变异现象。既然语言变异是一个普遍现象，对语言结构的描写就需要包括语言的各种变异。语言虽然是异质的，但并不是杂乱无章，而是有规律可循的。许多曾经被认为是任意的语言变异现象，后来被证明其实是完整有序的语言现象。例如，拉波夫(1966)在研究纽约英语元音后的 r 变异时，发现一直被称为自由变异的元音卷舌特征实际上受社会阶层归属以及语体风格的制约：1)社会经济地位越高的阶层，他的发音中 r 卷舌音的比例就越高；2)无论社会经济地位是哪个阶层，越是在正规的场合，他的发音中 r 卷舌音的比例就越高。拉波夫通过大量的调查和数据，证明一些“纯粹的”语言现象，并不是独立于所发生的言语环境的，而是在遵循着某种规则，因此不是人们以前所理解的负面的、消极的现象。随着研究的不断深入，语言研究者越来越意识到语言变异是一种非常重要的语言现象。通过对语言变异的研究，可以揭示出语言的本质性特征，即语言是一个不断变异的网络系统(徐大明，2006)。语言从来不能脱离社会而存在，只有密切联系社会，联系使用它的具有社会属性的人，才能对语言的各种共时变异和历时变化进行有效的分析和研究。在此认识基础上，社会语言学家开始把语言变异当做语言结构系统的有机组成部分，确立了语言变异的中心地位。

社会语言学认为，任何体现为自然语言的语言系统都是一个“有序异质体”(orderly heterogeneity)(Weinreich et al. 1968)，而社会语言学的目的就是要找出语言的“有序异质性”并对其做出科学合理的解释。如果说普通语言学的研究目标是建立一个“无关人类的语言理论”(Coupland，1998：112)，那么社会语言学则是把人放在研究的中心地位，即“是语言使用者，而不是语言本身在发生变异”(Milroy，1992：169)。要揭示语言的“有序异质性”，需要采用定量的研究方法，通过对大量客观数据的分析来预测特定语境条件下某一语言变项出现的频率，但是定量研究应当建立在先进的语法理论的基础之上。

3. 语言变异研究：核心任务、研究内容、研究方法

语言变异研究的核心任务就是对语言的有序异质性做出科学合理的解释。语言变异研究主要联系社会因素来探讨语言变异发生的原因和规律，并且常常使用统计的方法和概率的模式来描写这些语言变异现象。语言变异研究的主要内容包括语言内部的变异、跨语言的变异、方言和社会方言的变异、语言学习者的语言变异和语言接触导致的变异等(Chambers et al.，2004)。社会语言学家研究这些语言变异，目的在于发现各种各样的语言变异现象都受到哪些语言结构条件和社会背景条件的制约。了解了这些条件的制约能力，就代表着可以预见甚至干预某一个变式的出现，大大提高人们的主观能动性(陈松岑，1999)。社会语言学的语言变异研究使语言研究不再停留在对语言的描写上，而是可以对各种各样的语言现象提供语言结构上或社会结构上的解释，从而使语言研究带上了更多的科学色彩，变得更加客观和全面。

社会语言学家从语言结构的三个层面来研究语言变异：音系、句法和话语层面，而且他们重视语言变异发生的社会语境，强调语言变异的社会意义。在语言各个层面的变异研究中，关于音系变异的研究最多，取得的成果也最为丰硕。音系层面的变异研究主要包括元音变异、辅音变异和超音段音系变异研究。相比音系变异研究所取得的丰硕成果，句法层面的变异研究进展比较缓慢，原因既包括技术上的问题，也包括方法论和认识论上的分歧(徐大明，2006)。首先，学者们对句法层面是否存在变异意见不一，有人认为变异存在于语言的各个层面上，包括句法层面，有人则认为，人们通常所说的句法变异实际上只是语用或语义因素在句法层面上的体现，并不是真正意义上的句法变异。其次，从技术层面上来说，句法系统具有无定性(non-finite)的特点，在表达某个意义时，有很多不同的语法形式可供选择，因此，某个句法变项在某一段话语中被反复听到的几率很小，这就意味着很难确立句法变项，同时也增加了语料收集的难度。由于语言变异研究一开始的研究对象主要是语音层面，因此到目前为止，还没有一个统一的适用于确立句法变项的标准，只有先解决这个问题，句法变异研究才能取得突飞猛进的发展。话语变异研究是一个很大的范畴，任何有关语言使用情况的研究都可以算作是话语变异研究。话语变异研究者关注的是特定社会群体在特定语境下使用语言的模式，并分析影响语言使用的诸多社会因素以及由此带来的结果。话语变异研究目前还属于起步阶段，无论是研究的数量还是理论的系统性，都还没有达到音系变异和句法变异那样的深度，许多变异现象也没有得到充分的研究和解释。在语言各层面的变异研究中，统计分析工具起着举足轻重的作用，尤其在音系层面的变异研究

中，定量分析工具被大规模地使用，以找出不同变异模式间的实质性差别。

社会语言学侧重结合语言的内部和外部影响因素来解释在语言各个层面上发生的变异。影响变异的内部因素包括音系、形态、句法和话语结构层面，例如词干音节数目的不同导致的变异，或不同语法系统的竞争导致的变异等等。影响变异的外部因素主要包括性别、年龄、社会阶层、语域等。语言变异研究的侧重点经常放在三个主要的社会变量和语言变异的相关关系上：社会阶层、性别和年龄。社会阶层从语言变异研究的最初阶段就被当做一个重要的外部影响因素。社会语言学家往往以职业、收入、教育等内容来界定社会阶层，虽然对于如何定义和操作“社会阶层”这一概念有一定的争议，但是不可否认的是，社会阶层概念的引入帮助社会语言学家得出了很具说服力的结论。性别也被看做是影响语言变异的重要因素，研究者们发现，即使是属于同一社会阶层的人，他们的语言也会由于性别差异而带上不同的特点。例如，研究发现，女性比男性更多地使用高威信的标准变式(Labov，2001)，经过不断的实践检验，这已经成为社会语言学的一个普遍原理。年龄因素主要和语言变异标记的变化相关。例如，钱伯斯等人(Chambers et al.，2004)发现，某一语言变项的出现频率与不同的年龄层次呈现逆向的关系，即语言发生变异时，某一语言变项在最年长一代人的话语中有少量的出现频率；在中间一代人的话语中，此变项的出现频率有所增加，在年轻一代人的话语中出现频率最高。随着研究的不断深入，社会语言学家开始把越来越多的社会因素纳入思考范围，例如家庭、民族等，同时，他们的目光也开始停留在各个相关因素的相互促进和相互影响的关系上，例如性别和年龄的相互关系。语言各个层面上的变异研究都需要先进的理论来进行解释，例如，优选论为解释音系变异开辟了新的视角，其解释力也得到了初步的认可；社会网络概念的提出为解释语言变异产生及扩散的方式和原因提供了更广阔的视角。

因为社会语言学本身就具有跨学科的性质，因此在研究方法上，社会语言学的一个原则就是，任何其他学科的研究方法，只要能够获得满意的结果，就可以为我所用。例如，语言变异研究使用实验语音学的方法把语音信号转换成视觉方式，这样有助于观察各个语言变项的语音细节，提高语音辨析的精确性，从而提高语言变异研究的可信度。同时，语言变异研究还借助语料库收集到极其广泛丰富的书面语和口语语料，并借助语料库语言学的研究方法对这些语料进行复核验证，并进行定性和定量分析，以发现语言变异与语言内和语言外的因素之间的联系。此外，语言变异研究还利用历史语言学所收集的大量语言或方言素材来重建亲属语言或方言在某个历史阶段的原始形式，通过研究语言的共时变异来探索语言的历时变化，丰富了研究语言变异的方法。

4. 语言变异研究对语言研究的重要意义

语言变异研究对于语言的研究具有举足轻重的作用。首先，语言变异研究在共时研究和历时研究之间架起了一道沟通的桥梁，为解决它们之间的矛盾提供了一个很好的视角。传统语言学认为，语言的共时变异和历时变化是两个完全不同的概念，因此应该分开进行研究，而社会语言学则认为，语言的历时变化和共时变异有着非常密切的关系，语言的共时变异实际上反映了语言的历时变化，因此，应该把共时变异和历时变化有机地结合起来。具体做法是追踪那些反映了语言历时变化的共时变异形式的生发、扩展和完成过程，即通过研究语言的共时变异来说明它的历时变化，从而最终能够预测甚至干预语言的变化和发展(陈松岑，1999)。把历时研究和共时研究紧密地结合起来，使得语言学家不仅能够了解语言发展的结果，更能够认识语言何以发生变化、如何变化，即语言变化的过程和途径。

其次，语言变异研究打破了自索绪尔以来只研究语言内部同质系统的局限，从而为语言的研究提供了一个更为广阔同时又更为细致的视角。传统语言学认为语言学的研究对象应该是“同质”的语言而不是“异质”的言语，把语言从真实发生的自然语境中抽离出来，刻意地回避充满变异的“言语”。但是社会语言学认为，语言和言语没有实质性的区别，任何语言只能以言语变异网络的形式存在，这个网络系统中的各种变异，又与许多语言的以及非语言的因素密切相关。这种视角帮助社会语言学不仅从语言内部，还从语言外部去考察语言，有助于全面地认识语言，了解语言的本质属性。

再次，语言变异研究的计量统计方法也为语言研究提供了一种新的思路。语言变异研究发展出了一整套调查语言社区、收集语料并对之进行定量分析的研究方法，为语言研究提供了一个非常有用的分析框架。社会语言学广泛使用变项规则分析法来分析语言变异。变项规则分析法通常先区分变项并确定变异的范围，然后确定潜在的影响因素。确定了影响因素之后，变异研究者把转写后的语料输入程序，计算出各影响因素的相对影响强度。除了能计算出各个影响因素的作用值外，变项规则分析法还能计算出“输入概率”，即某一或某些变式被讲话人选中的一般可能性，这样做的目的是为了检验各个影响因素的统计学意义。然后，变项规则分析法还通过“阶增/阶减分析”(step-up/step-down analysis)来检验因素组之间以及因素组内部各个因素之间是否具有显著性区别。变项规则分析法的最后一步是根据统计结果对语言变异的社会分布进行解释，从而了解所研究社区的历史和社会结构的客观现实。社会语言学的语料收集方法及其分析方法——变项规则分析法，为建立语言变项与社会因素及其他因素之间的相关联系，从而找出语言在社会中运作、发展和变化的规律，提供了一个有效的分析方法。目前，变项规则分析法已被广泛地应用于二语习得研究中，以了解二语习得者习得某一语言变项的过程(Tagliamonte，2006)。

5. 语言变异研究对其他学科的借鉴意义

语言变异研究对许多学科的研究都有很好的借鉴作用。首先，语言变异研究对形式语言学研究的深入和完善起到非常重要的作用。例如，虽然乔姆斯基(1965)拒绝承认语言变异有研究价值，他的生成语法理论也不同程度地排除了语言的变异性，但是无法解释变异性的句法理论是不完善的，是没有说服力的，因为变异是语言最基本的属性，而句法理论与语言变异研究的结合可以对语言能力和语言运用提供更为合理的解释，只有把语言的变异性考虑在内，才能形成真正优越的语法理论。

语言变异研究对二语习得研究也有很强的启示作用。一直以来，人们不是十分了解不同的语音过程在多大程度上是先天的，在多大程度上是后天习得的？语言变异研究发现，方言变异不可能是先天的语音过程，说话人必须通过学习才能掌握。儿童习得的语言本身就不是纯粹的、单一的语言，而是充满了变异。在习得过程中，儿童所接受的语言输入是各种语言变体的混合体，例如，有些人虽然同属于一个社区，但他们所使用的语法未必相同，同时，其他言语社区的人也有可能带来不同的语言，从而对儿童的语言习得造成影响，但是尽管有这些变异的影响，儿童习得的语言却是完整的，没有表现出支离破碎的特征，这就说明儿童的习得机制具有某种频率识别性质，这种习得机制可以保证儿童在各种各样的语言变异中顺利习得某种语言，而且可以成功地运用这种语言进行交际。种种迹象表明，二语习得过程中的语言变异现象对于揭示了解二语习得的过程及其影响机制具有至关重要的作用，因此，需要把二语习得和语言变异研究很好地结合在一起。

6. 结语

经过几十年的发展，语言变异研究逐步走向成熟，沿着科学化的道路良性发展，在语言学领域中有了比较明确的定位，进入了蓬勃发展的阶段。这一研究视角对传统语言学进行了有益的补充，与传统语言学进行了有效的整合，大大丰富了语言学理论，同时也促进了语言学其他分支学科的发展。目前语言变异研究正在向跨专业、跨学科、综合深入发展的研究阶段迈进，需要年轻学者和交叉学科学者的加入，进行一些有针对性的研究，以推动语言变异研究不断深入发展，更充分地认识语言变异发生的原因、过程和结果。当然目前语言变异研究还存在很多问题和挑战，例如如何区分变异和变化以及如何把两者有机地联系起来，还是一个没有彻底解决的理论问题，有待做进一步的研究。同时，各种语言变异的研究成果还没有得到有效的整合。总之，语言变异研究做出的各种理论概括在实证研究中的应用还有一定的局限性，不断地出现例外情况，但这并不妨碍它们的巨大价值，这门学科还应该走得更远，在未来的研究中，还需要提出不同的假设并用更多的实证研究来进行检验。

参考文献：

Chambers，J. K.，Trudgill，P. & N. Schilling-Estes. 2004. The Handbook of Language Variation and Change [M]. Blackwell Publishing.

Chomsky，N. 1965. Aspects of the Theory of Syntax [M]. Cambridge，MA：MIT Press.

Coupland，N. 1998. What is a sociolinguistic theory? [J]. Journal of Sociolinguistics (2)：110—117.

Labov，W. 1966. The Social Stratification of English in New York City [M]. Washington，DC：Center for Applied Linguistics.

Labov，W. 2001. Principles of Language Change，Vol. 2：Social Factors [M]. Oxford/Cambridge：Blackwell.

Milroy，J. 1992. Linguistic Variation and Change [M]. Oxford：Blackwell.

Weinreich，U.，Labov，W. & Herzog，M. 1968. Empirical foundations for a theory of language change. In W. P. Lehmann & Y. Malkiel (Eds.)，Directions for Historical Linguistics[C]，95—188. Austin，TX：University of Texas Press.

陈松岑. 1999. 语言变异研究[M]. 广州：广东教育出版社.

徐大明. 2006. 语言变异与变化[M]. 上海：上海教育出版社.

培训学校简介文本的自我推销性

——以新东方为例

首都师范大学　张雅俐

摘　要：本文是以个案研究的方法，以新东方培训学校的简介文本作为研究对象，对其自我推销性进行探析。费尔克拉夫以及福柯的话语理论将作为文本分析的分析框架在文中得到阐释。本文试图通过该学校简介的话语分析，探讨该校如何通过话语、话语的混杂、话语秩序等来构建该校一流培训机构的"现实"及"身份认同"，从而市场化地推销自身，吸引潜在生源。此外，本文还试图通过对该校简介文本市场化因素的剖析，以揭开话语表面的神秘面纱，引导人们形成批判的语言阅读意识以及为其他培训学校如何更好地推销自己提供理论指导。

关键词：培训学校；话语秩序；互文性

1. 引言

随着科学技术的迅猛发展，经济社会的一个主要特点就是其消费性和推销性。费瑟斯通(Featherstone)曾指出，消费文化包含两层含义：其一是经济的文化向度，其二则是文化产品的经济向度，即诸如供求、资本积累、竞争、垄断等市场准则在生活风格、文化产品及商品领域中的操作。从中可以看出，商品的概念已经延伸，不仅仅物质实体可以作为商品，文化、知识、服务等都可以视为商品。费尔克拉夫(Fairclough)在《话语与社会变迁》一书中揭示了商品化、日益明显的消费主义以及市场化正在广泛地影响着话语秩序，导致机构话语秩序的广泛重组以及对公众身份的重新定位，例如将客户、学生当成消费者、顾客。

在中国，学者们也开始关注教育的市场现象。袁连生在《论教育的产品属性、学校的市场化运作及教育市场化》中从经济学的角度阐释了学校的产品属性及教育市场化的缘由。然而还有些学者从话语的角度探究教育市场化问题，进而揭示学校及培训机构的自我推销性特征。为适应世界教育发展的潮流，学历教育很难以满足人民日益增长的学习充电需求，难以适应如今经济高速发展的形式。于是教育培训机构应运而生，它可以服务到从幼儿园到老年人，教育的触角深入到社会各阶层的各方面，并满足其人生阶段不同需求的教育服务。因此教育培训成为教育事业的重要组成部分。笔者认为在信息过剩的互联网时代，有必要从话语的视角探究教育的市场化。因此，本文将从话语的视角，以新东方培训学校官方网站上的学校简介为研究文本，探究培训学校在其简介中在提供信息的同时如何达到自我推销的目的。

2. 语料背景

新东方培训机构，成立于1993年，是目前国内最具权威的也是最受欢迎的教育培训机构，在国内所有的培训机构中具有代表性，所以笔者选取其教育培训机构的官方简介作为研究语料。其简介文本有五部分构成——概况、发展历程、管理团队、企业文化和联系方式。第一部分介绍其成立时间、性质以及规模；第二部分主要是详述其发展过程中的主要事件；第三部分向大家展现了其机构的领导团队以及其领导者的背景；第四部分展现了新东方的使命，员工准则以及教师准则等；最后一部分是详细的联系方式。

3. 理论框架

3.1 CDA的发展

批评话语分析(CDA)源于批评语言学。批评语言学这个术语最初是由富勒(Fowler)等人于1979年在*Language and Control*一书中最先提出的，意在揭示语言、意识形态与权力之间的关系，强调语言与语言之间所产生的社会背景之间的辩证关系。富勒等人将韩礼德的系统功能语法作为批评语言学的主要分析工具。在此后的三十余年里，许多语言学家在此基础上提出了各自的理论，丰富了批评语言学的新发展，Teun van Dijk，Ruth Wodak，N. Fairclough等是批评话语分析研究的代表人物。

3.2 话语(Discourse)

批评话语分析的重要关注点之一是对于话语的界定问题。从上世纪90年代以来，话语就已经超越了传统语言学的范畴，成为人文社会科学各个领域常用的流行概念。1999年Gee将话语分为大话语和小话语。其实批评话语分析所关注的话语是超越语言本身的大话语。Foucault将话语当成一组陈述，话语分析是从社会历史的视角说明变化着的“话语结构”，而且说明规则系统，也就是使某些陈述而不是其他陈述成为可能。Foucault强调话语的建构性。按照他的观点，培训学校的相关陈述包含了一切言说。Fairclough借鉴了这种建构性的话语观，提出了话语与社会现实的辩证关系。Fairclough认为话语既反映社会现实，同时话语又构建社会现实、社会关系。

3.3 互文性、互为话语性与话语秩序

批评话语分析的另一个关注点是互文性。“互文性”这一术语是由法国学者克里斯多夫(Kristeva)在上世纪60年代末提出的。她的互文性思想源于俄国巴赫金的对话理论(dialogism)。巴赫金认为所有的语词表达都是由他人的语词表达片段所定位的，是由其他人的表达片段所构建的。文本本身各要素之间具有对话的特征，体现为横向与纵向的对话，各种语类之间的横向对话以及历史的文本渗入到当前文本所产生的对话。互文性又可以细化分为明确的互文性(manifest intertextuality)和建构性的互文性(constitutive intertextuality)。批评话语分析关注的则是后者——构建性互文性。

Fairclough提出了另一个术语“互为话语性”(intertextuality)来指代建构性的互文性，以区分两种互文性的区别。互为话语性强调的各种语类(genres)、风格(style)、活动类型(activity types)以及话语类型(discourse types)之间的混杂及其互相作用。与互为话语性紧密联系的另一个概念是话语秩序(order of discourse)。话语秩序是指由社会力量规定的一系列话语、语类的网络，它同特定社会领域相联系，并且构成了社会的深层结构。特定的机构被赋予特定的话语类型、风格、文类、活动类型，然而这些要素则构成了这个机构的话语秩序，从而与其他组织机构的话语秩序相区别。话语秩序也是变化的。机构之间话语秩序的界限变得模糊以致消失。一个机构组织的话语秩序会受更大范围内的话语秩序的影响。技术化和商品化的趋势明显地反映在当前的话语秩序中，迫使现有的话语秩序各要素之间相互作用、重新编排，从而适应全球化的趋势。

4. 文本分析

4.1 简介文本的话语混杂及所形成的话语秩序

Fairclough话语理论在新东方培训学校的简介文本中得到了体现。复数形式的话语侧面话语的内容向度，例如医学话语、心理学话语、教育话语等。在该简介中，文本体现的不是单一的教育话语，而是不同的话语相互渗入并与之构成话语混杂的话语网络。其中一些话语占据主要地位，另一些却被边缘化，处于从属地位。在整个文本中，广告话语、技术话语、学术话语混合在一起，互为话语，其中广告话语和技术话语处于主要地位，使原本处于主导地位的教育话语边缘化。

(1)以推销为特点的广告话语

在简介文本中，我们可以看出占主要位置的是广告话语，渗透全文。而广

告的一个主要特点就是自我推销，在文本中，蕴含着自我推销的文字有很多。例如，在概况部分出现的“在美国纽约证券交易所成功上市”“中国第一家海外上市的教育机构”都具有广告语的特点。这些文字都带有自我推销的特点，用美国以及中国第一家这样的文字增强其重要性，以表明新东方培训学校是国内以及国外最好的机构。而且在管理团队这一部分，分别介绍了机构的领导人，一连串的定语修饰身份，例如，“俞敏洪新东方创始人，现任新东方教育科技集团董事长兼首席执行官，北京大学企业家俱乐部理事长，民盟中央常委、民盟中央教育委员会副主任，第十一届全国政协委员”都具有广告语的特点，这样可以增加新东方的知名度，这与产品广告喜好用明星、名人作为产品形象代言人是一个道理。对该领导者的卓越成绩的突出也加强了对该培训学校的自我推销，即预设了这样的话语：在这样成绩卓越的管理者的领导下，该机构的未来是光明的。除了这些之外，其他地方也出现了广告语，例如，“短期语言培训系统、职业教育系统、基础教育系统、文化传播系统、科技产业系统、咨询服务系统、发展研究系统等多个发展平台”以及在企业文化中出现的四字短语，“文化主导、业务紧跟、人才为重、系统支持”这些除了给我们提供信息以外，也在推销自己，明显具有广告语的特点。话语成了在话语秩序之间销售商品、服务、组织、想法或人的载体(vehicle)。

除此以外，该简介中出现了广告语类的特点。语类可以看做是与特定的社会活动相联系的语言使用。在最后一部分中，地址、联系电话、传真、邮箱、网址等信息的呈现体现了广告语的特点，说明学生就是客户、消费者。

(2)以工具理性、数字逻辑为特点的技术话语

除了广告话语之外，技术话语在文本中也得到了体现。Fairclough 在《话语与社会变迁》一书中提到了现代机构组织话语秩序的技术化倾向。在现在的社会中，话语技术已经具有了跨越背景技巧的特性——这些技术技巧被看成是资源或者是工具，可以在不同情况下被用来追求种类繁多的策略。在本文本中，技术话语在多处出现。技术话语的一大特点就是数字逻辑，数字就如同技术参数一样可以使人信服。在文本中大量使用数字可以在读者的大脑中构建该培训机构的社会现实与社会身份，即该机构是一所规模宏大、教学资源和经验丰富、师资队伍强大的培训学校。另外，技术话语也出现在体现对机构不同系统化划分上，例如，“短期语言培训系统、职业教育系统、基础教育系统、文化传播系统、科技产业系统、咨询服务系统、发展研究系统”在这句话中，机构各种系统被区分开来并且很清晰。这类似于哈贝马斯作品中的“工具理性”(instrumental rationality)，即哈贝马斯用来定义那些包括科学技术在内的仅关注物质和社会造景的合法性的知识。上述所举的例子正是技术话语的体现，

是利用人们认为客观公正的技术语言的形式构建其自身的现实及其身份。

4.2 构建一流培训学校的社会现实与身份认同

批评语言学家、社会理论学家以及批评话语分析学家都指出了话语的构建作用。话语并非是客观的不带有意识形态与价值取向的，仅仅是对社会现实的反映，相反话语的构建并且构成了社会现实的一部分，同时，话语还构建了自身的身份认同。

在该简介文本中，学校的规模、学校的成就、教师的水平都在话语中构建了起来。“新东方已经在全国49个城市设立了54所学校、7家产业机构、47家书店以及500家学习中心，累计培训学员近1500万人次。”“2006年9月7日在美国纽约证券交易所成功上市”这些语词进入人的脑海中，构建了该校规模宏大，成绩突出的身份。这些句子使用了现在完成时态，读者在阅读信息时很容易掉进语言的圈套里，将其视为毋庸置疑的事实。此时，话语就成功地在读者的脑海中构建了该校一流培训学校的知识。“一家集教育培训、教育产品研发、教育服务等于一体的大型综合性教育科技集团”，报刊媒体预言本身就是话语，从话语实践这一向度来看，它经历着生产、分配、消费的过程。在话语经历这一过程的同时，社会现实或社会身份也同时得到了建构。报刊媒体凭借其传播速度，使话语在人群中分配、消费，进而成为人们知识的一部分。因此，该学校简介中所提到的“大型综合性教育科技集团”并非是既定的事实，而是运用话语的构建作用来推销自己，构建自己就是“一所大型的机构”的身份认同。

此外，在文本的第二部分，也就是“发展历程”这一部分中的重要历史事件，例如“1993年11月16日，北京新东方学校成立。1996年第一家新东方书店诞生。2000年在上海、广州相继设立新东方学校。12月，新东方教育在线创立，正式进入远程教育领域。2001年新东方教育科技集团挂牌成立。2004年新东方POP少儿英语品牌诞生。2005年杭州、长沙、哈尔滨、济南、太原、郑州、长春、襄樊新东方学校先后成立。3月，北京新东方迅程网络科技有限公司成立，新东方在线教育重组，正式启用 www.koolearn.com 域名。10月，新东方教育科技集团入驻地处北京中关村核心区的新东方总部大楼。”这些里程碑式的事件就是学校的成长历程，用来表明学校的历史悠久，经验丰富，以作为吸引生源的卖点，用鲍德里亚的消费文化理论来看，这些代表符号价值(sign value)。符号价值是指当物商品被作为一个符号进行消费时，是按照其所代表的社会地位和权力以及其他因素来计价的。现在消费社会已经不仅是一个商品和物的世界，而且它已经成为一个符号的世界与王国。文本中的这些符号价值很容易在人们的脑海中构建该学校是一流培训机构的身份认同。

5. 结语

本文运用了 Fairclough 的话语理论以及 Foucault 的话语建构分析了新东方培训学校的简介文本。话语除了反映和呈现社会现实以外，还构建社会现实与身份认同。在该简介文本话语中，话语被视为文本、话语现实、社会实践三个向度，构建了新东方一流培训学校的现实及身份认同。文中的不同话语类型同时编织在一起从而形成了新的话语秩序，体现了全球范围内市场化、商品化趋势对地区范围内话语秩序的影响，使其斗争、重组，形成新的话语秩序以适应全球化的趋势。通过对简介文本中话语混杂、话语秩序的文本分析及话语构建社会现实、社会身份的文本分析，阐明了该机构在消费文化影响下，在市场化、商业化影响下所体现的自我推销性，以揭开话语表面的神秘面纱，引导人们形成批判的语言阅读意识以及为其他培训学校如何更好地推销自己提供理论指导。

参考文献：

Halliday，M. A. K. 1994/2000. An Introduction to Functional Grammar[M]. London：Edward Amold.

Foucault M. 1972. The Archaeology of Knowledge [M]. London：Routhledge.

Fairclough N. 1993. Critical discourse analysis and the marketization of public discourse：the universities [J]. Discourse and Society，(2)：141－142.

Featherstone M. 1987. Lifestyle and consumer culture[J]. Thoery，Culture & Society，(4)：57.

[英]费尔克拉夫．2004. 话语与社会变迁[M]. 殷晓蓉译．北京：华夏出版社．

胡壮麟，朱永生，张德禄，李战子．2005. 系统功能语言学概论[M]. 北京：北京大学出版社．

李华芳．2009. 奥巴马就职演讲中的人际功能分析[J]. 湘潮(2).

唐青叶．2009. 语篇语言学[M]. 上海：上海大学出版社．

徐涛，张迈曾．2004. 高等教育话语的新变迁——机构身份再构建的跨学科研究[J]. 河北大学学报(3).

罗云．2007. 20 世纪 80 年代以来中国大学的身份重构：对一所个案大学的叙述研究[D]. 香港中文大学．

陈平原．2003. 我看北大百年变革//钱理群，高远东编．中国大学的问题与改革．天津：天津人民出版社．371－381.

培训机构教师社会身份的建构
——以对新东方教师的采访为例

首都师范大学　张培培

摘　要：随着培训业的蓬勃发展，培训机构的老师已成为新兴的社会群体之一，其社会身份值得研究。本文选取了对一位新东方教师的采访为基本语料，该老师叙述了自己由一位公立大学教师转变为新东方教师的转变过程，并在这一叙事过程中构建了自己的身份。可见身份的建构是有着历史的、社会的和个人的因素，是一个动态的、叙事的过程。

关键词：叙事分析；身份建构；培训机构

1. 引言

上世纪以来，语言与身份的关系得到了学术界前所未有的关注，研究语言中的身份关系的问题成为各个学科领域的热点议题。国外有关话语与身份的研究在社会语言学、社会心理学、民族语言学、话语分析等方面都取得了卓越的成果。然而国内除了在文学研究领域外，语言学界对此类的研究上处于起步阶段。国内一些学者(谷小娟、李艺，2007；项蕴华，2009a，2009b；董平荣，2009)对相关学科领域中有关语言和社会身份关系的文献进行了归纳与整理。在微观层面，可从会话分析 Conversation Analysis 和成员类属分析 Membership Categorization Analysis 方面入手看身份的建构；从宏观层面，则可从叙事分析(Narrative Analysis)和批评话语分析(Critical Discourse Analysis)方面看身份是如何通过话语建构起来的。本文就运用拉波夫的叙事分析，从宏观方面看这位老师是如何通过自己的话语建构自己的身份。

2. 叙事分析

叙事分析(Narrative Analysis)在不同的学科领域有不同的理论根据，因此很难对其进行定义。运用结构主义方法叙事分析可以直接反映出社会语言变异体(如民族、阶层和性别)的不同结构(Labov，1972)；有些学者完全采用建构主义方法对访谈数据进行叙事分析，认为采访者和参与者的互动是情境的、共建的，他们的身份是互动的产物(Korobov & Bamberg，2004)；还有些学者认为对访谈和叙事数据进行叙事分析可以接近心灵世界(Crossley, 2003)。

叙事分析是一种通过对人们所述之事进行分析，理解人们身份的工具。自我与身份在谈话中建构，所以在叙事中人们是“故事化的自我”(Sarbin, 1986)。通过讲述故事，叙述者可以对故事进行编辑，对自我与他人进行评价(Georgakopoulou, 2002)。Collins(2003)在叙述有关身份建构的叙事分析问题时指出：叙事分析有助于理解身份的不稳定性和建构过程；能充分展示人的能动性；能如实地听到研究对象的声音；不同层次的叙事反映了身份建构的动态过程。他认为熟悉的个人经历是自我身份建构的必要素材。

3. 拉波夫的叙述分析模式

社会语言学家拉波夫对叙事的结构特征与社会功能进行了分析，并且将理想化的叙事分为以下六个部分：

(1)梗概(abstract, 简称 A)。叙述者在叙述故事之前对故事的简要概括部分称为点题。大多数叙事结构都包含这一部分。(What was this about?)

(2)定位(orientation, 简称 O)。主要指对叙事结构环境背景的简单介绍，包括对故事的时间、地点、人物及其活动，或对环境的描述。(who, when, what, where)

(3)错综复杂的行为(complicating action, 简称 C)。指故事本身的发生、事态的发展。这一部分通常由叙事句和对话组成。叙述过程一般用过去时，按时间顺序介绍。(Then what happened?)

(4)评价(evaluation, 简称 E)。评价指叙事者对故事发生的原因、故事的要点、叙述故事的目的评论；对动作、人物的评论；别人对故事中有关情况的评论等等，可出现在陈述过程之中或故事结尾，反映人的观点、态度和信仰。(So what?)

(5)结果或故事冲突的解决(resolution, 简称 R)。指一系列事件的结束或故事的结果，包括人物的最终命运、目的的成败等。(What finally happened?)

(6)结尾(coda)。在叙事的结尾部分，通常用回应来接应主题，使读者对叙事有一个完整的了解，把叙事者和听者从叙事中带出来。

根据拉波夫(1972)的观点，一个完整的叙述的开始点是指向。接着是进展，然后是结局，最后是回应，评议是层层深入，渗透在进展和结局中。拉波夫的分析模式是从口头自然叙述的谈话中总结出来的，但它基本概括了叙述故事的全过程，因此也可以用来分析其他类型的叙事文体，比如小说、戏剧、电影等。

拉波夫提出的理想化的叙事模式可概括为A-O-C-E-R-Coda。他指出，“评价”应该在叙事语篇中清晰地显现出来，并将评价分为外部评价和内部评价。“外部评价”指叙述人中断叙述，明确地说出其观点，或者通过叙述人或其他人物的解释性的话语、与其他人物的对话、叙述“评价性的行动”等诸多手段表达出来。“内部评价”则通过出现在句子内部的词汇语法手段(词汇、句法、音位以及各种副语言)来表达。

4. 拉波夫的叙事分析模式在身份建构上的应用

这位老师在其叙事中讲述了自己很多的亲身经历，但对于与其现在的身份不太相关的经历只是轻轻带过，并不做过多介绍。如“我在某学院工作从2000年到2008年。然后期间呢，除了口语没带过之外，听力、阅读、语法都带过。”而对自己目前较为认定的身份——培训机构的大师级教师身份则是浓墨重彩，详加叙述。如在新东方的兼职期间的工作、由兼职专为全职过程的转变以及转为全职之后的福利待遇和精彩生活：培训、旅游等。在此，仅举一例说明。

4.1 梗概

“我是从2006年到新东方去兼职。2006年的3月份到新东方去兼职。然后呢08年从学校辞职。2010年正式全职转入新东方。”这是故事的梗概，大概地总结了自己近几年的职业转变“某学院正式老师——新东方兼职老师——辞职但未能立即入职新东方——新东方全职老师”。这一转变过程是一个长时间的艰难过程，而并非一蹴而就的。

4.2 定位

“我原来大学的那份工作算是比较稳定吧。我们原来开玩笑叫‘吃不饱，饿不死’那种。就是没什么压力的，我在同期的年轻教师里面，应该是不管是从上课的出勤率，还是从学生的提分率，我都是最好的。所以当时就感觉自己挺牛的那种。到了新东方，其实我刚开始没到国外部，2006年最早的时候，2005年试过一次，先在新东方的初中部、中学部，当时是机缘巧合，因为一个学生，我的原来一个学生，外事学院的学生，他当时在新东方里面做教务，然后他给这边的主管推荐了一下我，然后我去试了一下，第一次试讲呢，就通过了。”故事的定位，准确地给出了事情发生的时间、地点、人物和事情发展的起因。也开始了自己由大学老师到培训机构老师身份的转变。

4.3 错综复杂的行为

“就是我们主管给我总结出就是太大学化。太大学化，没有新东方的那种风格吧。就是说实话就是‘干货太多’。然后当时呢讲的也是所谓的从网上学的一些技巧呀，一些东西，但是其实后来自己对应试，对于题目的熟悉度，我当时考的是剑一到剑四嘛，剑五没出来。所以我只做了剑四一本书。然后我就用剑四上的一些方法规律去做了一些总结，然后就假想了一下它适用于普遍原理。所以当时的打分呢，再加上我当时也说实话，我当时也不会去调侃课堂的气氛，也不会咱们专业化叫"扯淡"，那种感觉，所以打分一直不太高。"这部分属于错综复杂的行为，详细地讲述了自己进入培训班初期的不适应：长期在公立大学教书的风格"太大学化"使得其在很长时间内找不到正确的上课方式，只好"从网上学的一些技巧呀，一些东西"，而不能找到属于自己的而又符合"新东方的那种风格"的上课方式，使得自己不能从一开始就在新东方的舞台站稳脚跟。通过这种叙述，可以看出这位老师对自己要求严格，对自己的工作和学生负责的精神。也在这种情况下，老师开始不懈努力，终于慢慢克服了这种不适应感。"所以我个人在新东方属于慢热型的。我是应该经历了一年到一年半的磨合期。我才开始，最终才开始大量地上课。然后呢，我就发现，应该是在2010 年的某一天吧，某个暑假班结束后，我突然发现，其实我们讲的应该不是应试，而是讲的语言规律。"至此，该老师完成了自己由一个纯粹的大学老师到一个富有经验且极具个人魅力的培训班老师的身份转变。

4.4 评价

"当时大学里面的年轻老师，当时是不多，主要都是一些四五十岁的老教师，所以你会觉得跟他们很难有话题上的沟通。所以一是团队氛围，二是经济诱惑，三是想去实现自己的理想。获得更高的认可度。所以最终我还是辞职了。"在此，该老师给出了评价，在这一部分，这位老师并未从正面说明自己选择新东方的理由。而是主要陈述了自己走出公立大学的理由。"一是团队氛围"不符合自己的年轻人的个性与要求，与那些四五十岁的老教师没有话题上的沟通，导致自己总觉得自己与团队有种疏离感，无法真正融入这个队伍，使得他在接触新东方以后才会被新东方蓬勃向上的年轻队伍所吸引。不过这也正体现这位老师年轻富有激情的生活状态和富于挑战追求新事物的精神。"二是经济诱惑"这位老师并未为自己标榜清高，而是直白表达了自己的金钱欲望，由此可以看出这位老师率真、大方的个性。而且在社会发展的今天，金钱已经成为人类生存的最大依靠，在不损害他人利益的前提下，去追求利益的最大化已是无可厚非，这位老师作为社会中人，也要适应社会发展大潮的需要。"三是想去实现自己的理想。获得更高的认可度。"在追求物质的同时，这位老师还在向往着更高层次的精神追求，可见他并非是那种被利益冲昏头脑，一心向钱看的人。由此我们看出，这位老师之所以选择新东方，是有着自己明确的目标和追求的，正因自己与大学整体的格格不入，才使该老师最终下定决心离开大学，走进培训机构。

4.5 结局或结尾

“刚开始这个阶段，是别人想让我转全职，我有点舍不得，后来自己想转了，结果中间晃了一年多时间。所以到了 2010 年的，应该是 2010 年六月份才转。大概是这样一个情况。”这是尾声。在这一部分，这位老师用简单的话语描述了自己身份变化的大致过程，并稍稍描述了自己在这种变化中的心情。

5. 结语

通过此案例中对叙述结构的分析，我们可以看到，这位老师并不喜欢安于公立学校的稳定，而更喜欢富有年轻气息、更有激情的培训业工作；他的勤奋刻苦，在教学上精益求精，抓住一切学习的机会；有理想有追求，为了自己的梦想而不断拼搏奋进，不仅树立了自己的身份，展现了自己的价值观，也表明了整个培训业老师年轻、富有激情、奋发向上的社会身份。我们研究对象的社会身份是通过反映其个人奋斗、群体信念和适应变化中的叙事来建构的。可见，身份的塑造有历史的、社会的和个人的因素，是一个动态的、叙事的过程。

参考文献：

Collins，P. J. 2003. Storying self and others：The construction of narrative identity [J]. Journal of Language and Policies，2(2)，243—264.

Crossley，M. L. 2003. “Let me explain”：Narrative emplotment and one patient’s experience of oral cancer[J]. Social Science and Medicine，56(30)，439—448.

Gerogakopoulou，A. 2002. Narrative and identity management：Discourse and social identities in a tale of tomorrow[J]. Research on Language and Social Interaction，35(4)，427—451.

Korobov，N. & Bamberg，M. 2004. Positioning a “mature”self in interactive practices：how adolescent males negotiate “physical attraction” in group talk[J]. British Journal of Development Psychology，22，471—492.

Labov，W. 1972. Socialinguistic Patterns[M]. Philadelphia：University of Pennsylvania Press.

Sarbin，T. (ed.). 1986. Narrtive psychology：The storied nature of Human conduct [M]. New York：Praeger.

董平荣. 2009. 试论语言与身份研究中话语分析的整合视角[J]. 外语与外语教学 (7)：8—11.

谷小娟，李艺 . 2007. 语言与身份建构：相关文献回顾[J]. 外语学刊（6）：102－108.
项蕴华 . 2009a. 身份建构研究综述[J]. 社会科学研究（5）：188－192.
项蕴华 . 2009b. 国内有关身份的社会语言学研究[J]. 哲学动态（7）：47－51.

大学英语教学

英语专业八级考试阅读部分效度评析

首都师范大学　曲春红

摘　要： 作为一项高风险的考试，英语专业八级考试的效度必须得到保证。本文选取了这一考试当中的阅读部分进行分析。从近些年的题目考查内容来看，构念效度有所提高，最直接的表现为单纯的词汇题已经逐渐消失，取而代之的是效度更高的句子理解题和写作修辞题。然而，阅读理解题的个别题目还是存在明显的选项迷惑效果不高等问题，需要进一步改进。

关键词： 内容效度；构念效度；写作修辞题；句子理解题；迷惑选项

英语专业八级考试(以下简称 TEM-8)是教育部委托全国高校外语专业教学指导委员会实施的一项针对全国英语专业学生的统一考试，着重检查学生的英语语言的综合运用能力。目前，各大高校对于这项考试都十分重视，原因在于这是目前国内统一衡量英语专业学生本科阶段学习水平的唯一的测量标准。各用人单位也常常以是否通过了英语专业八级来遴选自己所需要的人才。社会的认可和证明自身能力的要求使大学生们对于这一考试不敢掉以轻心，有的学生甚至在毕业工作一年后重新回到母校参加考试。基于以上种种原因，TEM-8 属于高风险的水平测试。考试及包括听力、阅读、翻译、写作等语言技能的检测，也包括改错、人文知识等语言知识和文化的考查。其中阅读理解部分一直是学生公认的难点。主要原因是考生的阅读速度较慢以及部分题目的答案难以确定。那么，学生如此看重的一项考试当中的阅读部分的效度如何呢？本文试图从阅读部分的考试大纲入手，分析近年来八级阅读部分的题材和体裁的内容效度，并对于近些年阅读题目当中效度较高的和值得商榷的题目加以点评。

1. 改变题型以提高考试效度

测量考试效度的一个重要标准就是考试是否考了想要考的知识和水平(Hughes，2000)。根据考试大纲的规定，专业八级考试阅读部分共四篇文章，20 道选择题。要求(a) 能读懂一般英美报刊上的社论、政治和书评，既能理解其主旨和大意，又能分辨出其中的事实与细节。(b) 能读懂一般历史传记及文学作品，既能理解其字面意义又能理解其隐含意义。(c) 能分析上述题材的文章的思想观点，通篇布局，语言技巧及修辞手法。从考试大纲的这一部分我们首先可以知道八级考试阅读篇章的主要来源，即英美报刊、历史传记、文学作品等等。而这一部分也规定了要通过八级考试阅读理解能力应该达到的要求。即：(1)理解文章的主旨大意，在试题中体现为主旨题，题目可以设计成为文章选择合适的标题：A suitable title for the passage would be ________；或者直接提问：What is the main idea/theme of the passage/story? The main purpose of the passage is to ________。这一类主旨大意题需要考生对整篇文章的结构、措辞和思想观点等都有比较全面准确的了解，这样才能够选出正确的答案。历年的考试中这类题比较常见，但不是每年都会出现，2011 年和 2012 年各出现了两道主旨题，属于题目数量较多的年份。(2)分辨出文章当中的事实与细节，这类题目为细节题，主要是考生对于文章中某一处或几处细节做出正确的判断和筛选，包括细节推断题和细节筛选题。这类题目一直是阅读题目中的主体，就近五年的试题来看，占总试题数的 69%。(3)能读懂历史传记和文学作品当中的字面意义和隐含意义，这一要求既可以体现为细节题，也可以体现为词汇语义题和句子理解题，要求考生能够根据上下文推导出某些词的字面意义或隐含意义，或者就篇章当中的某个句子或句子片段做出解释，当然也可以是就某处细节描述进行合理的推断。(4)能分析各种题材的文章的思想观点，通篇布局，语言技巧及修辞手法。这里主要涉及观点态度题和写作及修辞技巧题。这类题目同样要求考生能够通读全篇，把握整个文章的思想和脉络，不能断章取义。表 1 是笔者总结的近五年各种题型的数量和所占百分比。

表 1

题型＼年份	2008 年	2009 年	2010 年	2011 年	2012 年	5 年总题数	所占百分比
词汇语义题	0	2	0	0	0	2	2%
细节推断题	15	15	13	12	14	69	69%
主旨大意题	0	0	0	2	2	4	4%
观点态度题	1	1	1	1	2	6	6%
句子理解题	2	1	3	3	1	10	10%
写作修辞题	2	1	2	2	2	9	9%

从表中不难看出近些年阅读题型的几个重要的变化趋势。首先，基本取消了词汇语义题，也就是说不再单纯考查某个词在上下文中的意思。2007 年之

前这种题型一直都存在，主要是就某个词的意义进行提问，如 2007 年的第 12 题：

The word “centrifugal” in the second paragraph means

A. separatist

B. conventional

C. feudal

D. political

这种题型的最大问题就是效度不高。它的设计初衷应该是考查学生根据上下文猜测生词词义的能力。如果考生的词汇量足够大，那么他/她不用参照原文就可以做出正确的选择。另外猜词能力应该是属于低年级阅读能力的要求范围，对于高年级英语专业的学生来说可能没有太大的区分作用。如表所示在 2009 年又出现了两道词汇题，也是近 5 年最后一次出现这种题目，而这两道题所考查的形式、范围和难度则与 2007 年之前的题目有很大的区别。题目如下：

Which of the following words is used literally, NOT metaphorically? (2009, 23)

A. Abrasive (Paragraph Five).

B. Engines (Paragraph Four).

C. Convention (Paragraph Two).

D. Heavily (Paragraph One).

这道题考查了 4 个词，而且是要求考生判断他们在文中的应用是字面意义还是隐含意义，是否应用到了暗喻的修辞手法。这就要求考生不仅要知道这些词的原始意义，还要分析出它们在文中是否有引申意义，难度很显然是加大了。再看下一道题目：

Which of the following words in Paragraph One implies difficulty in walking? (2009, 26)

A. “threaded”.

B. “dropping”.

C. “trudged”.

D. “daunting”.

与传统的词汇语义题相反，这道选择题的题干给出了目标词汇的意义“implying difficulty in walking”，要求考生从所给的四个词中选出与之对应的一个，同样增加了难度。所以，可以说词汇语义题的构念效度在提高，就是说在阅读理解的考试中，考生一定是理解了篇章或者是篇章当中的某个部分才能够作对这样的题目，而不是单纯的考查词汇。而近几年这种题目也逐渐淡出了，取而代之的是对于短语和句子的理解。我们看到就试题所占的百分比来说，句子理解题在近 5 年的考题中所占的比例是比较高的。我们知道，英语语篇的最小单位是短语，而不是词汇。以短语和小句为单位的阅读不但会提高阅读速度，还会提高对篇章的理解程度，因此相对于词汇来说，对于短语、小句以及整个句子的理解程度的考查似乎更为重要，也更能够鼓励学生养成良好的阅读习惯。另外，考生要想准确理解某个句子，就必须参照上下文，甚至整篇文章，从而使考试的效度进一步提高。考查句子的题目也分为几种，有的直接就句子的隐含意思提问，如 2008 年的第 20 题 The sentence in the last paragraph "... Britain isn't catching up with mainland Europe; its leading the way" implies that ________; 2009 年的题目 In the last but two paragraph, the Ramblas is described as "a front-row seat for Barcelona's longest running theatrical event". What does it mean? 还有 2010 年 TEXT B 中的一道题：What does the following sentence mean? "Once the most democratic of institutions, lines are rapidly becoming the exclusive province of suckers... Poor suckers, mostly."; 有的是给出了隐含的意义，选出相应得句子，如：

29. Which of the following details shows that the man became relaxed after he reached the monastery? (2009, 29)

A. "... he reached the crest of the spur and shuffled to a stop..."

B. "... he removed his hand from the bundle..."

C. "His narrowed eyes took in the open sweep of the quiet grounds..."

D. "... he slowly, stiffly struggled forward and up the rough stone steps..."

其次，写作修辞题在近几年的考试中一直占有一定的比例，而 2007 年以前这样的题目并不多。能够在阅读过程中很好地理解作者运用的写作手法和修辞技巧对于理解文章的思想观点和主旨大意都十分重要，学会分析整篇文章的谋篇布局和写作意图也有助于使学生学会鉴赏和分析文学作品。如以下题目就考查了考生对于修辞手法的理解：

(2011) 27. Which of the following contains a metaphor?

(2010)

15. Which of the following statements conveys the author's sense of humor?

25. The following are **comparisons** made by the author in the second paragraph Except that ________.

(2009)

27. In the passage the **contrast** between the Tibetans and the man is indicated in all the following aspects EXCEPT ________.

(2008)

27. Which of the following statements contains a **metaphor**?

30. Which of the following implies a **contrast**?

有的题目是要求考生分析某个段落在整篇文章当中所起的作用。如 2010 年 TEXT D 中的一道题目：

26. The 4th paragraph in the passage

A. sums up the main points of the passage

B. starts to discuss an entirely new point

C. elaborates on the last part of the 3rd paragraph

D. continues to depict the bleak economic situation

综上所述，从近 5 年 TEM-8 阅读题目的变化发展来看，对于细节的考查比例偏大，但对于篇章整体结构和内容的考查力度也在不断加大，整体上试题的效度有所提高。

2. 几道效度值得商榷的题目探析

总体来说，近些年的八级题目无论在内容效度还是在构念效度方面都比较高，但还是有个别题目在考查效果方面值得商榷。TEM-8 的阅读题目全部为选择题，这样可以保证阅卷信度，考点清楚。但几乎所有的测试专家都认为对于命题者来说，命制出高效度的选择题是很难的。多项选择题的命题最难也最费时间，而且目前质量很低的多项选择题很多(Heaton, 2000)。根据 Weir (1993)的观点，多项选择题的劣势之一就是命题困难大、花费人力，因而代价高；命题时为了命制预定数目而且令人满意的题目要费大量的力气和时间(转引自武尊民，2002：96)。其中最难得部分就是编写高水平的干扰项。对于如何编写阅读理解题的干扰项，武尊民(2002)也给出了几点原则：其中包括“必须使用短文中所给信息”，以及“要有一定的道理，但是必须肯定不对，才有干扰性”。根据这样的原则，我们认为以下几道题目的干扰项就值得商榷。

题目一：

26. The third paragraph does NOT claim that men

A. prevent women from taking up certain professions.

B. secretly admire women's intellect and resolution.

C. doubt whether women really mean to succeed in business.

D. forbid women to join certain clubs and societies.

这是一道细节筛选题，考查学生根据文章内容判断男人对于女人的态度。但细看四个选项 A 是阻止妇女从事一部分职业；B 是私下里敬佩妇女的智慧和果断；C 是怀疑妇女是否真的能够在商场取得成功；D 是禁止妇女参加俱乐部和社团。四个选项中有三个都是体现出男人对女人的歧视，这也是至今仍然存在的社会问题，只有选项 B 与其他选项不同。因此，考生即使在没有细读全文，充分理解的情况下也可以猜出正确的答案。

题目二：

(2010, Text B) We can infer from the passage that politicians (including mayors and Congressmen) ________.

A. Prefer to stand in lines with ordinary people

B. Advocate the value of waiting in lines

C. Believe in and practice waiting in lines

D. Exploit waiting in lines for their own good

这是 2010 年 TEXT B 中的一道题目，目的是想让考生根据文章内容选择美国政客对于普通人排队这件事的态度。A 选项认为政客愿意和普通人一样排队；B 选项认为政客提倡排队的价值；C 选项认为政客们相信并且饯行排队；D 选项认为政客们从排队中获取自己的利益。与上一道题目一样，四个选项当中前三项都是倾向于政客的，而只有 D 选项与其他三项相反。而且稍微懂得美国文化的人都知道美国的媒体和公众可以对政客大胆地表达不满。另外，如果对于词汇知识有进一步的了解，politicians(政客)这个词本身就有贬低的语义色彩，而与之相对应的 statesman 才表示“政治家”。因此，这道题目的答案应该是很清楚的，即使是在没有阅读全文的情况下，也可以根据题干和自己已有的知识做出选择。同样不用读文章就能做出选择的还有下面这道题：

题目三：

19. What does the author mean by “irony of the information age”?

A. The dream of the “paperless” office will be realized.

B. People usually prefer to have face-to-face meetings.

C. More digital data use leads to greater paper use.

D. Some people are opposed to video-conferencing.

只要理解了 irony 和 information age 就会做出正确的判断，考生需要做的就是回到文章当中找到适当的细节支持就可以了。

题目四：

11. Which of the following best explains the differences in ways of living

between the English and the Gibraltarians?（2011，Text A）

A. The family structure.

B. Religious belief.

C. The climate.

D. Eating habit.

这道题的效度也不高。四个选项之间差距很大，没有迷惑性，稍微看一下文章就知道是在探讨家庭结构的问题的。其他三个选项很容易被排除。

3. 结论

综上所述，近年来 TEM-8 考试中的阅读题目效度在逐年提高，基本上趋向于更加科学、全面地考查学生的阅读能力。部分题型也作了较大改动。但考虑到这一考试的高风险性，还有一些方面需要改善。例如，从体裁的方面讲，说明文在近些年的考试中占有绝对的比重，而记叙文、议论文等比例不高，其他体裁的文章更是极少出现。这与大纲的规定不符，影响考试的内容效度。另外，从题目考查范围的角度讲，细节题的比重偏大，其他题型，尤其是考查考生总体把握和理解文章大意的题目不多，这也使文章的构念效度大打折扣。最后，TEM-8 阅读题型全部为多项选择题，这种题型本身就存在效度难以保证的问题，所以如果能够适当加入填空题或简答题，这一部分的效度将会进一步提高。

参考书目：

Bachman，L. F. 1990. Fundamental Considerations in Language Testing [M]. London：Oxford.

Heaton，J. B. 1988. Writing English Language Tests [M]. London：Longman.

刘润清，韩宝成 . 2000. 语言测试和它的方法[M]. 北京：外语教学与研究出版社 .

武尊民 . 2002. 英语测试的理论与实践[M]. 北京：外语教学与研究出版社 .

休斯 . A. 2000. 外语教师测试手册[M]. 北京：外语教学与研究出版社 .

图式理论在英语阅读理解中的应用研究

北京行政学院　王全珍　孙雪梅

摘　要：阅读理解是一种复杂的、主动思维的心理活动，是读者依据自有的信息、知识和经验对书面信息进行体验、预测、验证和确认的思维过程，图式理论的应用对英语阅读教学有很好的助益。作者针对自己在阅读实践中发现的问题运用该理论进行了分析，并给出了一些在教学实践中应用并证明效果好的建议，期盼该研究对英语教师在教学实践中能够得到启发。

关键词：图示理论；英语阅读

阅读是语言输入的一种主要方式，也是提高英语综合能力的基础。英语应用能力的提高是建立在大量的语言输入，尤其是大量的阅读基础之上的。在任何英语考试中阅读能力都是最重要的考查内容，也是所有英语水平考试中所占分值比例最高的考查项目，阅读理解在英语学习中占有极其重要的位置。然而对大多数学生来说，阅读理解部分恰恰是最为薄弱、得分率很低的一项。本研究目的是探索图式理论，提出教师在英语阅读过程中要充分激活学生的图式，采用恰当的方法和对策，以提高阅读教学的效果，增进学生的理解能力。

图式(schema)的提法最早出现在哲学家康德(Kant，1781)的著作中。在现代心理学研究中，英国心理学家巴特利特(F. Bultlett，1932)最早应用图式的概念，他认为图式是对先前反应或经验的一种积极组织，也就是说图式是由过去的经验组成的。20 世纪 70 年代后期，美国人工智能专家鲁姆哈特(D. E. Rumelhart)等做了大量研究，把图式的概念发展成一种完整的理论。图式理论认为，任何语言材料，无论是口头的还是书面的，本身无意义，它只指导听者或读者如何根据自己原有的知识恢复理解和认知。阅读理解是一种复杂的、主动思维的心理活动，是读者依据已知的信息、已有的知识和经验对信息进行体验、预测、验证和确认的思维过程，也是读者通过语篇与作者相互作用的语言交际行为。在阅读过程中，读者的阅读能力和理解程度由三种图式决定，即语言图式(linguistic schema)、内容图式(content schema)和形式图式(rhetorical schema)。

语言图式是语言的基本知识，指阅读文章中词汇、语法和句型的知识。语言图式 (linguistic schema)包括用于识别单词以及如何将这些词组合成句的解码特征(Meena Singhal，1998)。Eskey 认为，一篇文章的语言知识，必须是完全理解该篇文章所需的背景知识不可缺少的一个部分。他认为，语言也是一种图式(Eskey，1988)。掌握基本的语言知识是阅读的必要前提和先决条件。丰富的语言图式能让阅读者在读到不懂的词汇和句子时可以根据自己已有的相关图式存储内容判断出其大致的意思。

内容图式是指读者的背景知识和过去的经历，为读者提供了比较的基础(Caryell & Eisterhold，1983)。从背景知识的角度来看，知识性图式或者文化倾向是影响英语阅读的一个重要因素。大量实验表明，特定的文化图式和干扰因素会影响读者对整个作品的理解。虽然围绕该问题有许多可变因素，但内容图式在阅读理解中起着不可替代的作用。只有当读者熟悉阅读材料的背景知识时，才能有较高的理解程度。而英语阅读者正是缺乏理解母语阅读时所具备的知识图式，才必然会造成阅读理解上的困难。

形式图式，通常也被称作文本图式(textual schema)，指书面文本的组织形式或者修辞结构。它包括不同文体的知识，也包括对使用不同文体、语言结构、词汇、语法和语域的文章的理解。Carrel 对阿拉伯人和亚洲人的阅读行为进行的研究发现，阿拉伯人对有比较结构的说明文记得很牢，其次是对先提问题然后解决问题的结构模式和描写性文章记忆深刻，最难记住的是因果关系结构的文章。而亚洲人记忆最深刻的是先提出问题然后解决问题的文章，对有比较结构的文章或大段描写的文章显得力不从心(Carrel，1983)。这些研究表明，语言背景知识和语篇结构的作用是随着文化的差异而不同的。

在阅读过程中，这三种图式互相作用、互相影响，最终形成读者对文章的理解。

对阅读这一语言行为，语言学家、心理学家根据他们的研究做出了不同的描写和解释。Bloomfield 和 Fries 等人对阅读持有相似的观点，他们认为阅读是对书面上的语言单位由小到大逐一辩论的过程；阅读过程是一种简单机械的解码过程。

现代心理语言学家则得出了与此迥然不同的观点。他们借助于当代语言学和认知科学的发展成果，对阅读理解进行了更深入的研究，作出了更新的解释，认为阅读是一个复杂的认知过程。为了对阅读理解的认知过程进行深入的研究，心理语言学家根据他们的研究、观察，把阅读过程描写为三种模式：即“自上而下”(top-down) 模式、“自下而上”(bottom-up)模式和“相互作用”(interactive)模式。

阅读理解的“自上而下”或“以知识为基础”(knowledge-based)的模式理论认为：阅读是一个以读者固有知识为基础的取样、预期、检验和证实的“由内而外”的循环过程。在这一过程中，读者把比课文内容更多的信息带到课文中来，在阅读过程中不断进行假设检验，读者的固有知识和语言被用来对所读内容作出选择，并综合分析固有知识来证实或修正自己的预测。语言学家 K. S. Goodman 把阅读看作一个心理语言方面的猜谜游戏(psycholinguistic guessing game)。

这一模式曾在阅读教学中产生了较大影响。但在实践中人们发现它过分强调固有知识经验对阅读理解的作用，轻视文本信息对阅读理解的作用，导致了在阅读教学中忽视基础知识的倾向，结果使学生的阅读能力反而有所下降。

阅读理解的“自下而上”或“以课文为基础”(text-based)的模式理论认为：阅读是读者从辩认字母开始，组成单词、词组、句子、语段等，逐级由语言、词素等最基本的单位聚合而上，向整体意义发展的过程；阅读教学合理序列是先教字母，再教字词，然后逐渐过渡到培养高级水平的阅读技能。著名语言学家 Gough 是这一模式理论的主要代表。

显然，这一理论仅把阅读看作从文本提取意义的过程，忽视了读者固有知识对阅读的影响。因此，这种模式只能说明阅读过程中的某些现象，而不能解释阅读过程中各种信息间的相互作用。研究表明：一个优秀的阅读者实际上在辩词过程中不自觉地把注意力集中在语言之外的信息上。

随着研究的深入，人们认识到以上两种模式的共同缺陷是信息传递的单向性(即自下而上或自上而下)，而不是双向的。事实上，在阅读过程中，词汇的、句法的、语义的知识及背景知识都在发挥作用。因此，以心理语言学家 Rumelhart 为代表，提出了“相互作用”阅读模式。该模式理论认为：阅读过程实际上是一个多种语言知识，包括文字、词汇、句法和语义等知识的复杂的“相互作用”的双向过程。只有当“自下而上”和“自上而下”两个过程相协调，即文章本身提供的信息与读者固有的知识及其作出的预料相吻合时，才能达到对文章较为透彻的理解。

鲁姆哈特认为一个读者不能正确理解一篇文章的原因可能有三种情况：(1)读者没有具备与文章相适应的图式，在这种情况下就根本不理解文章的内容。(2)读者虽然具有与文章有关的图式，但文章的作者提供的线索不足以使读者的图式活动起来。(3)读者自以为读懂了文章，能够对文章做始终如一的解释，但这种解释其实误解了作者的本意。笔者在自身的阅读实践中发现目前阅读课中出现的主要问题有下列三种：

首先，学生基本功不扎实，缺乏对英语语言的整体把握和运用能力以及基础训练。

受应试教育的影响，英语教学普遍存在专攻难词、怪词和难句、偏句的现象，而忽视英语基础知识的讲授和基本功的系统训练。教师在英语阅读教学中忽视对所学词汇意义的基本内涵进行灵活的解释和引导，忽视梳理基础英语语言架构，即基础语法体系及其运用，导致了学生在阅读英语文章时即使单词熟悉、也能看懂句子，但就是不知道文章、段落的意义，书面表达时更是感觉无从入手，漏洞百出，经常犯一些基础性的语法错误，甚至干脆放弃了表达的尝试，总之，他们缺乏对英语语言的整体性和逻辑性的把握以及对英语语言的理解和表达能力。

其次，学生缺乏阅读方法训练，阅读模式单一。

当前许多教师在阅读教学过程中，更多教授学生采用从下而上的阅读模式，多从语言图式(即词、句)的结构去理解篇章，而忽视了从上而下的阅读模式，即从学生的内容图式或形式图式去解读文章的脉络和逻辑。这种只见树木不见森林的做法，其结果是，学生能看懂单词或句子，却不一定理解文章大意。因而，教师不仅要强调语言图式的重要性，也不能忽视对学生形式图式和内容图式的培养，这二者相辅相成，互相促进。

第三，教师对阅读理解的目的不清楚。

教师在课堂教学时，忽视了阅读课的特色而按照精读课的模式进行教学。教学过程把语言知识(读音、词汇、语法)的讲解作为重点和难点。教师对阅读课整体教学的功能和目的不明确，不仅会导致英语教学课堂气氛沉闷、单调，不利于培养学生积极参与阅读的兴趣，而且还会遏制学生养成独立思考的习惯，阻碍学生的主观能动性的充分发挥。

针对以上问题，研究者根据图式理论在北京行政学院硕士研究生和在职研究生班英语阅读教学实践中进行了以下尝试：

首先，重视语言能力，扩充语言图式。

阅读理解包括阅读和理解两个方面。其中阅读可以说是一个“破译文字符号的编码程序”的过程，也是鲁姆哈特所说的掌握文章文字内容的过程。要“破译”文中的文字，没有一定的语言能力是不行的。语言能力是理解文章的基础。没有掌握相应的语言图式，读者就不能识别文章中的词、短语和句子，也不能利用文章提供的信息来调用相应的内容图式和形式图式，当然也就谈不上对文章的理解了。因此，在阅读教学中，教师首先应重视对学生语言能力的培养，丰富学生的感知内容，为后面的理解加工阶段做准备。

其次，扩大学生的阅读量，丰富他们的内容图式。

在阅读教学中，我们不难发现这样的情况：一些文章包含生词或新的语言结构，如果学生对话题有所了解，就容易猜出文章的大意。然而，有一些文章虽不包含生词或新的语言结构，学生能读懂每个单词、每句话的意思，却不理解整篇文章的内容。这是由于学生的头脑缺乏相关的背景知识，难以领会所读文章的隐含意义。只有学生将已有的背景知识与文章的信息联系在一起，才能达到阅读的理想效果。因此，教师在选择阅读材料时，要充分考虑学生的具体情况，适当删减一些话题陌生、陈旧或过难的文章，增加一些与时代气息相关且能激发学生兴趣的阅读材料。例如，《21st Century》、《China Daily》、VOA、BBC、英文网站等时事视听和阅读语言资料等。这样做有效地调动了学生的阅读兴趣，既丰富了学生内容图式的知识，也使学生的语言水平得到了提高。具体来讲本研究尝试了下列方法：

再次，加强文章体裁的介绍，建构学生的形式图式。

在阅读过程中，如果学生头脑中对文章的体裁有一个正确的形式图式，那么在阅读过程中，就能对文章的篇章结构及各段落间的逻辑关系有一个正确的预测，这样才能更好地理解文章的内容。所以，研究者在平时的教学中注重选取不同文体的文章，系统地讲授不同文体的结构特点，分析文章的结构，培养学生使用形式图式的能力，使他们懂得怎样利用文章中的线索，进行积极的思维活动，从而把握作者的思路和意图，达到对所读材料的充分理解，保证准确完整地获取信息。通过对学生抓典型材料的训练后，可以收到很好的效果。

在硕士研究生和在职研究生的阅读教学实践中，笔者注意引导学生根据所要阅读文章的通常结构形式进行预先推测文章结构图式的练习，学生通过验证的方式阅读文章时基本能够准确地把握语篇大意。例如，在阅读有关森林大火的文章前让学生写一篇短文，描述大火在发生之前、之中和之后情况这么一个大概轮廓框架。这样的形式图式练习有效地帮助了学生在阅读文章时达到事半功倍的效果。

参考文献：

Goodman, K. S. 1967. Reading: A psycholinguistic guessing game [J]. Journal of the Reading Specialists, (6), 126－135.

Rumelhart, D. E. 1977. Toward an Interactive Model of Reading [A]. in S. Donic (ed.), Attention and Performance VI. Hillsdale. NJ: Elbeau.

邓艳新. 2003. 大学生英语阅读学习中速度问题及对策[J]. 辽宁省交通高等专科学校学报 (4): 61－62.

辛华. 2005. 浅谈图式理论与大学生英语阅读能力的提高[J]. 辽宁师专学报(社会科学版) (6): 97－98.

李爱华. 2006. 图示理论与英语阅读理解[J]. 长春师范学院学报 (1).

翻译教学中提高学生翻译能力的课堂实践设计[①]

首都师范大学　方　红

摘　要：本文针对西班牙PACTE研究小组提出的翻译能力模式，对英语专业本科生翻译教学的课堂实践进行设计并分析其教学实效性，以此探析以提高翻译能力为目标的翻译教学模式。本研究重新考量了翻译教学目标及由此展开的课堂教学设计，对探索本科翻译教学模式以提高教学效果具有一定的实践意义。

关键词：翻译能力；教学设计；教学效果

翻译课(包括英译汉、汉译英双向翻译课程)是英语专业本科生高年级阶段的专业必修课，英汉互译也是英语专业八级考试中的重点测试项目，因此，对学生翻译能力的培养是翻译教学的根本目标和任务，也是本科英语专业人才培养的重要内容。翻译课堂教学的设计不但是完成教学任务的必要环节，也在很大程度上决定了教学效果，从这个意义上讲，课堂教学设计的根本所在就是提高学生的翻译能力，而检验翻译教学实效性的手段即是对学生翻译能力的测评。

既然提高学生翻译能力是翻译教学的核心，那么何为翻译能力、如何开展课堂教学并设计教学任务来提高翻译能力，以及对翻译能力的测评就是翻译教师所应关注的。本文借助西班牙著名的PACTE研究小组对翻译能力的界定，并结合具体的教学实践，以此探析以提高学生翻译能力为目标的课堂设计及教学环节，提高翻译教学的质量和实效性。

1. 翻译能力的界定

翻译能力的定义及其包含的诸多因素一直是翻译研究领域具有争议的话题，且至今没有形成统一、确定的概念。翻译能力的广延性使其成为一个开放的课题，似乎所有与能力相关的因素都被纳入了翻译能力研究领域。传统意义

---

① 本文为首都师范大学2012年校级教学改革研究一般项目的部分成果，项目号为：202125608800。

的翻译能力经常被等同于为外语能力，即“会外语就会翻译，外语好翻译得就好”这样的理念。但近年来随着翻译实证研究的深入，人们开始意识到翻译能力与语言能力并不是等同的，并开始逐步建构翻译能力的研究框架。这其中最有影响力的就是西班牙巴塞罗那自治大学翻译能力习得过程和评估(PACTE)(2005)小组对翻译能力的构成模式研究，他们将翻译能力界定为译者“进行翻译所必需的潜在的知识和技能体系”，并反复修订后提出了翻译能力由以下成分构成：双语能力、语言外能力、翻译知识能力、工具能力、策略能力，并通过心理——生理机制起作用。该模式是运用有声思维的研究方法在实证基础上提出来的，可信度高，也受到学界的普遍认同。2010 年，马会娟、管兴忠修订了该模式，认为汉译英译者的翻译能力由双语交际能力、翻译专业知识、策略能力、语言外能力及查询资料能力构成，而其中双语交际能力是基础和核心。本文对翻译能力的界定采用 PACTE 的模式，翻译课堂教学的设计就是围绕其提出的五个方面并辅以学生的心理生理机制考虑，从而提高学生的翻译能力，提升课堂效率和教学质量。

2. 提高学生翻译能力的课堂教学设计

传统的翻译课教学重在培养学生对翻译技能的掌握，过多关注语言转换的技巧，却忽略了其他方面的影响。而且，教师过多传授翻译知识并给出所谓的翻译参考答案，这都极大抹杀了学生的主动性获知意图，对学生的翻译能力培养造成了一种限制，使学生在被动接受中积累了翻译技能，却没有内化为翻译能力的提高。针对 PACTE 提出的翻译能力的构成因素，翻译课堂教学应该着重设计相关的教学内容和任务来提高学生的双语能力、语言外能力、翻译知识能力、工具能力、策略能力。下面就结合笔者在笔译教学实践中的体会和反思，从以下几方面来探讨翻译课堂教学的设计及具体的教学环节：

2.1 注重双语比较，提高双语能力

翻译实践的基础是双语能力。而由于英、汉两种语言从结构到思维方式的差异，使母语的迁移性影响更为突出，对翻译的质量造成影响。英语基础和水平是低年级专业学习的体现，扎实的语言基本功无疑是高质量译文的保证，但是同样不能忽视的是母语的水平。在教学中，常常会发现词不达意、表述蹩脚的译文，而学生也抱怨读懂了英文却表达不出自己的想法。这些都说明双语能力既包含英、汉语的语言水平，也包含了二者的转换能力。

针对这种情况，翻译课上一定要补充一些英汉语对比的内容和练习，让学生有双语差异的意识，在对比中体会两种语言的各自特点，并探究相互转换的规律。地道的译文既包含对原文的正确理解，更离不开以译入语组织的流畅表

达，而二者的连贯连接就是译者的翻译能力的体现。双语对比的知识要与翻译实践相结合，让学生在教师设计的翻译练习中自己摸索转换的技巧，这样才能够内化为自主的双语意识。而针对学生语言水平的欠缺，可以给学生布置相关的课后练习，如阅读英文原著强化语感、阅读中文报刊及文学作品丰富自己的语言等等，并可以布置一些汉语作文，锻炼学生理解和表达的连贯性。

双语能力是翻译能力的核心，因此也是最需要着重培养和锻炼的方面，教师对此进行的任务设计切忌以现成的知识传授为主，应该先让学生自主探知，然后教师总结，这样才能收到更好的效果。

2.2 扩大背景知识，提高语言外能力

翻译虽是以文字为载体的意义转换，但是意义的理解和传达离不开文字背后的深层含义及译者自身的背景知识。也就是说，翻译是超越文字表象的文化交流过程，译者的文化意识和跨文化交际能力是翻译中不可缺少的要素，翻译课教学中就是要培养学生的跨文化交际能力。

翻译课上，学生所做的翻译练习不但要体现“如何翻译”，更要说明“为什么这样翻译”，即给学生布置任务，让他们有意识地去探究语言背后的背景知识。学生不再是简单地完成语篇或段落的翻译，而是在翻译实践的同时进行翻译过程的反思，从而促使他们开始进行“注释性翻译”实践。这一过程可以小组讨论并以汇总的形式进行，书写翻译日志（translation journal），拓宽翻译实践，在深入探究语言翻译的过程中有目的地扩展与此相关的背景信息。对这一过程的监督和评介，可以课堂展示的形式进行，学生以小组为单位讨论后派代表在全班进行注释性翻译展示，互通有无，彼此评价，最后教师进行总结和归纳，明晰翻译注释及拓宽翻译背景知识的途径和过程。

2.3 重视理论传授，提高翻译知识能力

翻译理论与翻译实践从来不是矛盾的，翻译理论知识对于提升译者的翻译意识及翻译技能水平具有重要的导向作用，翻译理论的传授是课堂教学中不可缺少的环节。

本科翻译教学阶段，理论的传授不应喧宾夺主，因为本科生没有实践的基础，抽象的理论堆积对他们说不但索然无味，而且没有实践意义。翻译理论的传授应以课程初始时的翻译概述（或概论）为基点，培养学生的整体翻译观，初步了解翻译领域的诸多课题，以引起他们的兴趣并形成最基本的学科框架。而在后续的课堂翻译实践中，教师还应针对具体翻译材料所反映的翻译规律引导学生进一步深入思考，进行理论探索和提升。这种由实践而发、融实践之中的理性思考和讨论，不是理论的传授，而是学生自我发现问题、解决问题并反思深化问题意识的过程。反过来讲，学生了解翻译学科的基本框架和理论有助于他们进一步认识翻译实践可能面临的问题及解决问题的思路，也使他们有意识地将翻译实践中的感悟和技巧内化为自身的翻译知识。

理论对实践的指导意义无可争辩，但是对于理论的传授方式及选择的内容，教师应根据课程目标及教学重点进行调整，原则就是“理论与实践的紧密结合”，让学生在具体、感性的翻译实践中领悟并思考其理论意义。

2.4　鼓励自主实践，提高工具能力

以提高学生翻译能力为导向的课堂教学不再是教师的讲座课，而是学生的实践展示课。在当今信息科技时代，鼓励学生尝试获取信息的不同途径，即翻译学科的方法论导向，也是翻译教学的重要内容，让学生开阔眼界，提高运用工具的能力，从而培养其翻译操作能力。

笔译课上，教师可以让学生运用多媒体技术展示自己的翻译任务，并对此开展自我评价、生生互评、师生问答、教师总结等系列环节。也可以利用互联网搜索相关翻译资料，进行译文对比与评析，锻炼学生的翻译鉴赏力。当然现在出现的诸多翻译软件，如亚信、塔多思等，也为翻译实践提供了有效的工具，而使用网络、工具及其他获取信息的手段都是翻译能力提升的重要支撑。

但是，在重视工具的同时，教师也应指导学生不要以复杂的技术来覆盖翻译实践的文本本体，毕竟使用工具的能力最终仍是翻译能力的组成要素，而并不能代替它。

2.5　深入合作学习，提高策略能力

译者的翻译策略是由其翻译语境和翻译目标决定的，译文则是翻译策略的集中体现。翻译课堂教学中，由于学生仍是初学者，策略意识不强，且练习的材料并不构成真实的翻译语境，因此，教师应设计翻译赏析的教学环节，引导学生通过合作学习，共同讨论经典译文翻译中的策略，从而培养学生的策略意识。

翻译在某种程度上是习得技能的过程，因此学习、阅读好的译文也是进行翻译实践的重要内容。教师在课前可以让学生自己预习特定的经典译文片段，课堂上则将学生分组进行讨论，重点剖析译者的翻译策略，并形成组内最终的赏析见解。评析翻译策略的过程就是细致的文本分析过程，且融入了译者身份、翻译背景及翻译对象多方面因素的考虑，学生在合作讨论的过程中逐步形成了自己的翻译策略意识，而这种意识也体现了翻译能力的发展过程。翻译能力由低及高的过程就是“我不知道我不知道、我知道我不知道、我知道我知道、我不知道我知道”依次发展的过程。

总之，翻译课堂教学应以提高学生翻译能力为基点和目标，为了培养学生的翻译能力，就应当在课堂上设计并实践双语对比、背景知识扩展、翻译理论

传授及经典译文对比和赏析的教学环节和教学内容。而更为重要的是，课堂教学任务的主体应是学生，教师应引导学生自主学习、合作学习、主动展示，在生生配合、师生互动的模式下培养学生的翻译能力。当然，学生的生理——心理机制也是影响翻译能力发展的重要因素，这就涉及学生在翻译实践中的情感因素影响，值得单独探讨。

3. 结语

本文依照PACTE研究小组的翻译能力模式对英语专业本科生翻译课堂教学内容和环节进行了尝试性的分析和设计。翻译能力的构成因素正是翻译教学的目标，而为实现这些目标所进行的课堂设计就是翻译教学的核心环节。翻译能力研究涉及翻译人才培养、翻译教学及译者研究等多领域和诸多因素，是翻译研究领域可以深入探究的具有重要现实意义的课题。本研究是对本科生翻译教学改革的一个尝试，有望对翻译教学效果和翻译教学模式的发展有所启示。

参考文献：

PACTE. 2005. Investigating Translation Competence: Conceptual and Methodological Issues[M]. Meta50(2): 609－619.

Schaffner, C. & Adab, B. (eds). 2000. Developing Translating Competence[M]. Amsterdam and Philadelphia: John Benjamins.

马会娟，管兴忠. 2010. 发展学习者的汉译英能力——以北外本科笔译教学为例[J].《中国翻译》(5)：39－44.

杨志红，王克非. 2010. 翻译能力及其研究[J].《外语教学》)(6)：91－95.

庄智象. 2007. 我国翻译专业建设：问题与对策[M]. 上海：上海外语教育出版社.

英语听力学习策略与自主学习能力培养行动研究

首都师范大学　张　莎

摘　要： 本文首先报告了在听力教学中提高自主学习能力的措施，并在此基础上形成以反思日记为中心的行动框架。学习策略的实证研究采用问卷的方法，探讨学习策略的变化情况及其与听力水平的关系，发现学习策略水平显著提高，这说明一系列措施有助于培养学习策略；学习策略与听力水平呈高度正相关。自主学习能力的变化研究，采用反思日记和访谈的方法，发现学生的自主意识、自主思考习惯和能力均有提高，计划性、目的性明显提高，但仍存在不足。本文对相关研究和教学具有一定意义。

关键词： 学习策略；自主学习；问卷；反思日记

1. 自主学习能力、学习策略

Rodgers(1969)认为，只有当人们掌握了如何学习，学会了应变和自我调节才称得上是受到了教育。“授人以鱼，不如授人以渔”。英语教育不只是提高语言技能。教育目标应该包括培养学生独立思考能力和自我管理能力，为学生提供未来独立学习所需的技巧和能力(Mc Donough，1995)。这就是自主学习的能力。自主学习指学习者能够管理自己的学习行为，根据自己的情况确立学习目标、制订学习计划、选择学习方式、监控学习过程、监控学习计划的实施以及学习技能的运用和发展，自我检查评估，逐步发展(王笃勤，2002)。自主学习能力主要体现在认知水平和元认知水平的提高。

学习策略指对学习过程的调控，分为管理策略(也称元认知策略)和语言学习策略两部分。前者涉及目标的制定、策略的选择、时间的安排、策略评估和调整，这一系列活动都以自我评价为前提；后者直接用于英语学习(文秋芳，2003)。管理策略包括认知和情感的管理，认知管理策略又包括管理计划和管理评价策略。目前，学习策略研究已经达到比较成熟的阶段。然而，研究者作为英语专业本科生教师，却深感学生在学习策略方面的不足。而学习策略的使用在很大程度上关乎自主学习的效果(张殿玉，2005)；学习策略的运用能够体现学习自主性的程度。作为一项旨在提高学生自主学习能力的行动研究，学习策略研究与培养的必要性凸显出来。

本研究关注的问题是：英语专业本科二年级学生的学习策略能否在一年内有进步？如果能，该如何提高？能否通过培养学生的学习策略，来达到提高学生自主学习能力？如何通过培养学习策略提高自主学习能力？

2. 学习策略和自主学习能力的培养措施

研究者从事英语专业二年级学生的听力课教学工作。为促进学生学习策略、自主学习能力的提高，主要采取了如下措施：

(1)课堂上，结合听力学习材料进行讲解，主要用于培养认知和情感策略。

(2)指导并督促学生完成反思日记，内容包括近期听力学习的方法、遇到的困难和困惑、采取的应对措施、下一步学习计划。反思日记涉及学习策略的各方面，但尤其针对管理策略的培养。研究者对每一份反思日记都认真批阅，回答其中的问题与困惑，并及时反馈给学生。对于存在的普遍问题与困惑，研究者在课堂上统一回答与指导；个别学生存在的问题采取笔头答复或面谈的方式。

(3)向学生推荐阅读有关指导学习策略的书籍，涉及学习策略的各方面。

研究者尤其重视通过指导学生撰写听力学习反思日记，以反思日记作为师生交流的"抓手"，使学生的困惑、成果及其他思考及时通达教师，使教师反馈及时通达学生，为师生之间畅达的沟通提供桥梁；培养学生思考自己学习方法与效果、制订学习计划的积极性、习惯和能力；培养学生在不断反思、总结经验教训和教师反馈的基础上，改进学习方法、修订学习计划的主体意识和能力；使教师不断反思教学方法与效果，实时根据学生学习现状，改进教学方法、修订教学计划，更好地达到提高学生听力水平、培养自主学习能力等目的。图1显示了以反思日记为中心的相关能力培养环节及其作用。

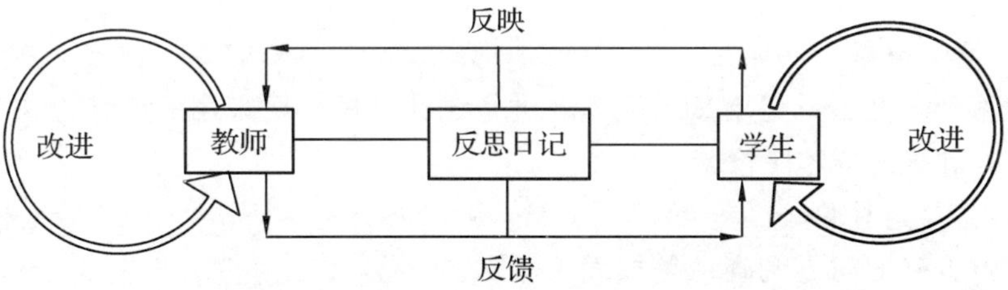

图1 通过反思日记培养学习策略和自主学习能力的思路

3. 学习策略研究

3.1 学习策略的变化

3.1.1 研究问题

(1)学习策略在二年级初和学年末之间有无变化?

(2)如果有，各类策略的变化情况怎样?

3.1.2 研究对象

本行动研究采用了方便取样的方式，请研究者所授听力课的英语专业二年级学生、两个班共45人作为研究对象。其中男生2名，女生43名。年龄在18—20岁之间，均为应届高中毕业生。由于1名男生没有参加第一次问卷调查，因此共有有效问卷44份，达到进行推断统计的最小样本要求。

3.1.3 研究工具

学习策略的调查采用问卷形式，共包含两部分。第一部分是个人信息，包括性别、年龄、学习英语的年限、英语水平自评、是否喜欢学英语及其原因。第二部分是问卷主体部分，包括40个陈述，采用likert量表的形式，请学生根据自己的情况在数字1到5种选择一个；其中1代表“不符合我的情况”，2代表“通常不符合我的情况”，3代表“有时符合有时不符合”，4代表“通常符合我的情况”，5代表“符合我的情况”。所有陈述均为正面陈述，即选择的数字越大，代表该项策略得分越高。

3.1.4 数据收集

问卷分为两次实施。第一次是在2010年9月10日，即2009级学生新学年开学的第一次听力课上，共耗时15分钟。第二次是在2011年6月10日，即2009级学生学年结束前的一次听力课上，共耗时15分钟。研究者(即任课教师)向学生说明，本问卷调查采用不记名方式，与学习成绩无关，并请学生如实填写。

3.1.5 数据分析

数据录入之后，运用SPSS 17.0进行统计分析。所采用的统计方法包括描述性统计和配对样本t检验。

3.1.6 结果与讨论

学习策略的问卷调查结果如表1所示。

表 1　学习策略均值变化

策略	过去的水平		现在的水平		变化		
	均值	标准差	均值	标准差	均值差①	t 值	显著性(双侧)
认知	3.41717	0.511906	3.55152	0.428774	−0.134343	−1.738	0.089
管理认知	3.31111	0.633094	3.49185	0.603573	−0.180741	−2.403	0.021
管理计划	2.57037	0.903479	2.85926	0.767025	−0.288889	−2.325	0.025
管理评价	3.49630	0.634388	3.65000	0.627042	−0.153704	−2.158	0.036
情感	2.80000	1.013545	3.02222	0.916736	−0.222222	−1.279	0.208
管理情感	3.88889	0.865296	4.02222	0.839071	−0.133333	−0.887	0.380
学习策略	3.38556	0.532321	3.53944	0.458675	−0.153889	−2.229	0.031

根据表 1，所有类型的学习策略均值差均为负值，说明学习策略在一年之后的均值都得到了提高。其中，认知策略、管理认知策略、管理计划策略、管理评价策略均有显著提高(单侧显著性值分别是 0.045、0.011、0.013 和 0.018)。情感策略和管理情感策略没有显著提高，其单侧显著性值分别是 0.104 和 0.190。学生的学习策略整体上有显著进步(单侧显著性值为 0.016)。

结果显示，经过将近一学年的时间，学生在学习策略上有明显进步。下面摘录了学生较成功的听力学习策略，并进行简要分析②。

> 我以前不太想自己到底差在哪里。现在发现，听写不光是听力水平的问题，还包括词汇、语法等。听懂了可能写不对，听不太清楚的时候也不会根据上下文猜测应该怎么写。我想今后要在单词上先下工夫，不仅会认，还得会拼写。这是我的一个大问题。我打算买一本四级词汇书好好背一背。(学生 1)

学生 1 经过反思，找出了自己的听写中的弱点，即词汇语法知识不够，她对此有比较清楚的认识，即“听懂了可能写不对，听不太清楚的时候也不会根据上下文猜测应该怎么写”。对此，她有针对性地制订了下一步计划。虽然该计划还只是“买一本四级词汇书好好背一背”，并没有详细地列出某个时间段内的要达到的目标，但已经运用了管理策略中的计划策略。

> 自从上次反思日记以后，我调整了自己的学习方法。以前做听力时总是静不下心来，这样的学习效果很不好。我跟学长学姐进行了交

① 均值差＝过去的均值减去现在的均值。

② 有些反思日记用英文撰写，本文为行文方便，翻译成中文再引用。

> 流，发现他们原来也存在同样的问题。他们的建议是，每天找固定的时间做听力，这样生物钟就适应了。(学生 2)

学生 2 的学习策略首先是管理策略的评价策略。她发现“以前做听力时总是静不下心来，这样的学习效果很不好”。基于学习效果不好的自我评价，她“调整了自己的学习方法”。另外一种策略是社会、情感策略，具体表现为她“跟学长学姐进行了交流”，从与他人的互动中找到解决问题的办法。“我相信，功夫不负有心人，只要坚持就一定有收获!”(学生 3)学生 3 在日记的结尾鼓励自己，树立坚持学习就会进步的信心，这是运用了管理策略中的管理情感策略。

> 我觉得××是一个不错的英语学习网站，里面有很多最新的英语新闻，下载也方便。我会挑选其中一些感兴趣、适合自己水平的话题进行精听。坐车的时候我会戴着 mp3，即便没有认真听，也能够“磨”耳朵。(学生 4)

学生 4 的日记中体现的是认知策略。她有目的地选择精听的内容，“挑选其中一些感兴趣、适合自己水平的话题进行精听”，尽管选择标准还在一定程度上带有主观性(她只挑选自己感兴趣的话题)，但她已经区分了精听与泛听(“‘磨’耳朵”)。

3.2 学习策略与听力水平的关系

学习策略的运用程度是否标志着听力水平的高低呈现某种关系呢?

学习策略与听力水平的关系采用相关研究。学习策略得分采用问卷调查的数据，听力水平的衡量采用学年末的听力课成绩。采用听力课成绩的原因是，听力课成绩是对一学年学习效果的全面检验，效度较高，能够较为满意地反映学生的听力水平。其组成部分及各自的比例分别为：期末考试成绩 50%，小测验 30%，反思日记 10%，出勤和课堂表现 10%。在期末考试成绩中，60%为选择题，包含短文、对话和新闻的听力，该部分以专业四级考试为模板出题，对学生听力水平的考察较为全面，效度较高；20%为听写填空，考查学生精听理解和听力词汇的掌握；另外 20%为课后作业的考察，即从《英语中级听力》一书中挑选部分听力内容，重新出题后作为考试内容，以检查学生课后作业的完成情况。小测验内容包含两部分，一是包含对话、短文和新闻听力的全面考察，二是课后作业中的部分内容的考试。反思日记每人 8 篇，上下两个学期各 4 篇，进入学年末听力成绩的是第二学期的 4 篇日记。反思日记的评分主要以学生是否认真进行反思为标准，如果能够显示出学生进行了认真思考、总结和规划，则该项评分较高。反思日记的评分员是研究者本人。

由于 45 名研究对象分属于两个自然班，因此研究者首先对两个班的听力成绩分别做标准化处理，以消除班级因素对成绩的影响。研究采用 Pearson 相关的方法进行统计分析，得到学习策略得分与听力成绩的相关系数为 0.742($n=45$, $p=0.05$)，这说明学习策略和听力水平之间存在高度正相关。也就是说，学习策略使用得好的学生也会有较高的听力水平。该结论与袁凤识、肖德法(2006)等研究结果类似。

4. 自主学习能力研究

通过一年的培养，学生的自主学习能力有比较明显的提高。具体表现在：

(1)自主学习的意识得到加强，学习主动性大大提高。学生在一年级时尚处于由高中向大学学习过渡的阶段。在二年级初期，相当一部分学生存在过度依赖老师布置作业、督促完成作业，才能完成学习任务的情况；没有自己发现问题、解决问题的主动意识；没有形成每个人学习情况不尽相同、学习方法也应不同的认识。二年级后，他们认识到“学习是自己的事情”(学生 5)，“老师只能提供一些指导，自己应该最了解自己”(学生 5)等。

(2)大部分学生养成了及时分析和评价学习现状的习惯。每次练习之后以及几周的学习之后，都能够自觉对当前的问题进行梳理，制定相应的改进措施。例如，学生 6 每次进行听写练习后，都把错误进行分类整理，并总结自己常见的错误类型；学生 7 每 4 周，会主动回顾一段时间以来的学习情况，对存在的问题、学习方法进行总结评价。

(3)自主分析、评价学习现状的能力明显提高。二年级初期的第一篇反思日记表明，学生对于如何学习听力没有清晰的认识，大部分学生说不清楚自己在听力方面到底有哪些不足，更无从解决。例如，学生 6 写道：“我很害怕听力，但是不知道怎么提高”；学生 7：“我觉得新闻部分是最难的”，“我经常听新闻，可还是觉得很难”。通过批阅学生一年来的多篇反思日记，研究者发现，学生对自己存在的不足逐渐认识得清晰、具体。例如，学生 7 在第三篇反思日记中发现，自己对于新闻背景知识、尤其是国际政治经济知识比较欠缺。这是她通过自己思考得出的结论。

(4)学习的目的性、计划性大大提高。找不到问题的结果是无法进行有针对性的改进。由于学生能够发现自己的问题，学习的目的性和计划性相应得到了提高。例如，学生 6 针对单词拼写正确性的不足，制订的相应改进办法是在背单词时加强对单词拼写的记忆。学生 7 计划采取多听英语广播和浏览中英文报纸的方法，增长相关知识和积累相关词汇，以便在新闻听力中提高自信心和内容熟悉度；她每天晚上 7 点准时收听英语广播，她把 mp3 随身携带，以便坐车、走路时也能进行泛听练习。学生 8 计划每周做两篇听写练习，时间安排在每周四和周日晚上 8 点左右。

同时，行动研究也让研究者发现了存在的一些问题。

(1)尽管学习的计划性和目的性大大提高，但与之相应的执行力仍显不足。具体表现在，即使知道自己的问题所在、制订了相应计划，也经常难以完成计划；尤其是自己不感兴趣的学习内容(如新闻听力)，更加不易有所进步。这说明，学生学习的坚毅性、执行力相对较弱。

(2)尽管能够比较准确地判断听力中存在的问题与不足，相应的学习方法仍存在不适当的现象。

5. 对听力学习与教学的启发

本行动研究对于听力学习与教学的启发如下：

(1)反思日记是一项有效的培养学习策略和自主学习能力的方法，今后的教学中可以坚持；

(2)学生的兴趣对于听力学习尤为重要，应进一步挖掘听力材料中的兴趣点；

(3)坚毅性、执行力的培养难度较大，需要师生双方经过长时间的努力才能达到，今后应在这一方面加强指导与督促。

6. 本研究的不足与相关建议

第一，本研究仅对学习策略采用了问卷进行测量，而自主学习能力没有进行相对客观的测量，这是本研究的遗憾之一。第二，反思日记的评分需要更加明晰的评分细则，以尽量排除评分员主观因素的影响。第三，进一步修订学习策略问卷，提高研究信效度。

7. 结语

本行动研究对英语专业二年级学生听力学习中的策略和自主学习能力进行了考察。通过撰写和反馈反思日记等措施，学生的学习策略水平有显著提高，自主学习能力也有明显提高。策略和能力的培养，符合英语专业学生的培养目标。研究表明，通过培养学习策略的途径，能够达到提高自主学习能力的目的。

参考文献：

McDonough, S. H. 1995. Strategy and Skill in Learning a Foreign Language[M]. London：Edward Arnold.

Rodgers，C. R. 1969. Freedom to Learn[M]. New York：Merrill.

文秋芳．2003. 英语学习成功之路[M]. 上海：上海外语教育出版社．

张殿玉．2005. 英语学习策略与自主学习[J]. 外语教学 26(1)：49－55.

袁凤识，肖德法．2006. 元认知策略在 TEM 4 中的运用及其与成绩的关系研究[J]. 外语与外语教学（3）：31－34.

王笃勤．2002. 大学英语自主学习能力的培养[J]. 外语界（5）：17－23.

英语专业四级听写错误实例分析

首都师范大学　陈　颖

摘　要： 听写作为传统的听力教学手段，可以在一定程度上有效地检测学生听力水平和英语学习的综合能力。本文通过对英语专业四级考试听写练习中的错误实例进行归纳总结，分析了影响听写的几个主要因素，即语言的因素、背景内容的因素和心理因素。

关键词： 听写；错误；听力水平

听写是听力教学活动和测试中经常采用的方式，多年来对于提高学生在基础阶段的听力水平起到了较为有效的作用。虽然在近些年来随着多媒体被引入到了听力课堂，很多听力教师对于这种教学活动的使用频率已有所降低，而且由于长期以来听写被认为侧重的是记忆以及词汇的精准，所以有些学者对于它能否反映学习者的真实水平提出了质疑。但是实际上听写除了强调掌握发音、拼写以及语法等语言本身的技能外，还涉及了背景知识和综合运用等能力。因此听写一直以来都被作为英语专业四级考试听力部分的首要检测项目，所以也是在备考时需要进行强化训练的一部分。

本文旨在从听写特点和影响听写的因素出发，通过对学生的听写练习进行分析，归纳普遍错误类型，总结这些错误特点并探讨形成这些错误的具体原因。

1. 听写的作用

作为比较传统的英语听力教学活动，听写能够较好地反映很多学生的英语综合能力。通常听写能力较强的人，其听力能力以及总体英语水平也会比较高。刘润清所做的调查研究表明，“听写和其他标准测试的相关系数为 0.85，其效度和信度达到了 0.7～0.8 左右”(转引自沈永年，2009：51)。而在日常的教学实践当中，适当的听写活动设计能从多角度促进学生的语言能力。尤其是对低年级以及基础较为薄弱的学生而言，经过设计的多种类型的练习，比如填空式听写和转述式听写等能在一定程度上降低听力材料的难度，逐步地将他们引入难度较大的听力内容。而且在教学过程中笔者发现，即便是设计了不同方式的听力任务比如简答、综述等，但由于语言能力还并未达到较高的水准，很多学生依然通过听写的方式来记录并回答问题。所以适度地进行听写训练不仅可以逐步培养学生的基本能力，同时也符合低年级学生的认知水平和学习习惯。

听写本身由于比较强调完整的记录而容易导致学生只注意字词的完全对应。但是英语专业四级的听写通过对听写过程的调整安排从很大程度上避免了这样的问题，从而有助于较全面地检测英语专业学生的真实听力水平。对于听力教师而言，听写不但“相当精确地表明学习者所犯的和需要纠正的错误的类型和式样”(转引自邱华玲，1995：41)，也同样反映出了学生在整体知识结构中所需要调整的方向和教师在培养学生综合运用语言能力时的侧重点。

2. 英语专业四级听写的特点

根据2004年颁发的《高等学校英语专业四级考试大纲》规定，听写的时间为15分钟，长度为150个单词左右，语速为每分钟120个单词，分数占总分的15%，即15分。要求考生能够在全面理解内容的基础上逐字逐句写出所听的材料，而且拼写和标点符号要正确无误，错误率不能超过8%。

专业四级听写的特点是既照顾全篇也强调细节。共念四遍，并且在开篇时会念出题目，这会有利于学生对于通篇有个大致了解。第一遍以正常语速念出，并且不要求进行任何的记录。学生可以在听的基础上，在记忆中搜寻相关的背景知识，并且反过来以这些知识为出发点更好地掌握全篇的意思。这其实已经起到了一定的“自上而下”的作用。第二、三遍则是分片语进行听写，全篇共分15个片语。这两遍要求逐字听写下来也就是“自下而上”的方式。通常情况下学生会过度关注发音和单个词或词组，并且会由于辨音等问题造成对意思理解的误差。但由于有了第一遍的铺垫，学生在理解上的总体把握有利于他们在遇到具体语音、词汇等问题时迅速地作出判断和调整。第四遍以及最后2分钟的检查则进一步从词汇以及语法进行检查，针对整体意思对错误进行修正。能够较好地将主旨与细节相结合的学生往往在听写这一项上能取得较好的成绩，而在第一遍就匆忙下笔或是不考虑全篇意思的学生则通常也会在具体的词汇上觉得困难重重。

专业四级听写所采用的词汇难度一般并不很大，内容也通常并不很难，涉及的语法知识也大多停留在基础阶段。但是从我系学生这些年的专四听写成绩来看并非很理想，尤其是较之其他测试项目而言，得分率是相对比较低的。下面笔者就针对平时专四听写练习当中学生所犯的具体错误做一个初步的分析。

3. 听写错误实例分析

在平时的专业四级听写训练中笔者发现，有些学生会由于速度跟不上而觉得完成难度较大。但也有一部分学生在觉得整体难度不大且自我感觉完成较好的情况下，结果却并不尽如人意。笔者在学生多次的听写训练中选取了一次的结果进行了较为详细的研究。这部分学生处于英语专业二年级第一学期末的学习阶段，一共是两个班共40名学生。他们本身的特点是很多人词汇量相对较低，知识面较窄，而且自身的发音还存在着很大的问题，一方面非常认真，但另一方面灵活度欠缺。听写文章采用了某一年的专业四级听写真题，在分析的过程中同时还参照了学生课堂中所表现出的问题，并结合了课外对部分学生进行的访谈。

从整体结果上看，学生的单词错误率高，而且所错的单词比较集中，甚至很多几乎错的形式都完全一致。增、漏等现象严重，并且会存在较完整的部分没有写下来的情况。这些情况所显示出的原因还是多方面的，归结起来其实与影响听力的三个基本因素大体一致，即"语言本身的因素、语言背景知识、分析综合能力和心理因素"(崔刚、孔宪遂，2009：196)。结合这次听写所进行的具体分析，综合来看影响我系学生听写结果的原因可以大体上归结为语言的因素、背景内容的因素和心理因素。虽然由于听写过程所具有的特殊性，所反映出的第一个方面的问题较多，但是其实这些因素之间是有一定联系的，并且相互渗透、相互影响。

3.1 语言的因素

3.1.1 语音和词汇

在语音和词汇方面，有一些明显是由于粗心或是本身单词基础的问题。例如：

正确形式	错误形式
disappear	dissappear 或 disappeare
third	thired
begin	begain
increasing	encreasing
amount	amout
total	totall

有些则是在辨音的时候就出现了问题，因此记录的时候便也是错误的。这

里面有一部分原因在于，有的学生发音本身便不够准确，比如[i][iː][ð][θ]等一些音区分不好，因此在听的时候也下意识地形成了这种错误概念。例如：

正确形式	错误形式
these	this
world	wild

有些错误反映出了学生几乎是针对听到的发音来进行记录的。他们往往不很确定到底听到的是哪个词，于是在辨音的基础上根据大体上的发音规律自己进行了拼写。比如：

正确形式	错误形式
tropical	chopical
extinction	existinction，instinction 或 exdiction
an increasing	any creasing
alarming	a liming

3.1.2 语法

从语法来看，有些问题是比较集中的。比如在全部 40 名学生中，出现冠词增、错、漏等现象的就有 34 人，介词出错的有 14 人。出现所有格问题的共 26 人，而且问题集中，基本上都是将 world's 写成了 world。出现复数问题的共有 22 人。例如：

正确形式	错误形式
demands	demand
lands	land
purposes	purpose
forests	forest
animals	animal

还有一部分是词性的错误。比较典型的是在这篇文章中分别出现了 agriculture 和 agricultural 这两个词。其实根据其出现的具体情况 since agriculture began some ten thousand years ago 以及 for agricultural development 这两点，可以很快判断出分别应该使用的词汇。但是一共有 17 名学生在这个词上出现了选择错误，将名词与形容词用反了。与此类似的情况还有将 industrial 写成

industry，共有 6 名学生犯了相同的错误。

出现时态和句法方面错误的共有 13 人。主要是在这篇文章中，出现了现在时与过去时的转换。有些学生忙于记录主要内容，忽略了语法结构。其实这些语法错误基本上都是非常初级的，完全可以避免，而且根据上下文的提示比如 once，since，by the 1990s 等词或词组也可以进行修正。而学生在第四遍核对和两分钟检查时也没有更正过来，从一定程度上也反映出这部分学生的综合语言能力还有待提高。

正确形式	错误形式
facing	faced
continued	continue
has	had
remained	remain
used	using 或 use
cover	covered
disappear	disappeared

此外有一个典型的副词 thus，共有 17 个人出现了错误，其中有 16 个人错的形式完全一样，即写成了 that's。这除了存在辨音的问题外，对全文把握的失误也是出错的原因之一。从语法上看，如果写成 that's becoming the chief resource for their survival 似乎可以讲通，但如考虑前面半句 The remaining forests are home to half of the world's species 就不符合了。而且从总体内容来看，在第一遍和第四遍念的时候，是可以根据停顿和语气听出意思中承接的关系的，也就不会仅仅根据片语单独将其作为一句来记录了。

3.2 背景内容的因素

"Johnson 认为，熟悉话题并拥有关于文章主题的背景知识比掌握词汇知识更加重要"(转引自樊永仙，2009：68)。因此上述那些表面上看起来是词汇的问题，实则反映出的是对背景知识总体考虑的欠缺。这些错误如果略考虑文章背景、上下文或是语法，有一些是可以避免的。我们的学生还有很多是在传统的语法教学中成长的。而他们原先所接受的这种语言训练，即自下而上的处理问题的习惯，给他们的有效听力设置了很多障碍(Nunan，2004：28)。他们通常"将注意力过多地停留在个别发音、词汇和表达上，加之不了解听力材料的背景知识，以致思维速度总是跟不上说话人的速度"，所以就会造成他们"仅仅记住了一些孤立的细节，至于语篇的主旨却茫然无知"(樊永仙，2009：69)。

而在四级考试的听写中，这些问题更多的是反映出了学生无法充分利用念四遍的机会来对内容进行整体把握。对背景内容忽略，而仅仅停留在将词逐个听写下来的水平，会反映在词汇的选择性错误上。如果学生听第一遍的时候没有着重自上而下地去了解内容，而是忽略了整体信息和与之相应的文字含义，一旦听不清某个单词或是听到发音一下子想到若干单词的时候，就不能迅速地根据其他知识综合推导出正确答案。还有一部分学生顾及到了发音的基本对应和拼写乃至词性的正确，说明他们在听的过程当中做到了一定的自我调整，但还是能看出在相当程度上停留在单词对应的阶段。

比如这次练习的文章题目叫 disappearing forests，通篇围绕森林尤其是雨林面积的减少展开，提到了森林的重要性以及面临的危险。虽然这并非属于学生特别了解的日常话题，但是目前全球环境恶化的这些基本知识还是具有的。有些学生的错误很明显是没有从内容出发。比如文章结尾处提到了 As a result，the world's forests are facing gradual extinction。一共有 14 名同学在 extinction 这个词上写错了，而且很多写的都是 distinction。而 gradual extinction 和文章题目 disappearing forests 遥相呼应，更是全文的总结。这两个词发音虽然相近，但 distinction 的意思明显不对。其中有一位同学显然还顾及到了该词组本身的意思，写的是 great distinction，但其实通读全文意思是不符的。类似的情况还有，有些学生所写的错误单词会选择了同音词或是发音及拼写相似的词汇，这些单词单看其实都是正确的。例如：

正确形式	错误形式
their survival	there
much	march
chief resource	results 或 resorts
tropical rain forests	typical
remained	remind
supporting	sporting
industrial purposes	industrious
timber	temper 或 temple
total	turtle

这里面的一些被写错的词汇比如 sporting，industrious，temper，turtle 等可以说与主题相去甚远，说明学生并没有太多地考虑内容。还有些错误单独

放在词组或句子甚至可以讲通，但对于整篇的意思而言却不相符。比如有些学生在写年代的时候将1990写成了1919，除了有辨音本身的问题外，对意思的欠考虑也是原因之一。因为文章提到了 by the 1990s less than half of the earth's original rain forests remained。如果是在1919年人类还没有对雨林进行大面积开发毁坏的年代，这个比例显然是不符的。有一位同学将 agriculture 写成了 every culture，而且放在原句中 since agriculture began some ten thousand years ago 的位置单看语法也似乎能讲通。本来这两个词/词组的确有发音的近似，但她显然从一开始就将雨林的消失与文明相结合，头脑中的意思已经偏于 culture 了，所以每提到 agriculture 也就按这个意思理解了。还有一名同学将 the world's forests are now facing gradual extinction 中的 now 写成了 not，这可以说与主题完全相反。由于 now 是一个极常用的词汇，如果不是对文章本身的理解偏差是不会出现这样低级的错误的。

在和学生访谈的时候也得知，他们总是忙于记录。在用来掌握全文意思和断句的第一遍朗读中有些学生就匆匆下笔。还有一些即便在第一遍并未动笔，但是却下意识地在头脑中去记录一些细节，特别是他们认为的要点。对于根本没有听清楚或是有疑问的词或词组，他们也很难暂时忽略不计，而是在瞬间停下来琢磨其含义。其实在第一遍如果像对待泛听一样掌握大意，先自上而下地了解背景，并以此为基础来不断修正后面两遍断句听写中遇到的具体问题，有些体现在词汇方面的错误是可以避免的。

3.3 心理的因素

在外语学习中，“听力理解不仅是一个输入信息的过程，还是一个对接受的信息进行分析、归纳、编码，然后再输出的综合过程”(樊永仙，2009：69)。这个过程非常复杂，而且要求学生处理信息的速度要非常快，测试中对他们的要求也就很高，加之听写是一个以写的方式来输出的检测手段，往往让他们有手忙脚乱的感觉。正如 Just 和 Carpenter 的容量理论中所提到的，当人们在听第二语言或外语时，不仅要处理所听到信息的意思，还要处理语言本身，而这会引起信息过载(Nunan，2004：32)。正是这种超载，会给学生带来紧张和焦虑，因此在听力测试中心理因素也会在很大程度上影响学生的发挥。

首先是水平较差的学生会漏记较完整的部分。在这次测试的学生中有6名出现了几乎整个片语没有写下来的情况，其中有一名学生甚至有四个半句都没有记录下来。此外一定数量的学生漏记了词组和较多的单词，而这些内容通常是较重要或是影响句子完整性的部分。

还有一部分水平较好的学生也出现了漏词的情况，但集中在冠词和介词上，而且所犯的语法错误基本上不影响句子的意思。这部分学生通常文章意思理解得较好，于是就忽略了一些细节。这是由于“在获取意义之后，听者一般会忘掉具体的词汇”（崔刚、孔宪遂，2009：196），而在第二、三遍断句听写的时候，为了应对超载的信息，这些学生会不自觉地滤掉不那么重要的信息，而将精力放在有意义的部分。文中频繁出现的 of，an，the 以及单复数都成为了这部分学生漏记和错记的地方。而且从本次测试来看，出现这种错误的一个特点是自身重复错误率较高。比如有一名学生仅 of 这一个词出现的增、漏、错就达 6 处之多，冠词的错误也达到了 4 处。有些学生能够根据所缺失的信息依照语法等知识进行一定的自我修正，但是他们的答案会出现意思还算准确而内容不够精确的情况。

在访谈中还得知，学生认为考试时的紧张感会导致他们在听辨的时候出现不应该有的错误。比如有些极为简单的常用词会听成另外的单词或词组，而这些错误答案无论是在语法上还是句意上均与听写文章内容毫无关系，但是他们在课外自己做听写练习的时候类似的错误就会少得多。例如：

正确形式	错误形式
1/3(a third)	concerned
within	with thin
these	the east

4. 结语

在英语专业四级听写练习当中所反映出的这些问题其原因其实是非常复杂的。这主要在于“听力理解是个体的记忆能力、概括能力、预测能力、语言转换能力的综合体”（樊永仙，2009：87）。适当地运用听写练习有利于教师与学生在较短的时间内更多地发现学生在英语听力学习乃至整个英语学习过程中存在的各种问题。在听力教学过程中，有针对性地设计多样化的听写练习，辅以课外对听写效果的自我分析与总结，并在此基础上与其他的听力教学任务相结合，能在一定程度上有助于提高学生的综合语言能力。

参考文献：

Nunan, D. 2004. Practical English Language Teaching[C]. Beijing: Higher Education Press.

崔刚，孔宪遂 . 2009. 英语教学十六讲[M]. 北京：清华大学出版社 .

樊永仙 . 2009. 英语教学理论探讨与实践应用[M]. 北京：冶金工业出版社 .

邱华玲．1995. 谈听写在外语教学中的作用[J]. 石油教育（7）：41－44.

沈永年．2009. 从心理语言学角度谈听写的作用和听写方法的改进[J]. 北京：高师英语教学与研究（5）：49－52.

论"英语听说读教学"在"写作教学"中的应用

首都师范大学　闫慧娟

摘　要：本文试图从大学英语写作教学的现状入手，既分析了当前大学英语写作教学中存在的主要问题及其影响因素，又从一个新的角度探索如何将大学英语听说读教学与写作有效地结合起来以提高大学生的英语写作能力。

关键词：大学英语；听说读教学；写作能力

1. 前言

听、说、读、写是英语教学中必不可少的四项环节，而写作一直颇受重视。然而，长期以来，写作一直是困扰我国英语教学的一大难题。有教授指出，"现阶段在许多高校，英语写作仍然采取的是不与听、说、读等语言技能相结合，孤立教学的模式。"即传统的写作教学模式往往是以老师布置作业，学生课外写作，然后上交给老师批改，老师将作文中出现的错误纠正后下发作业交给学生，学生将正确答案背诵一下了之。在这种教学方法中，教师忽略了对文章选材、立意、谋面布局和语言组织的思维训练。因此，大部分学生在写作时觉得"写得苦"，老师在改作业时觉得"改得苦，改得累"，效果差。也就是说在当今写作教学中，一方面教师绞尽脑汁给作文命题，忙得不可开交，而另一方面同学们在英语写作面前束手无策，感到困惑，结果写作训练总是收效不大，不如所愿。鉴于写作是掌握语言、活用语言的重要途径之一，也是准确表达思想、培养和提高学生实践能力的重要手段，教师对写作教学研究十分关注，而研究的途径却大相径庭。一些研究往往把写作教学孤立于整个教学体系之外。这样，评价哪种写作教学方法效果最佳，也就难免见解不一。本人认为，一方面写作能力与认真掌握英汉两个民族的思维方式和文化积淀也有相当密切的联系；另一方面写作教学应同听说教学和阅读教学紧密结合，使之互动，在认识上由辩证思想作指导，以达到由听说读促写的教学效果。笔者在日常家教及个人的学习经验中总结出一个较为实用、效果明显的操作环节——"听说读写四结合教学模式"，即让学生先"听说读"后"写"的教学模式。这种教学模式以克拉申的“输入假说”和斯温纳的“输出假说”为理论依据。在本文中，作者进一步探讨了如何在英语教学中使用“听说读写四结合教学模式”，这一教学方法有效地提高了学生的英语写作能力。

2.“英语听说读教学与写作相结合”在英语写作教学中的重要性

根据语言习得理论，学习者在学习时常先通过听和读吸取语言知识，从而了解别人的思想，再通过说和写来表达自己的思想，让别人了解自己。大量的听说训练能促进学生写作能力的提高，而多阅读则是学生接触英语语言材料、接受信息、活跃思维、增长智力的一种途径，同时也是培养学生英语思维能力、提高理解力、增强语感、巩固和扩大词汇量的一种好方法。下面，作者将逐一阐述听说读教学与写作教学的关系。

2.1 “听说教学与写作相结合”是英语写作的必备条件

“听说”同写作有着血肉关系，“听说”教学在整个外语教学中占有十分重要的地位。人们往往把“听说”教学放在掌握语言、运用语言的首要地位，故有“听说领先”一说。美国外语教学法专家 W. M. Rivers 和 M. S. Tamperly 对以英语为母语的成年人在“听说读写”四个方面的交际活动作了调查，结果表明“听”占语言交际活动总和的 45%，“说”占 30%，“读”占 16%，“写”占 9%，这说明了“听说”能力培养的重要性。因此，我们把“听说”同写作联系起来，可以用“听说”促进写作。

首先是“听”。为什么说“听”对“写”其实是有帮助的呢？因为在听力中，听者识别语段中的重要信息并进行简单的推断时，可以训练写作语言归纳的能力；在根据所听的内容做笔记时可以进行写作选材能力的训练；在根据话语中的线索把相关事实和信息联系起来的训练中，可以进行列提纲的训练；在听故事时可以学习对人和物的描写等等。在人类交际活动中，主要是靠“听”来实现目的，我们“听”广播、“听”报告以及讨论和交谈都是通过“听”在进行交际。教师通过训练学生把听到的东西记录下来，组词成句、成文，就可以培养写作能力。在听的过程中，可以加深对词汇的理解、记忆和运用。我们在教学中让学生做英文笔记以及做后续的文字处理，达到“听”与写作相结合的教学目的。实际上，在使用此方法之前，学生们把听说课和写作课看成是毫不相干的两件事，孤立起来，经过“四结合教学”方法的训练以后，认识转变了，进步很快，同时意想不到的是英语写作居然也促进了中文写作。Krasen(1989：441)认为“一个学习者所获得的能够理解的听力、文字方面的语言信息输入越多，他的语言信息输出的能力就越强”。由此我们不难看出，只有通过大量的、经常的、有意识的输入，写作者才会有源源不断的输出。因此，听力和写作是两项相对独立，但相互依赖、相辅相成的技能。

然后是“说”。传统教学法中，教师虽努力试图通过各种途径来提高学生的写作能力，但收效甚微。学生不知写些什么，如何去写，没有写作的热情和信心。可是我们不得不考虑到提高英语写作的根本出路在于强调英语的“说”，训练学生使用“说”英语。如，教育部2007年《大学英语课程教学要求》明确提出要求提高学生英语交流沟通的能力。实践证明，只要学生能说得出来，他/她就能写得出来，所以训练“说”其实就是训练“写”。具体操作是这样的，首先为学生安排口语课，请学生进行口头交流，在观察的基础上练习说话。在口头表述的过程中，不同的学生有不同的思路。对有创意的回答，教师要抓住契机，鼓励学生开动脑筋、大胆想象、积极交流。老师在动态的口语交流中不仅培养学生的听说能力，而且要在不断地归纳、分辨、评价中发展思维，提高思维组织能力，促进学生写作能力的发展。比如，上完口语课以后，要求学生写出小结或小论文。也就是说，在第一课堂上，老师根据某一堂课的口语内容进行写作指导，把有关词汇、写作线索告诉学生，具体写的过程要求学生在第二课堂完成。

实践证明，多数学生在学习写作初期，都有面对题目束手无策的经历，他们往往是冥思苦想半天，仍想不出写什么或不知道从何入手，即使写出几句话，也是词不达意，逻辑混乱。因此，本文作者认为，内容贫乏是学生英语写作中的一个问题。所以，在教学中不妨围绕中心话题，借助上述“听说”的训练，逐步“写”好文章。所以说，“听说教学与写作相结合”是英语写作的必备条件。

2.2 “阅读教学与写作相结合”是英语写作的关键

阅读可以使学生吸收大量的语言材料以及相关的文化背景知识，使他们对于跨文化有更好的了解，更有利于消除他们写作时可能面临的一些文化障碍。学生的阅读材料应包罗万象：诸如多元文化的书、多种写作类型的书、有关综合技能的书以及多种题材和体裁的书等都要读，这些阅读材料可以增加学生的阅历并丰富他们的个人体验。此外，学生通过阅读可以在上下文具体的语境中体会语法的用法，而不只是在语法课上听教师讲解枯燥、乏味的语法知识，这就是所谓的附带学习。这样，纷繁复杂的语法知识在阅读的过程中，被读者欣赏并加以吸收，化难为易，有效地抑制了学生写作时语法方面的羁绊。因此，将“读”和“写”相结合，以阅读内化写作，可以不断提高学生的学习兴趣，从而促进写作能力的提高。

大家都知道，阅读是人们获取信息、了解世界、加强词汇记忆和应用的重要途径。大量阅读原文，可为写作积累宝贵的知识和文化资源，是提高写作质量的保证。在阅读教学中，我们对词汇、语法、语义、修辞、语用均给予必要的引导。这样可以使学生渐渐习惯利用所学的语言材料练习写作。我们抓住阅读这个教学环节，让学生把读到的东西进行重新组合，则可促进英语写作。我们的做法是在第一课堂上老师讲解语言点时，要重视语篇教学，和学生一起总结出课文的中心思想和段落大意。同时还应把有关英语写作的格式、步骤、方法、套路、缩写和摘要的写作特点、英语文体的若干特点等等，都要交代清楚。读完每篇课文后，都要求学生在第二课堂上写一篇摘要笔记。另外，让学生利用第二课堂时间查阅与某一课文内容相似的、发表在国际杂志上的文章，老师可提供有关资料，也可选用原版文章作为临摹本，进行临摹写作。一般来说，非英语国家的专业人员撰写英文文章大都经过这样的一个步骤。具体写作过程要求学生在第二课堂完成，以学习小组为单位先互相批改、挑错，最后，交给老师批改。老师点评典型论文，加深学生对写作过程的了解。

在英语教学中采取“以读促写、读写融合”的教学模式不但可以提高英语写作水平，同时也能够进一步提高学生的阅读能力。在教学过程中，教师要处理好读前、读中和读后三个环节中的读写教学关系。不少学者都提到了对过程教学法的灵活运用，提出“能够适当地与其他教学法一起使用就可能会取得更好的效果”。在选中某一题目写作时，如果学生阅读过与题目相关的英语材料，写作效果会更好，这似乎是毋庸置疑的。因此，在写作课上，采取先阅读、后写作的方法，会使写作水平在短时期内有大的提高。现在多媒体教学和网络为我们提供了加入阅读的可能性，网络上可以即时搜索最新的资料用于阅读，多媒体又为我们提供了即时展示给学生的可能。于是教师提供给学生的资料也应该是最新的、学生乐于接受的内容，便于学生融会贯通，以提高英语学习效果。

3. 结束语

本文尝试将听说读加入到英语写作过程教学法中去，有效地改善了教师在课堂中的主导地位，使课堂教学能更加顺利地进行；同时也提高了学生自主写作的动力和元认知能力。作者近几年的家教和个人实习经验证明，这种以听说读促写的教学方法有效地提高了学生的写作能力和写作水平。无论是听说教学还是读写教学，学生应该始终是课堂学习活动的主体，教师应注重培养学生英语思维能力，让他们更多地自主学习，给他们独立思维的时间与空间；让学生在学习中养成用正确的英文表达的习惯，以达到英文思维的意识和规范流畅表达的目的。学习一门外语时必须把语言输入和语言输出相结合，在两者的循环往复之中，我们对一门外语的认识才能不断上升和提高。经过分析可见，把写作技能与其他技能孤立开来进行训练的模式违背了语言的输入输出假设和马克思主义哲学认识论的规律。相反，只有把输入性技能与输出性技能有机结合起来，这才符合语言习得的规律，提高语言习得的效率。而在英语的四项基本技能中，听和读是输出性技能，而说和写是输入性技能。所以，作者旨在将输入与输出结合起来，使它们相互促进，以达到提高学生英语综合能力的目的。

参考文献：

Belanger，J. 1987. Theory and research into reading and writing connections：A Critical Review[J]. Reading-Canada Lecture，5(1)，10－18.

Elbow，P. 1973. Writing without Teachers[M]. New York：Oxford University Press.

Goodman，K. & Goodman，Y. 1983. Reading and writing relationships：Pragmatic functions[J]. Language Arts，60(5)，590－599.

Krashen，S. 1985. The Input Hypothesis：Issues and Applications[M]. New York：Longman.

Krashen，S. 1982. Principles and Practice in Second Language Learning[M]. Oxford：Pergamon Press.

陈立平，李志雪. 1999. 英语写作教学：理论与实践[J]. 解放军外国语学院学报（1）：66－69.

丁往道. 2001. 英语写作基础教程[M]. 北京：高等教育出版社.

胡壮麟. 1994. 语篇的衔接与连贯[M]. 上海：上海外语教育出版社.

李诗平等. 2002. 高级英语写作[M]. 湖南：湖南人民出版社.

李明林. 2000. 语篇分析在高师英语精读课上的应用[J]. 山东师大外国语学院学报(3).

刘晓红. 1998. 大学英语精读课及写作能力的培养[J]. 陕西师范大学学报（27）：188－189.

刘润清，韩宝成. 2002. 语言测试和它的方法[M]. 北京：外语教学与研究出版社.

文秋芳，郭纯洁. 1998. 母语思维与外语写作能力的关系[J]. 现代外语（4）：44－56.

文秋芳. 2004. 英语口语研究与测试[M]. 陕西：陕西师范大学出版社.

文秋芳. 2001. 应用语言学研究方法与论文写作[M]. 北京：外语教学与研究出版社.

中华人民共和国教育部. 2003. 高中英语新课程标准(实验稿)[M]. 北京：人民教育出版社.

词汇性语意协商在文字聊天和视频会议中的应用

首都师范大学　邓利华　朱　丹　杨　薇

摘　要： 文字聊天和视频会议等实时交流工具为外语学习者提供了即时语言文化交流的机会。中日两国大学生的文字聊天记录和视频录像证实文字聊天和视频会议均能促进外语学习者针对未知词汇进行语意协商，从而在文化交流的过程中自然习得相关词汇。此研究表明相对于视频会议，文字聊天更能有效促进词汇学习，同时也为相关教学提供了有效建议。

关键词： 文字聊天；视频会议；语意协商；词汇性原由

1. 研究背景

计算机网络技术的发展使越来越多的中国学生获得了与其他英语学习者进行实时计算机辅助交流的机会。常见的实时交流工具包括文字聊天(text chat)和视频会议(video conferencing)。如何有效使用文字聊天和视频会议等新型交流工具成为外语教师面临的新挑战。近年来有关计算机辅助交流与第二语言习得关系的研究大部分是以互动假设(the interaction hypothesis)为理论依据的。语意协商(meaning negotiation)是互动假设中的重要概念，通过协商，学习者明确各自要表达的意思，进而学习到新的词汇与文化知识(赵婴，2011)。作为语意协商的第一阶段，原由具有重要意义，而词汇性原由可引发对未知词汇讨论。因此，探究词汇性原由可以深入考查两种交流方式的特点，并从全新角度研究词汇学习。本研究基于首都师范大学英语教育专业与日本早稻田大学政治经济学专业合作开设的跨文化交流课程“Cross-Cultural Distance Learning (CCDL)”，所讨论的问题是：

第一，语意协商中词汇性原由在文字聊天和视频会议中有何异同？

第二，如何在教学中更有效地利用这两种实时交流工具促进英语词汇学习？

2. 研究设计

2.1 受试

跨文化交流课程“Cross-Cultural Distance Learning (CCDL)”在中日两校均为本科一年级选修课，2011年春秋季学期选修CCDL课程的中日学生自愿参加了本项研究，其中中国学生54人，日本学生51人。通过比对中国学生的高考英语科目成绩和日本学生的入学考试英语科目成绩，认定参加研究的两国学生英语水平基本相当。

2.2 研究过程

中日受试各自分小组，每组3至6人，以组为单位每周用英语进行两次文字聊天和两次视频会议。话题由各组讨论决定，应与各国文化有关。中日各小组交错参与文字聊天与视频会议，交流对象不会重复，交谈内容不会雷同。文字聊天使用早稻田大学自行开发的Live On网络平台。本研究为了将文字聊天和视频会议进行比较，将Live On的使用限定为键盘输入。视频会议使用的平台是Sony Conference System。这一平台支持远程实时视频和音频交流，但无法用键盘传输信息。

2.3 交流内容的收集和分析

文字聊天结束后研究者将交谈内容存盘。存储的文本(以下简称“文字文本”)，经初步分析，计算引发语意协商的词汇性原由的数量与种类，分析过程中不对文字文本做任何改动。视频会议由非线性编辑系统录制高清视频，通过回放视频，研究者依据文本转录技巧“orthographic transcription techniques”(Harvey，1974)将受试的谈话记录下来，非语言性内容用中文在括号内标出，形成文本(以下简称“视频文本”)，并统计引发语意协商的词汇性原由数量与种类。两种交流方式总时长均为22小时左右，但由于文字聊天中受打字速度影响，两种交流方式的转录总字数存在一定差距，视频文本略多。

文字文本和视频文本均依据“语意协商模板”(Smith，2003)进行分析。如图1所示，一次语意协商可包括“原由(T)”、“提示(I)”、“反馈(R)”、“对反馈的反应(RR)”、“确认(C)”和“再确认(RC)”6个阶段。“原由”是指交谈中引起理解困难的问题；“提示”即交谈者明确表示理解有困难；“反馈”是对问题的解释；“对反馈的反应”即表明对解释认同或不认同，若不认同可能需返回上一阶段对问题再做出解释；“确认”是交谈者相互确认问题已解决；“再确认”即再次确认问题已解决并准备恢复语意协商之前的话题。

原由(T)→提示(I)→反馈(R)→对反馈的反应(RR)→确认(C)→再确认(RC)

图 1　语意协商模板

例 1：一次完整语意协商的六个阶段(文字文本)

(T)　J1：My favorite sport to play is softball and to watch is girl's volleyball.

(I)　C1：What's the softball means?

(R)　J1：You don't know softball? It's like baseball but different. It's an American sport like baseball.

(RR)　C1：Oh I see. In China it is not popular；even it is rare.

(C)　J1：Oh，you should see once！It's very interesting.

(RC)　C1：Yeah，I will try.

如例 1 所示，这是一次完整的语意协商，共包括 6 次发言，C1 和 J1 各 3 次。中国受试(C1)在和日本受试(J1)通过文字聊天谈论 softball。交谈中，softball 成为引发语意协商的缘由，引起了 C1 的提问，提示对方理解出现了困难。J1 随即给出解释。对于 J1 的反馈，C1 的反应显示她已经正确理解了单词，并说明了不熟悉这个单词的原因，J1 之后又给予回应。问题解决，本次语意协商到此结束，C1、J1 回到原来谈论的话题。

"语意协商"中的原由(T)部分可分为词汇性缘由和非词汇性，分别是指交谈中对词汇有疑问而产生的问题以及对除词汇以外其他方面有疑问而产生的问题，鉴于非词汇性原由更多涉及交流内容及交际技巧的运用而非词汇学习，本研究侧重对词汇性原由进行调查分析。

3. 研究结果

3.1　文字聊天和视频会议中语意协商的词汇性原由分析

通过对转录文本中词汇性原由使用次数及种类的分析和计算，得出的结果如表 1 所示：

表 1 文字聊天和视频会议中语意协商中词汇性原由统计

文本形式	词汇性原由出现次数		
	词义性缘由	非词义性缘由	总计
文字文本	32(66.67%)	16(33.33%)	48(100.00%)
视频文本	21(38.18%)	34(61.82%)	55(100.00%)

词汇性原由可分为词义性缘由和非词义性原由，词义性原由是指交谈中对词汇的含义有疑问从而产生的问题，非词义性原由则是指交谈中对词汇其他方面有疑问而产生的问题。由表 1 可知，文字文本中的词义性原由的使用多于视频文本。

3.2 文字聊天和视频会议中语意协商的非词义性原由分析

非词义性原由可进一步分为拼写与发音两类，如表 2 所示：

表 2 文字聊天和视频会议中语意协商中非词义性原由统计

文本形式	非词义性原由出现次数		
	拼写	发音	总计
文字文本	16(100.00%)	—	16(100.00%)
视频文本	—	34(100.00%)	34(100.00%)

拼写指交谈过程中对词汇的拼写有疑问而产生的问题，如例 2 所示：

例 2：(文字文本)

(T) J1：Is there any other traditional food in China?

C1：Damplings.

J1：Damp.... What is the food?

C1：In Spring Festival，almost very family eat damplings together.

J1：I see. I love Gyoza! I love damplings!

在此次语意协商中，C1 错将“dumpling”一词拼写成“dampling”，使得 J1 无法正确理解该单词，进而询问词义，进行语意协商；“dampling”一词的错误拼写即为非词义性缘由。

由表 2 可知，拼写为文字文本中特有的非词义性缘由。

发音指交谈过程中对词汇的发音有疑问而产生的问题，如例 3 所示：

例 3：(视频文本)

(T) C3：In fact，I like Japanese cartoons. Err，do，can you introduce some to me?(停顿 3 秒)

J1：Japanese culture...？

C3：Japanese cartoons.（与下句中“the most”同时说出）

J1：The most（与上句中“the most”同时说出）famous（向后弯腰）culture?

C3：Cartoon. Japanese cartoon.（与下句中“cartoon”同时说出）

J：Cartoon.（所有学生一起与上句“cartoon”同时说出）

J1：Oh. Yes.

在此次语意协商中，C3“cartoon”一词的发音不够准确，使得J1错将单词听为“culture”，在C3重新发音后J1仍然无法辨识出该单词，再次提问求证，进行语意协商；“cartoon”一词的错误发音即为非词义性缘由。

同样的，由表2可知，发音为视频文本中特有的非词义性缘由。

3.3　文字聊天和视频会议中语意协商的词义性原由分析

类似于非词义性原由，词义性原由可进一步分为名词和非名词两类，如表3所示。

表3　文字聊天和视频会议中语意协商中词义性原由统计

文本形式	词义性原由出现次数			
	名　词		非名词	总计
	专有名词	普通名词		
文字文本	8(25.00%)	22(68.75%)	2(6.25%)	32(100.00%)
视频文本	5(23.81%)	16(76.19%)	0(0)	21(100.00%)

在词义性缘由中，引发疑问的名词又可再细分为专有名词和普通名词，其中专有名词多指人名、地名等词汇，而普通名词则多指体育、食物等一些日常生活词汇；非名词指引发疑问的词汇具有除名词以外的其他词性，如例4所示：

例4：（文字文本）

（T）　C1：The classes in LA is very relaxed and free!

J1：Nina，is that so? what do you mean by free?

C1：No no the time is free.

J1：Oh haha.

C1：Not the fee!

在此次语意协商中，C1使用具有多种含义的形容词“free”进行表达而未做进一步说明，使得J1对此单词的意思产生疑问，进而引发语意协商；由此可见，形容词“free”即为词义性原由中的非名词。

由表3可知，文字文本中词义性原由数量更多，引发文字聊天和视频会议语意协商的词义性原由多以名词为主，并且普通名词较专有名词占更大比例。

4. 分析与讨论

由第三部分中的数据和示例不难归纳出文字聊天和视频会议中语意协商中词汇性原由的以下特点，(1)拼写和发音此类非词义性原由分别是文字聊天和视频会议所特有的进行语意协商的词汇性原由；(2)对单词意思的讨论，即由词义性原由引发的语意协商，相较于视频文本更多地存在于聊天文本之中；(3)两种交流方式对未知词汇的讨论多集中于普通名词上。

上述的研究证明文字聊天和视频会议中均存在由词汇性原由引发的语意协商，即二者均能激发学生间对于未知词汇意思的发现与探讨，有利于学生主动察觉并学习英语词汇，可以起到促进英语词汇教学的作用。并且，相对于视频会议快速且不可回溯的信息呈现方式，文字聊天的形式能更直接地发现未知词汇并更有效促进词汇学习。

在实际教学过程中，为了更有效地利用这两种实时交流工具促进英语词汇学习，教师们应当注意以下几点。

第一，文字聊天和视频会议均能有效帮助学生学习英语词汇，但两者各具特点，因而教师应根据实际教学情境合理安排利用以优化学习效果。

第二，两种交流方式所特有的非词义性原由，即拼写和发音，多出现在专有名词的介绍中，虽然对学生发现未知词汇有一定帮助，但更多时候影响理解，浪费交流时间，并且学生对专有名词的解释一般也只停留在最浅层的基本词义上，进而丢失了在阐释文化内涵过程中学习相关普通词汇的机会。针对此问题，教师应要求学生尽量减少使用此类原由，并采取有效措施减少此类干扰，如在交流中使用英文名，简化某些专有名词等，也应鼓励学生精讲内容，并且引导学生在讲解过程中多注意对方学生的反馈，及时给予解释与答复。

第三，针对两种交流方式中存在的有原由、提示而无回应问题，在视频会议中，建议教师可适当增加时长并引导学生适度放慢语速，延长句间停顿，使双方可以有效沟通，及时解决交谈中出现的问题。而在文字聊天中，由于人数较多、周围环境有时比较喧闹，此类问题发生的频率更高，建议教师可更改为一对一聊天的模式，此种交流方式有利于话题的深入以及及时发现并把握未知词汇的准确含义，但若注重交流技巧的学习，则应适当增加聊天人数。

参考文献：

Brain，S. 2003. Computer-mediated negotiated interaction：an expended model[J]. The Modern Language Journal(87).

Sacks，H. Schegloff，E. & Jefferson，G. 1974. A simplest systematics for the organization of turn-taking for conversation[J]. Language(50).

赵婴．2011. 文字聊天和视频会议对英语口语交谈策略影响的一项对比研究[J]. 电化教育研究(10).

赵婴，邓利华．2012. 文字聊天和视频会议对语意协商的影响[J]. 现代教育技术(5).

“完整情景”中的“完整语言”教学模式

——在理论和实践中探讨艺术院校大学英语教学模式

中央美术学院　邓小燕

摘　要：从理论和实践的角度，对艺术院校大学英语教学模式中“完整”理念即整体语言理论的体现加以阐述，表明教学模式中渗透的“整体性，主体性，交际性”特点对学习者在语言输入到输出的过程中提高语言综合能力及交际能力起到了积极的作用。

关键词：大学英语教学模式；完整理念；整体教学理论

由于艺术院校的专业特点比较突出，学生学习外语的状态和学习效果与文理工科院校相比差距较大，因此如何提高学生的学习语言的积极性和学习效果，是探索适合艺术院校学生学习的教学模式，是艺术院校大学英语教学改革面对的突出课题之一。国家《大学英语课程教学要求》也很明确地提出“培养学生的英语综合应用能力，特别是听说能力……”因此，如何提供富有意义的语境来激发学生运用英语交流的兴趣，如何融合语言的各项技能从整体上实现学生英语综合能力的跨越，是本文的关注点。本文标题中的“完整”是基于整体语言理论的理念。

1. 整体语言教学理论的概念和特点

1.1　整体语言教学理论的概念

整体语言教学理论(whole language approach)源于美国、加拿大等国的中小学母语教学，是在对儿童在自然的环境中如何习得语言的观察和研究基础上建立发展起来的，近年来也被应用于一些国家的第二语言或外语教学。它的理论基础是语言习得和自然发生的读写能力以及相关学科如心理语言学、认知和发展心理学、社会语言学、教育学以及人类学等的知识。

整体语言观是一种关于学习的理念系统，涉及在课堂和学校如何才能培养学习能力的问题。它认为语言学习不能分割成意义上互不相关的技能，语言是作为一个整体看待。整体语言教学的目的是让学生能够主动地、有意义地、持久地学习，而不是教师在课堂上填充式地直接讲解，或让学生被动地重复课文中或教师讲解中已经提出的信息。学生的读写技能和策略是在整体的、真实的读写事件的语境中发展起来的。读写技能的培养渗透到整个课程计划中，甚至与学生的整个生活综合在一起。整体语言教学并不是一个静态的实体，而是随着教学环境的变化和教师教学经验的积累而逐渐发展起来的促进学生整体学习的一种哲理。

1.2 整体语言教学理论的特点

(1)整体性。整体性是语言的基本特征之一，主要体现在以下几个方面：第一，学生整体，即教学要以学生为中心。第二，教材整体。教材是指课堂教学的内容而不是课本，它的出发点是把听、说、读、写等几个语言技能看作一个整体，而不按技能分别培养。第三，理解整体。语言材料是表达一定意义的整体，意义最初是一个整体，不理解其整体，意义就会失真。因此，理解整体除以知觉感知培养语感外，还可抓住语言材料的内部联系，从而掌握整体。

(2)交际性。整体语言教学重点是培养和训练学生的学习能力，而不是单纯的语言知识学习。它强调利用语境和情景感知语言，理解语言，并运用语言，倡导听、说、读、写等技能的综合运用。

(3)主体性。整体语言教学要求课堂教学以学生为中心，教师的作用是指导学生进行各项活动。它体现了教师为主导，学生为主体的双向教学原则。在这样的课堂里，"教师中心"让位于师生的"共同活动"，它能最大限度地激发学生对英语的自觉爱好，有利于学生获得驾驭知识的本领。

以上三个特点概括了整体语言学习是一个"完整的学习者"在一个"完整情景"中学习"完整语言"。它强调对语言、学习者以及教师的尊重；学习的重点是真实的言语及语篇的"意义"，而非语言本身；整体语言鼓励学习者为了自身目的勇于尝试各种语言活动。正是在这种语用功能及交际功能的激励下，笔者将这些"完整"的理念渗透到大学英语教学模式中。

2. 大学英语教学模式中的"完整"理念

2.1 尝试完整的教学模式——主体性特点的体现

艺术院校学生对文字性资料的敏感度和兴趣性相对弱些，故对于语言的输入不在积极的状态中，但他们对于图形化的视觉信息却很专注。虽然艺术类学生有某种倾向性的发展模式，但每个学生均有自己的智力优势，独特的学习作风，不同的生活体验和策略上的具体学习方法。因此，用预先规定的方法来进行课堂教学并期望学生有所发展并不现实。经过多年的教学探索，笔者认为可以采用交易性模式来组织教学。交易性模式(transactional model)与传递性模式(transmissional model)(Weave 1990)相对，它指学生主动地参与同外部环境做交易，这种环境包括人和书籍，包括课堂内外。它体现“以学生为主体”和“以学习为中心”的整体语言教学理念。这种教学模式能使学生沉浸在一种鼓励自我在感情上投入到学习任务中的氛围里，能给学生提供更多的学习机会，从而让学生来选择那些自己最感兴趣并富有挑战性的学习任务。一旦学生完成学习任务后，在内外驱动机的影响下，表现出对学习的积极性和主动性，教师就可以向学生提供恰当的帮助以促进他们深入地学习。在完整的课堂学习过程中，教师要创造一种使学生敢于冒险而不怕失败的学习气氛。L. Calkin，在 *Art of Teaching Writing* 一书中提出坐标方格(grid)，用来阐明交易性模式及整体语言教学同其他的教学模式的区别：

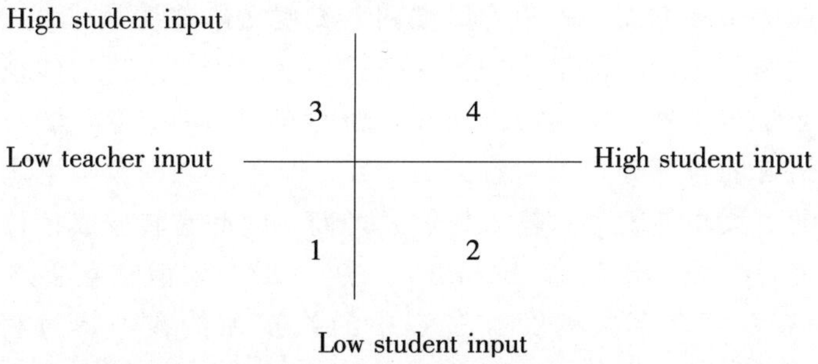

图 1　教育的对立模式：学生/教师输入(Calkins 1986：164)

上图共有四个扇形体，其中扇形体 4 是指“高学生输入，高教师输入”。这种模式代表理想的整体语言教学(戴炜华，2001)。整体语言教学对学生的期望很高，其目的就是引导学生积极、主动地学习，促进学生大量参与具有真实目的的学习活动，从而能使学生扎实地培养自己的语言能力。同时，对教师的要求很高，教师要充分备课，将美术专业英语融入日常教学中，尽可能吸引学生参与课堂活动，一旦学生出现困难，就对学生提供积极的帮助和支持，并要根据课堂情景的变化而随时修改自己的教学。在这种教学模式的鼓励下，学生表现为浓兴趣、高输出。教师要始终坚持与学生的互动，注意与学生的思想与情感的双向交流，采取各种方式(如现代化教育技术)引导学生进行自主思维，形成自主学习的习惯。

2.2　创设完整的交际语境——交际性特点的体现

语言学习/习得与社会知识密切相关，因此，它就不可避免地会通过各种现实的活动在各种语境中发生，而语言的各种技能的培养也穿插在各种活动中。大多数外语学习者的周围不可能有一个与其配套的环境，他们的主要学习环境是在课堂上，因此，教师在课堂教学中尽量要创设较为自然的，联动听、说、读、写等各种技能的语境。而课堂教学的主要语料是以主题单元为主的语篇，所以教师要利用主题单元语篇来构建语境，旨在引导学习者积极、连贯地参加所有的学习活动。创设语境的关键首先是主题要在学习者的兴趣和认知能力范围内，才能引起他们的共鸣；在活动设置上，尽量围绕听、说、读、写和译等方面环环相扣，循序渐进地设计输入和输出链接（比如视听短片→刺激原有知识记忆→有感而说→主题单元阅读→内化吸收后产出→说、写和译）。虽然不同的活动会有不同的内容，但只要它们同属于一个主题，内涵相互关联，就能给学习者提供连续的语境，加深他们对主题内涵的了解。随着主题的展开和深入，在学习者的思维系统中，一种由主题学习到主题表达的语境便逐步地形成了。主题单元的语篇也不局限于教材，可以建立相关主题语料库，来丰富教学资源以此提供多方面、多角度思维和多类型文体鉴赏。

这种将主题单元学习情景化的教学模式是整体语言理论的体现。情景创设实现了课堂教学与课外自主学习的交互，新旧知识间的交互，学习者内外语境间的交互，语言的各部分与篇章意义的交互，学习者之间及师生之间的交互与协作。交互的一大功能就是对输入作意义磋商，因此常转变成一种对交互者话语的修改过程，……（Swain & Lapkin，1995：373），但交互必须有真实的需求，因为“只有发生在真实的交互过程中的修正才能在习得过程中起作用”（Nuan，2004）。

2.3 实施完整的语篇教学及建立完整的测试评价系统——整体性特点的体现

2.3.1 实施完整的语篇教学

整体语言理论原则之一是学习的过程是从整体到部分再到整体。在课堂上实施整体教学的途径主要是通过语篇（教材中主题单元课文）教学来完成，语篇整体教学可以分为以下三个阶段，即整体→部分→整体。整体指从表达完整意义的整体内容入手，通过分析句间和段间的联系，捕捉重要语言线索，把握全文中心思想和关键意义信息；部分指在对整体意义理解的基础上深入理解课文，掌握语言点；整体指综合运用所学语言在创设语境中进行交互活动。

第一阶段，整体阶段。首先运用略读捕捉重要语言线索，把握全文整体内容（中心思想和与中心有关的信息）。在此过程中，利用语篇知识、背景知识、结构标识等有助于预测、理解文章。教师要引导学生掌握不同文体的宏观语篇模式。其次，教师须引导学生掌握微观语篇分析的主要内容即衔接和连贯。Halliday 和 Hasan（1976）认为语篇构成的关键在于句子内部各成分及句子之间的衔接关系。衔接是语言表层、形式上的连接，而连贯是语言深层的、意义上的连接。掌握了语篇连接功能和衔接手段，有助于了解语篇的推进模式，理清作者思路，完整把握语篇的信息。在教学中要总结出某一类语篇结构上的共同特征，在学生头脑中建立图式。使学生能根据文章标题、插图、反映语篇内容的关键词汇以及与已知主题相关的语料对文章进行预测和总结。

第二阶段，部分阶段。这是关于意义和语言细节的微观分析。首先，在引导学生整体阅读文章的过程中帮助其主动发现、归纳和总结语言规律；观察语境，辨别词汇意义和句法特征以及理解中外文化及表达的异同；分析长句、难句的结构，观察、总结语法现象。其次，还要解决专业术语、文化习俗疑难，语言障碍(包括根据上下文语境猜词意)。最后，将词汇、句法层面的新语言点融入整体语篇分析中，以利于文章内容和篇章结构的掌握。

第三阶段，整体阶段。首先，在宏观层面引导学生总结文体特色，分析语篇模式，以促进整体理解。然后结合文章进行听、说、读、写和译的训练。比如可以用提问的方式归纳中心，所问问题紧扣主题，步步深入。还可以要求学生对文章篇章结构、段落大意及中心思想进行讨论，通过生生、师生等多向交互活动加强对文章的理解和语篇特点的掌握，也可依据关键词或要点等复述文章。整个过程既要理解也要表达，既要输入也要输出，最大限度地将文章的“枝节”语用化和情景化。

语篇整体教学的特色是：全方位的输入和输出，语言各种技能运用并重。教学以学生为中心，遵循教学双边活动规律，充分调动学生参与的积极性。但要求教师精心设计各项实践活动，将语言学习融入语用活动中以培养学生的语言交际能力。

2.3.2 建立完整的测试评价系统

教学中经常采用的终结性评价手段因其片面性、非公正性给教师和学生都带来了一定的负面影响。因此，教学过程中的形成性评价手段，应纳入到大学英语的教学过程中，并成为整个评价体系中的一个有机组成部分。其次，改革目前按学期设置等级的评价标准。中国外语教育研究中心的许多学者认为，应该制订高校学生英语能力标准，然后根据不同的能力标准设置不同等级的考试(刘润清、吴一安等，2002：410)。另外，在测试内容上，应适当改变传统的以语言知识和结构为纲的英语测试模式，要以现代语言测试为指导，大量采用能够体现交际性特征的交际语言能力测试模式，全面综合地考核学生的语言运用能力，特别是跨文化交际能力，让测试真正为教学服务，更好地推动教学，体现良性的反拨作用。

总之，在整体语言教学模式下，教师在评价学生的英语水平时，应体现多化元、全方位的评价理念：坚持人文、语言知识测试与其他素质测试相结合；定量评估与定性评估相结合；交际性测试与书面测试相结合；课堂即时性评价与形成性评价相结合；自我评价与他人评价相结合；形成性评价与终结性评价相结合；主观评价与客观评价相结合。

3. 理论运用到实践后的反馈

为了验证以上教学理论的可行性，笔者选择所教的两个班级共 80 人(均为本校设计学院建筑专业二年级学生)做实验。选择原因是他们在以前未接触过整体语言教学法，那么就会有助于实验对比。经过一学期的教学实验，在课堂上分别运用以上体现“主体性、交际性和整体性特点”的整体教学法和评价方式后，对实验对象进行调查问卷，了解一学期实验后的体会。以下是问卷结果：

单位：人

调查内容	调查结果			
	帮助很大	有一定帮助	认为一般	帮助不大
1. 和以往的教学法相比，这种整体教学法对你学习的帮助	20	43	12	5
2. 课堂中情景的创设有助于语言综合能力的提高	19	51	10	0
3. 语篇整体分析对提高阅读能力的帮助	15	57	6	2
4. 课堂活动有助于“听力”的提高	13	49	14	4
5. 课堂活动有助于“说”的提高	18	44	15	3
6. 整体语篇分析和课堂活动对写作的帮助	20	47	13	0
7. “听、说、读、写”哪一项的帮助最大	听	说	读	写
	16	26	22	16
8. 对评价形式的赞同	所有学生赞同			

以上结果显示，在“帮助很大”及“有一定帮助”两栏，学生占的比例最大，说明学生对整体语言教学法持肯定态度，认为它有助于提高学习兴趣、语言综合能力特别是“听说”能力。全方位、多角度的评价体系也调动了学生的积极性，体现了公平原则。因此，这种以听、说、读、写、译互促来拓展语用功能，以“学生为中心”的整体语言教学理论是值得在大学英语教学中借鉴的。

4. 结语

大学英语教学中的“完整”理念是对整体教学理论的“完整”体现。无论从理论上还是在实践中，都能给学习者提供实践和提高语言综合能力的语境，启发其积极思考，唤起其习得语言的热情，鼓励其勇于“冒险”，培养其合作互助精神，使语言知识的传授融于语言活动，语用能力的习得渗透在语言知识的学习和实践中。

参考文献：

Calkins. L. 1986. The Art of Teaching Writing [M]. Portmouth，N. H. ：Heinmann.

Edelsky，C. 1993. Whole language in perspective [J]. TESOL Quarterly，27/3：548－550.

Freeman，Y. S & D. E. Freeman. 1992. Whole Language for Second Language Learners[M]. Portsmouth，N. H. ：Heinmann.

Goodman，K. 1986. What's Whole in Whole Language? [M]. Portsmouth，N. H. ：Heinmann.

Goodman，K. S.，Bird，LB. & Goodman，Y. 1990. The Whole Language Catalog [M]. Santa Rosa，CA：American School Publishers.

Halliday，M. A. K. and R. Hasan. 1976. Cohesion in English [M]. London：Longman Group Ltd.

Nunan David. 2004. Task-based language teaching：From theory to classroom practice [EB/OL]. http：// www. nunan. Info/.

Swain M & Lapkin S. 1995. Problems in output and the cognitive process they generate：A step towards second language learning [J]. Applied Linguistics，16(3)：371－391.

Weaver C. 1990. Understanding Whole Language：From Principle to Practice [M]. Portsmouth，N. H. ：Heinmann.

戴炜华．2001. 关于整体语言教学 [J]. 外语界(1)：32－36.

教育部高等教育司．2004. 大学英语课程教学要求(试行)[T]. 上海：上海外语教育出版社．

刘润清，吴一安等．2002. 高校英语教学改革笔谈(六篇)[J]. 外语教学(5).

卢凌．2002. 关于整体语言教学的研究报告 [J]. 教育研究(6)：431－435.

王燕．2008. 用整体语言教学理论指导高校英语专业教学 [J]. 理论界(1).

英语专业二年级学生口语交际意愿的个案研究

首都师范大学　李懿然

摘　要：本文通过梳理近年来二语课堂交际意愿的研究成果，综述了影响大学生交际意愿的主要因素，其中包括：学习动机、二语交际焦虑和自我感知交际能力。本研究针对一个班级的英语专业二年级的口语课进行了一个学期的追踪研究。希望本文报告研究结果对教师了解学生语言习得、提高学生二语交际能力有一些启示。

关键词：交际意愿；二语习得；交际能力

1. 文献综述

交际意愿这个概念起初是由 McCroskey 等人提出的，指的是在母语交际中，在给予机会的情况下愿意与他人进行交流的倾向。交际意愿被看做是一种基于性格的、类似特征的倾向。Maclntyre 和 Charos（1996）构建了二语交际意愿模式，将交际意愿的研究拓展到二语习得领域。这一模式认为，学习者的二语交际意愿并非是其母语交际意愿的简单迁移。相反，母语和二语交际意愿存在负相关关系，因为相对于母语而言，二语使用中影响交际意愿的有关变量之间的关系更为复杂。外语交际中的第二语言交际意愿具体是指(二语学习者)使用二语在特定的时间与特定的人或群体交流的愿望。Maclntyre 等人(1998)在该模型的基础上进行探索，拟构了交际意愿探索性模式，体现了社会和个人背景，情感认知背景，动机倾向，先导因素和行为目的在影响二语交际意愿方面的相互作用。

Wen 和 Clement（2003）从中国文化出发对二语交际意愿的重新解读丰富了交际意愿的内涵。提出 4 个干预交际意愿的变量，即社会环境、动机指向、性格因素和情感意识。该模式所提出的干预交际意愿的变量因素在东方文化中具有代表性。不少研究者在该模式下对于英语专业学生的二语交际意愿进行研究。相关研究证实：学生的学习动机、二语交际焦虑和自我感知交际能力同他们的交际意愿密切相关。

1.1 学习动机

第二语言动机是指学习第二语言的学生为达到学习语言的目标做出的努力和希望，并对语言学习表现出积极的态度。动机分为两大类：融合性和工具性动机。工具性动机是外显的，常与个体的前途直接相关，其动力来自于外部世界。如大学生英语学习常常是为了备考英语四六级考试、找工作等；而融合性动机不与个体的前途或经济利益直接挂钩，它属隐性的，其动力是对英语语言或文化的兴趣。在中国传统文化影响下，大学生更愿意与朋友一起行动而不愿意独处。在英语学习时，他们更希望有明确的任务指向，通过和同学在一起完成教师布置的语言任务来学习。

不少研究证实，学习动机与交际意愿存在着相关性。樊春燕（2006）通过对海南大学三次共计 550 名大一学生的问卷调查发现交际意愿与英语学习动机呈正相关。吕生禄（2010）在对甘肃省三所大学的 217 名英语专业大三学生进行问卷调查后证实学习动机、二语交际焦虑和自我感知交际能力都对英语交际意愿产生直接影响。石运章（2008）对来自山东省三所大学的 537 名非英语专业大一及大二学生进行了定量研究，研究发现英语交际动机、英语交际能力的自我评价、英语水平的自我评价、对英语的态度对学生课堂内外交际意愿都产生了正面影响。此外，与课外相比，学生课内说英语的动机更高，态度更积极，使用更频繁。贾雪宁（2009）在对山东农业大学来自不同非英语专业的 8 名学生进行访谈后发现外语学习动机与学生交际意愿的产生有关系。被试者多数认为重视交际主要是因为专业或现实的需要。另外，动机强度也影响交际意愿，动机的强弱预示着英语交际水平的高低。

综上所述，学生的交际意愿与动机存在着正相关，即英语学习动机提高，则交际意愿也能相应提高。要想提高学习动机，进而提高交际意愿，最终提高英语学习水平，需要关注心情、任务取向、附属三方面。在此，要提高交际意愿，英语教师要注重学生的个性差异，英语课堂要以学生为主体，学生也要主动与自己小群体外的人进行交流。

1.2 第二语言焦虑

Horwitz（1991）在所用的“外语课堂焦虑量表”(the Foreign Language Classroom Anxiety Scale)中，交际恐惧是指演讲交际领域的母语焦虑，交际恐惧症(communication apprehension) 被认为是语言焦虑的一个重要因素。有关第二语言交际意愿的文献中，交际恐惧一般用第二语言焦虑这个术语来代替，Horwitz，Horwitz & Cope 认为第二语言焦虑是“语言学习过程中产生的自体知觉、信念、感觉以及与课堂语言学习相关的行为的”的直接复合。二语焦虑是指由二语习得的各方面如听力、口语、学习等所引起的紧张、恐惧的情感（Maclntyre & Gardner，1994）。

大量的研究都发现了第二语言焦虑和第二语言表现之间的负相关关系。陈薇(2006)对华中科技大学2005年暑期英语口语强化培训的2004级非英语专业的200名一年级大学生进行问卷调查发现交际意愿与个性因素和异域态度呈正相关，与课堂焦虑呈负相关。课堂焦虑最能预测焦虑水平。樊春燕（2006）的研究也证实了交际意愿与交际焦虑呈负相关。吕生禄（2010）指出二语交际焦虑直接影响交际意愿、学习动机以及自我感知的交际能力的同时，也通过学习动机、自我感知交际能力以及二语使用频率对交际意愿产生间接影响。贾雪宁（2009）在影响英语课堂口语交际意愿的因素调查与分析一文中指出焦虑是外语学习中影响非英语专业学生口语交际意愿的最大情感障碍。行为主义理论认为，外语焦虑就是个体在学习外语的过程中形成的对不适当的习惯所做出的恐惧反应。它是个体由于长期不能达到目标或不能克服障碍的威胁，使得其自尊心与自信心受挫。

教师应该在课堂中营造一个平等、轻松、和谐的课堂气氛来降低学生的焦虑感以提高学生的交际意愿。在我国大学生群体中，英语交际焦虑能预测英语交际信心，英语交际信心的水平直接影响英语交际意愿。因此，教师在教学实践中，要多让学生体验成功，增强他们的自信心，帮助他们克服焦虑，引导他们提高交际意愿。

1.3 自我感知交际能力

交际能力的自我评价和交际焦虑被认为是影响交际意愿的两个最主要的因素（Baker & Maclntyre，2000）。并且在外语课堂环境下，交际能力自评与交际意愿直接相关（Maclntyre et al.，2003）。

辛燕青（2006）通过采用自我交际能力评价问卷和英语交际的意愿问卷得到132名大一英语专业的受试者的自我评价能力和交际意愿的情况。总的来说，受试对自我的交际能力评价比较低，交际意愿比较弱。交际意愿和自我评价能力之间具有显著意义的正相关性。自我交际能力能很好地预测交际意愿。受试者对自我交际能力的评价越高，他们就更愿意在课堂上使用英语进行交际。代悦（2009）在中国非英语专业大学生外语口头交际意愿实证研究中指出受试者普遍对自己交际能力评价较低。受试者的交际意愿与其交际能力自评显著相关，且不同的环境下相关程度不同。贾雪宁（2009）在影响英语课堂口语交际意愿的因素调查与分析一文中指出对自我评价的高低决定交际意愿的强弱。总的来说，受试者若对自我的英语学习水平和交际能力评价比较低，交际意愿就比较弱。曹蕻（2011）在英语专业学生课堂英语口语交际意愿研究一文中指出影响英语专业学生的课堂英语交际意愿的主要因素有自我感觉的英语水平。一般来说，学生们越是觉察自己的英语能力强，就越愿意用英语进行交流（Asker，1994）。

针对大学生英语自我交际能力普遍评价较低的现状，大学英语教学应该强调激发学生的英语交际意愿。培养学生成为主动的语言学习者。交际意愿水平较高的学生应学会主动寻求和把握各种交际机会，参与真实的交流活动，对英语学习起到推动作用。老师对真实交际环境的营造还需多下工夫。成功会提高交际自信，课堂上，教师要注意学生的心理，尤其是对于那些英语交际意愿不高的学生，更要多关心多指导，给予学生更多说的机会，多让学生体验成功，多鼓励多表扬，增强他们的自信心，引导他们提高交际意愿。帮助他们克服二语焦虑，增强交际自信，最终通过促进学习者在真实的环境中提高外语交际能力，使得学生对于自我交际能力拥有更高的评价。

2. 交际意愿研究存在的问题

交际意愿方面的研究在设计上过于依赖量化方法，缺乏定性的研究，定量和定性相结合的方法更是罕见。单一的研究设计不可避免地影响到了研究结果的可靠性。因此，有些研究得出了不同甚至有时完全相反的结果。交际意愿的研究亟待定量和定性结合的研究设计，以揭示其深层次的问题。

今后的交际意愿研究还应该进一步借鉴心理学的研究成果，着重考察不同环境中个体交际意愿的异同。研究手段上应该进一步优化研究设计和数据处理方法，多进行重复性、验证性的研究，以期获得可靠的结论，给语言教学提供理论依据。

另外，前人关于交际意愿的研究多数是在西方环境下进行的，英语课堂上口语交际意愿的研究较少，并且对于课堂类型没有限制。本研究的创新之处在于关注拥有良好语言环境的口语课上学生的交际意愿，该研究具有更强的针对性，有利于提高学生口语课堂交际意愿和交际动力，为英语口语教学提供新的启示和帮助。本研究采用课堂观察和访谈相结合的方法对于英语专业二年级学生口语课交际意愿的现状及影响因素进行深入透彻的分析，以揭示其深层问题。

3. 研究设计

研究者来到一所大学英语专业二年级的一个班，在没有任何干预的情况下观察并录音一学期的口语课。撰写口语课课堂录音后，研究者从师生话语量，学生回答教师提问数量、句子长度、句子复杂度等方面分析英语专业二年级口语课课堂话语特征。研究者发现，课堂话语特征显示学生的参与课堂互动的程度较低，课堂气氛冷清。口语课的目的是为学生创造一个可以开口讲英语的语言环境，并且该课的授课教师是英语为本族语的教师，学生本应该利用该语言环境积极与教师互动，但是他们表现却与期待不符。

针对这一现象，研究者试图探索产生该现象的深入原因。研究问题主要集中于以下两方面：(1)英语专业二年级学生口语课语言学及语言习得特征是什么？(2)影响学生交际意愿的因素是什么？

研究者对于该班的6名学生做了半结构式访谈，深入探讨影响他们交际意愿的主要因素。访谈的具体问题是：(1)在口语课上，您一般在什么情况下愿意说英语？为什么？(2)上口语课时，哪些因素会影响您说英语？

4. 结果与讨论

撰写口语课课堂录音后，研究者发现，在课堂上，教师的话语量明显多于学生，大多数时间都是教师在传授知识，学生只充当倾听者。多数学生对于教师的提问不予理睬。教师需要重复问题两至三遍后，才有学生做出回应。并且，学生普遍用一个词或词组来回答教师的提问。经课堂观察，学生在课上表现较为消极，多数学生更愿意看其他专业课的书籍或是在课堂上写其他课程的作业。可见，学生在该门课上的交际意愿普遍较低，课堂参与度不高。

并且通过半结构式访谈，研究者发现，影响学生口语课堂交际意愿的因素主要集中在以下三方面：教师因素、个人因素、传统文化因素。

4.1　教师因素

学生普遍认为，该门课的外籍教师缺乏英语教学方面的专业知识，教学方法存在问题。该教师在课上总是在滔滔不绝地讲述他所感兴趣的内容，很少给学生说英语的机会。多数学生反应很难听懂教师的课堂话语，学生认为教师语速过快，吐字不清，没有考虑到学生的英语水平。另外，教师的仪态、着装过于邋遢，不够得体，使得学生产生厌恶感。多数学生对该教师失去信心，认为上口语课是在浪费时间。

教学方法和教学组织形式是教学过程的基本要素，教师应选择并且运用恰当的方法和形式，这关系着教学工作的成败和效率高低。教师还应熟悉了解学生的英语水平，选择使用适当的语言与学生交流，产生互动。另外，教师还应注意最基本的礼仪和素质，为学生留下良好的印象。由于师生关系直接影响学生的情绪状态，教师只有在课堂上创设一个民主平等、生动活泼、妙趣横生的课堂教学氛围，学生才能以课堂主人的姿态出现，从而更好地主动学习。

4.2　个人因素

尽管受试者都是通过高考的竞争成为英语专业的学生，但仍对自己的总体外语能力缺乏自信，总在怀疑自己的口语交际能力，主动发起外语交际的愿望不高。

另外，学生还缺乏内隐性的学习动机，一些学生对自己的要求不高，只停留在完成教师布置的作业、通过课程考试的层面，没有迫切希望提高口语水平的愿望。

成功会提高交际自信，教师在口语教学实践中，应注重增强学生的自信心，在教学中应不断明示或暗示学生进步的信息，要多让学生体验成功，帮助他们克服外语口语焦虑。另外，要培养学生学习英语的兴趣，教师应多思考怎样的交际话题能最大限度地调动学生的积极性。教师培养学生树立正确的学习观，增加他们的内隐性学习动机，引导他们提高交际意愿。

4.3 传统文化因素

“面子”在中国文化中有着很深的历史渊源。在课堂上，当着老师和全班同学的面，学生潜意识里会担心自己说不好或回答出错，会被别人笑话，会很丢“面子”，所以会选择沉默，交际意愿也随之消失。此外，中国文化中的合群意识也是影响学生交际意愿。有的学生认为如果别人不回答教师的提问，即使自己知道问题的答案也不回答，为了寻求与多数人的一致。课堂上自己不应该频繁发言，尤其在别人沉默的时候，否则，有出风头或卖弄之嫌。

教师应培养学生正确对待错误的观念。在学习过程中难免会产生错误，也可以说，错误是学习的标志。不怕犯错，遇到错误及时改正才是正确的学习观念。中国传统文化一直受儒家思想的影响，含蓄、自谦、有礼是处事交往的准则，往往表现出内敛、不张扬等为社会群体文化所接受的社会形象。然而，口语课的目的就是为了通过不断的练习，提高学生的口语水平，沉默的课堂便有违口语课的初衷。教师应鼓励学生多多参与课堂互动，这并不意味着炫耀、卖弄。

5. 结语

20 多年来，国内外对二语交际意愿的研究取得很大成果，对二语教学有重大指导意义。交际意愿是影响人们语言使用的重要因素。研究交际意愿对于增进人们对交际行为以及语言使用和学习的了解都有现实的意义。英语教师要充分认识到提高学生交际意愿的重要性，并综合各方面因素和环境，结合中国的文化和学生实际情况来做出努力，比如：教师要表现出对学生的支持；要鼓励学生大胆使用新语言知识；在课堂互动中，保证人人参与。教师作为英语课堂的组织者、参与者，应该从交际对象（教师和学生）、交谈话题以及交际课堂语境出发，主动地和学生们进行沟通交流，建立和谐友爱的师生关系，积极的创造有利于大学英语课堂交际的课堂氛围，提供给学生熟悉感兴趣的交谈话题，采用正确的教学方法，使学生减轻对课堂交际的焦虑，逐渐培养学生的英语学习兴趣和学习动力，提高英语交际自信和英语交际意愿。

参考文献：

Asker，B. 1994. Willingness to communicate among Hongkong students [A]. In Department of Curriculum Studies (ed.). Bringing about Change in Language Education [C]. Hongkong：The University of Hongkong.

Baker，S. C. & Maclntyre，P. D. 2000. The role of gender and immersion in communication and second language orientations[J]. Language Learning(50)：311—341.

Horwitz，E. 1991. Language Anxiety：From theory and research to classroom implications. Englewood Cliffs，NJ：Prentice Hall.

MacIntyre，P. D. & Gardner，R. C. 1994. The subtle effects of language anxiety on cognitive processing in the second language. Language learning，44，284.

MacIntyre，P. D. & Charos. 1996. Personality，attitudes，and affect as predictors of second language communication[J]. Journal of Language and Social Psychology(15)：3—26.

MacIntyre，P. D.，Clment，R.，Dornyei，Z. & Noels，K. A. 1998. Conceptualizing willingness to communicate in a L2：A situational model of L2 confidence and affiliation[J]. Modern Language Journal(82)：545—562.

Maclntyre，P. D.，Baker，S. C. Clement，R. & Donovan，L. A. 2003. Talking in order to learn：Willingness to communicate and intensive language programs[J]. Canadian Modern Language Review(59)：589—607.

Wen，W. P. & Clement，R. 2003. A Chinese conceptualization of willingness to communicate in ESL[J]. Language，Culture and Curriculum(16)：18 — 38.

曹葳. 2011. 英语专业学生课堂英语口语交际意愿研究[J]. 四川教育学院学报 (27)：106—108.

陈薇. 2006. 中国非英语专业本科生英语交际意愿的研究[D]. 华中科技大学.

代悦. 2009. 一项对非英语专业大学生英语交际意愿的实证研究[D]. 重庆师范大学.

樊春燕. 2006. 关于中国非英语专业大一学生交际意愿的研究[J]. 广东外语外贸大学. 硕士论文.

贾雪宁. 2009. 影响英语课堂口语交际意愿的因素调查与分析[J]. 重庆科技学院学报(社会科学版)(1)：218，222.

吕生禄. 2010. 课堂环境下英语专业学生交际意愿的多元变量研究[D]. 西北师范大学.

石运章. 2008. 中国外语学习者课堂内外英语交际意愿研究[D]. 山东大学.

辛燕青. 2006. 中国英语学习者课堂环境下交际意愿调查[D]. 广东外语外贸大学.

从主位推进模式看连贯与英语作文质量的关系

首都师范大学　张　思

摘　要：通过对系统功能语言学中主位推进模式的应用，本文讨论了连贯与英语作文质量的关系，揭示了语篇连贯的构成规律，强调语句之间的逻辑关系。同时介绍了主位推进模式，通过实例分析，探讨了未来研究的方向和方法。

关键词：主位推进模式；英语作文；语料库

1. 介绍

很多长期从事一线英语写作教学的老师发现，在写作教学中有这样一个现象：中级或高级英语水平的学生在写英语作文时，只要经过准备且写完初稿后进行适当的修改，都能基本上避免明显的语法错误，甚至没有语法错误。但很多作文读起来仍觉得有问题，主要表现为语言不通顺，很少使用或不当使用衔接手段，没有明显的对应词，文中的主题之间缺乏逻辑联系，作文跳跃性很大，语篇布局能力弱缺少连贯性，因而表达意义模糊，需要读者来猜作文的意义(程晓棠，2002；吕岩，2009)。

一直以来，对于语篇衔接和连贯的修改，主要侧重于语法衔接和词汇衔接的手段，如代词、连词、转折词等等。其实，系统功能语言学早就有关于连贯的研究。比如 Mathesius(1939)从功能语句观的角度提出了主位和述位的概念；Firbas (1964)从交际动态论的角度对此做了进一步的阐释；Halliday (1985)从功能语言学的角度发展了主位述位理论，他把主位称为信息的起点，是小句所关心的成分，述位是信息的剩余部分。胡壮麟(1994)、黄国文(1987)和朱永生(1995)都讨论了系统功能语言对衔接和连贯进行文本分析的作用。且程晓棠(2002)、吕岩(2002)、陈玖(2005)重点讨论了主位推进模式和作文连贯的关系。本文将在前人讨论的基础上，利用英语作文语料库不同水平层次的作文文本来分析连贯与作文质量的关系。

2. 文献综述

自从 Halliday 和 Hasan (1976)提出了有关衔接的理论框架，该框架便成为了研究写作衔接和连贯最重要的理论来源。国内外的研究表明，衔接是英文写作的基本要素，是文章连贯的基础，同时也能够区分写作质量在衔接上的不同(Yang & Sun，2012)。但是，衔接本质上是对于衔接词的简单量化，并没有反映出语篇的逻辑发展。而主位推进模式则有效地弥补了衔接理论对于连贯的解释力。程晓棠(2002)也认为主位推进可以解释英语学习者的作文之所以缺乏衔接性和连贯性的原因。

2.1 主位和述位的定义

主位(theme/T)和述位(rheme/R)这两个概念由 Mathesius 在 1939 年提出。主位就是句子的第一成分，即开头的部分，说明句子从这里出发成为其内容的起点。因此，主位在语篇分析中占有重要的地位，它是语篇和话语分析的出发点和基础。句子中除了主位，其他的部分被称为述位，述位是围绕主位所延展的内容，是对主位的补充、描写和说明，是核心的发展方向和核心内容。研究主位和述位主要的目的在于研究话语内容如何传递和发展，研究话题如何发展成一个逻辑连贯、内容完整的语篇。请看例子：

主位	述位
例 1：The book you lent me	is very interesting
例 2：Yesterday I	saw Michael.

例 1 中 The book you lent me 是主位，是说话的出发点，后面的 is very interesting 是述位，是对主位的介绍和说明。例 2 中 Yesterday I 是主位，也是说话的出发点，其作用是为后面的述位 saw Michael 提供时间和人物背景。关于主位和述位的划分一直以来都有争议，如程晓棠(2002)认为例 2 中的主位只应包含 Yesterday，本文认同 Martin & Rose (2003)的观点，他们主张主位的划分应该延伸至并且包含主语，即主语之前的成分也视为主位的一部分。

2.2 主位推进模式

如果只看主位和述位的关系，其本身并没有太大的理论和应用价值。但是，由于大多数的语篇都是由两个或两个以上的句子组成，各个句子不仅在语法和语义上相互联系，还表现在从主位到述位的隐含发展，且主位和述位随着句子逻辑的发展呈现出不同的推进规律。因此，我们可以在看似杂乱无章的语篇中将这些联系总结出有规律的线性发展模式，即主位推进模式(Patterns of

Thematic Progression)。对于主位推进模式的分类，目前也没有统一的划分，国内较有影响力的有徐盛恒(1982)的四模式论、黄衍(1985)的七模式论、黄国文(1988)的六模式论和朱永生(1995)的四模式论(引自陈玖，2005：70)，其中最常见的为以下三种：

2.2.1 平行型

以第一句的主位(T)为出发点，以后各句都以此句的主位为主位，分别引出不同的述位，从不同的角度对同一主位加以揭示、阐发，即主位相同，述位不同。如：

We real cool. **We**
Left school. **We**
Lurk late. **We**
Strike straight. **We**
Sing sin. **We**
Thank gin. **We**
Jazz June. **We**
Die soon.

T1→R1
↓
T2→R2
↓
T3→R3

图 1 平行型主位推进模式

2.2.2 延续型

前一句的述位或述位的一部分作为后一句的主位，如此延续下去。如：

Abraham Begot Issac,
Issac begot Jacob,
And **Jacob** begot Judah and his brothers.

T1→R1
↓
T2→R2
↓
T3→R3

图 2 延续型主位推进模式

2.2.3 衍生型

数个述位由一个主位衍生发展而成，体现对某个主位的不断说明和阐释。如：

Cruelty has a Human Heart
And **Jealousy** a Human Face,
Terror, the Human form Divine
And **Secrecy**, the Human Dress.

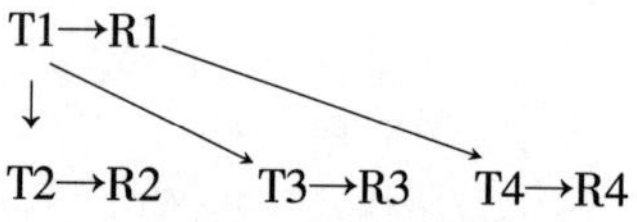

图 3　衍生型主位推进模式

除了对主位推进的分析，研究者逐渐意识到述位对语篇发展的作用，因此有学者 Enkvist (1973, cited from Leong, 2005: 712)提出述位推进来补充主位推进模式的不足，主要有两种推进模式：

2.2.4 集中型

前一句的述位成为后一句的述位。如：

John loved Margaret. **I** also admired her enormously.

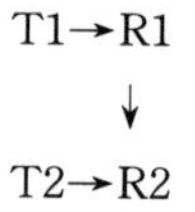

图 4　集中型主位推进模式

2.2.5 回溯型

前一句的主位成为后一句的述位。如：

Margaret published a book. But **no one** believed her.

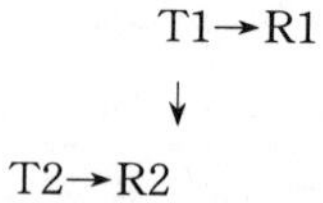

图 4　回溯型主位推进模式

尽管主位推进还有其他模式，但正如程晓棠(2002：96)所说，不管以什么模式来体现语篇语言的发展，语篇中的主位序列都应该具有延续型，即主位和述位的反复衔接是实现语篇衔接和连贯的重要手段之一。基于以上认识，本文认为通过对学生作文主位推进模式的划分可以让我们清楚地看到语篇的逻辑发展以及存在的不足。从而帮助老师和学生理解如何在写作时关注语篇的衔接和连贯。

3. 基于语料库的学生作文主位推进模式分析

本部分将根据以上介绍的主位推进模式，对学生的英语作文进行分析，从而讨论连贯与写作质量的关系。

本文采用的语料为《中国学生英语口笔语语料库》，其中的作文文本来自于全国不同区域20多所不同类型、不同层次的高等院校，作为一个整体很好地代表了我国英语学习者的写作水平。由于研究目的的不同，该语料库支持根据不同变量自动生成子语料库。这些变量包括作文题目(共27个)，作文文体(包括议论文和说明文)，学生年级(大一到大四)，是否为英语专业以及是否为限时作文。为了更好地体现不同水平的写作者在作文连贯方面的发展和不同，本文选择了第26个题目“Nowadays, more and more college students rent apartments and live outside campus. Is it appropriate? State your opinion about this.”。该题比较贴近大学生生活，且大一到大四的学生对此都会有认识，因此降低了题目本身的区分度，同时也通过选择同一篇作文，发现不同年级和不同水平的学生在作文连贯方面的问题。

生成的子语料库共包含419篇作文，写作学生为英语专业大一到大四的学生。虽然这些作文水平相差明显，且还存在一般意义上的语法错误和词汇错误，但本文不对它们进行分析。由于篇幅限制，本文将不采用学生作文的全文，仅选择典型的段落进行分析。

案例1：(参照程晓棠(2002)的方法，为了便于讨论，本文将句子标上序号1、2、3……。带下划线部分为主位，其余部分为述位。)

1 First, it's unnecessary to have this choice for the freshmen. 2 They just come into the new campus and need much time to be familiar with the whole school. 3 And they should learn to get along well with the new classmates and live a meaningful and colorful life on campus. 4 When living with others they will have more choices to know each other and to learn from each other. 5 Then they will know more about themselves and improve themselves. 6 It's also a good way to improve their practical ability.

该段落为某大一学生(编号0117)的第二自然段，这个段落基本上没有语法错误，语法表达也清楚，即给出作者的倾向，并列出数条支持作者倾向的理由。段落中有明确的衔接词汇，如first，and。但是，稍稍仔细思考就会发现该段数次用They做主语，段落没有呈现出句式的复杂和句子之间自然的过度，如果用主位推进模式表示就是过多地使用平行型主位推进模式，即：

T1→R1
↓
T2→R2
↓
T3→R3
↓
T4→R4
↓
T5→R5
↓
T6→R6

该段落所反映的问题同时也印证了 Burneikaité & Zabiliūté (2003)的研究，他们发现在评分最低的作文中，学生过多地使用平行型主位推进模式，导致句子的主位推进模式单一，语篇呈线性发展。

案例 2：

1 Besides that, living on campus can prevent you form some bad habits. 2 It is very easy for adolescents to be addicted to computer games. 3 If you choose to live on campus, you may not play all over the night. 4 Since in many universities, the electricity is cut off at a certain time. 5 Since other restricts such as no smoking, no gambling can also help you to control yourself.

该段落为某大二学生(编号 0120)的第三自然段，作为读者只能勉强知晓作者试图说明住校可以避免染上坏习惯。但是，仔细阅读则会发现，2 到 5 句的句首词(It, If, Since, Since)与上句均没有逻辑关系，句子之间联系松散，如用主位推进模式表现则如下：

T1→R1

T2→R2

T3→R3

T4→R4

T5→R5

案例 3：

1 Living condition is another factor taken into consideration. 2 For example, dooms of our colleges are not furnished with air conditioners, heaters or water heaters. 3 What's more, high-power appliances are forbidden. 4 In a city like Wuhan, where summers are scorching winters are freezing, many

students have suffered enough. 5 You can't imagine how difficult it is to take a hot water bath or wash clothes in winter. 6 Of course they can go to public bathrooms or the laundry. 7 But those are not perfect alternatives for people who value privacy. 8 I've heard many students complaining how much they eager for a place like home, where they can cook something once in a while, take showers every day, and have some space of their own. 9 Then they would say "why don't we rent an apartment? 10 It's a perfect solution!"

该段落为某大三学生(编号 0122)的第二自然段，显然作者支持校外居住并列举了校内不尽如人意的生活条件。论据充分有条理，原本可以为文章增添光彩，但是作者没有意识到仅该段就占用了整篇作文一半的篇幅，且段中使用多种语义含糊不清的代词主语(many students, You, they, I, It)，造成句子之间缺乏连贯的称谓，也削弱了整体流畅性。主位推进模式如下：

T1→R1

T2→R2

T3→R3

T4→R4

T5→R5

T6→R6

↓

T7→R7

T8→R8

T9→R9

↓

T10→R10

案例 4：

1 Campus is a mini society. 2 Social life is indispensable to students if they want to adapt themselves more quickly to the modern world which is knitted into a seamless net of interpersonal relationship. 3 By living outside, one will reduce contact with his or her classmates and will be unable to make the most of the human resource available to be taken advantage of, as one spends more time alone. 4 This is especially true for freshmen. 5 When they are unfamiliar with the surroundings and their colleges, they will find themselves marginalized at the outset.

该段落为某大四学生(编号 0125)的第二自然段，作者表现出了对语篇连贯的意识，句子之间有明显了衔接词汇，通过主位推进模式图(如下)，我们可以发现该段有两处延续型推进模式。

T1→R1
↓
T2→R2

T3→R3
↓
T4→R4
↓
T5→R5

延续型推进模式可以体现出主位和述位在相邻句子之间不断发展的过程，同时也验证了 Connor & Schneider，1988；Jalilifar，2010；Schneider & Connor，1990；Wu，1997 等人的研究，他们发现延续型推进模式与作文质量呈正相关。一篇好的作文应有一定比例的延续型推进模式，因为此模式体现了语篇逻辑的深入发展和统一的连贯性。当然，该段也不是没有问题，通过下图可以发现，T2 句和 T3 句并没有明显的逻辑联系，因为作者的第六句话题与第一句正好想法，如此突兀的转折且没有使用正确的逻辑词，如果将第六句中的 By，改成 If，则会更通顺。

4. 结语

以上笔者仅基于有限的数个段落简单讨论了主位推进模式与作文质量的关系。学生作文中出现的不连贯现象，主要原因是作者没有合理和有效地运用主位推进模式。当然在写作教学中，教师不可能直接向学生讲解主位推进模式，但是其内在的理论性和合理性是不可否认的。目前国内关于主位推进模式与作文质量的研究仍处于理论讨论阶段，笔者意识到仅仅通过典型段落的讨论有局限性，下一步的研究计划是基于某个子语料库，从而统计语料库中一定数量作文的整篇主位推进模式的数量和分布比例以及主位推进模式与其他变量之间的关系。

参考文献：

Connor，U. & Schneider，M. 1988. Topical structure and writing quality：Results of an ESL study. Paper presented at the 22nd Annual TESOL Convertion，Chicago.

Burneikaité, N. & Zabiliūté, J. 2003. Information structuring in learner texts : a possible relationship between the topical structure and the holistic evaluation of learner essays[J]. Studies About Languages. 4：67 – 72.

Firbas, J. 1964. On defining the theme in functional sentence analysis[J]. Travaux Linguistiques de Prague, (1)：267 – 280.

Halliday, M. A.K. 1985. An introduction to Functional Grammar[M]. London：Edward Arnold.

Mathesius, V. 1939. On the So-called Functional Sentence Perspective. Slovo a Slovesnost(5)：171 – 174.

Halliday, M. A. K. & Hasan, R. 1976. Cohesion in English[M]. London：Longman.

Jalilifar, A. 2010. Thematization in EFL students' composition writing and its relation to academic Experience[J]. RELC Journal. 41(1)：31 – 45.

Martin, J. & Rose, D. 2003. Working with discourse：Meaning beyond the clause [M]. London：Continuum.

Schnerder, M. & Connor, U. 1990. Analyzing topical structure in ESL essays：Not all topics are equals. Studies in Second Language Acquisition, 12(4)：411 – 427.

Yang, W. X. & Sun, Y. 2012. The use of cohesive devices in argumentative writing by Chinese EFL learners at different proficiency levels. Linguistics and Education, 23(1)：32 – 48.

Wu, J. 1997. Topical structure analysis of English as a second language (ESL) texts written by college Southeast Asian refugee students. Unpublished doctoral dissertation, University of Minnesota.

陈玖．2005. 分析大学英语写作中语篇连贯性的有效途径——主位推进模式[J]. 山东外语教学，109(6)，69 – 73.

程晓棠．2002. 从主位结构看英语作文的衔接与连贯[J]. 山东师大外国语学院学报，11(2)：94 – 98.

胡壮麟．1994. 语篇的衔接与连贯[M]. 上海：上海外语教育出版社．

黄国文．1987. 语篇分析概要[M]. 长沙：湖南教育出版社．

吕岩．2009. 主位推进模式及其在英语写作教学中的应用[J]. 四川外语学院学报，25(2)：60 – 62.

朱永生．1995. 主位推进模式与语篇分析[J]. 外语教学与研究，(5)：6 – 12.

中小学英语

行动研究：促进教师专业发展的有效途径

——以高家园中学行动研究项目为例

北京教育科学研究院　李一飞

摘　要：2010年“北京市中小学骨干教师发展研修项目”选择高家园中学作为分项目组，八位骨干教师参与该项目。项目的成功证明了行动研究对中学教师的以下作用：为教师搭建了教育理论与实践之间的桥梁，拓宽了研究方法的新视野，促进了教师实践知识的积累与实践理论的形成，促进了教师的自主发展。通过行动研究，教师促进反思，激发教师专业发展的潜能，超越过去的经验，形成自己对教育教学实践活动的判断与思考力，最终找到教师专业发展的有效途径。

关键词：行动研究；教师专业发展

2010年，北京教育科学研究院教师研究中心承担了北京市教委委托课题“北京市中小学骨干教师发展研修项目”。作为该课题的分项目，教师研究中心选择了位于北京市城乡结合部的高家园中学作为合作单位，邀请该中学的八位骨干教师参与了项目。通过行动研究，老师们的反思有了变化，激发教师专业发展的潜能，超越过去的经验，形成自己对教育教学实践活动的判断与思考力。本文通过回顾与总结项目的运行过程，证明行动研究主要通过以下四个途径促进教师专业发展：建构教师穿行于教育理论与实践之间的桥梁，拓宽教师研究方法的新视野，促进教师实践知识的积累与实践理论的形成，促进教师的自主发展。

1. 建构教师穿行于教育理论与实践之间的桥梁

一线教师在研究过程中最容易出现理论实践两层皮的现象：在研究前，缺乏问题分析与理论建构，常常本着“摸着石头过河”的态度急于开展研究；研究中，缺乏理论探究，常常凭着实践经验“兵来将挡水来土掩”；研究后，缺乏理论提升，常常有“这也能发表”的羞怯与自卑。

通过行动研究，教师们找到理论与实践之间的桥梁，表现为：第一，增强了理论与实践相结合的意识。行动研究将教师以前随性的研究转变为基于理论基础的研究，将以前死记硬背学理论的方式转化为自觉自愿地找理论。老师们在研究中会结合教学中的实际问题找理论，学理论。找到理论后，也不仅仅是死记硬背一些条条框框，而是要思考如何将理论落实，如何与行动相结合。第二，增强了实践向理论提升的信心。行动研究能让教师们体会到自己所欠缺的不是实战经验，也不是解决问题的方式方法，而是指导教师行动的理论依据和理念的高度。通过理论提升能够帮助教师们体会到“站在巨人的肩膀上，一览众山小”的感觉，通过不断提升自己的专业素养，从“教书匠”变成真正的研究型教师。

在项目实施过程中，主要是通过以下两项措施，促使教师发生转变的。

1.1 促使教师在行动研究过程中，寻找理论，应用理论

项目组在培训过程中将行动研究基本模式细化为“六步反思法”：发现问题→查找资料，做到有理论支撑或者有实践支撑→从查找到的资料中分析原因→根据分析出的原因，制定新的实施方案→按照新方案实施→呈现实施效果→评价实施结果。明确提出行动不是盲目地尝试错误的过程，每个措施都有理论或者实践的基础，是在分析和研究的基础上产生的。通过一次一次撰写日志与研讨，教师已经学会了在研究中找理论：自己在发现问题后主动查找资料，印证成因分析，找到改进措施的理论依据，实现了理论与实践的有机结合。理论不再空洞，理论成为教师实践的基石。

1.2 组成学习性组织，互相学习，共同反思

教师不仅向理论学习，向专家学习，而且还互相学习。为了每位教师的共同发展，教师分项目组成立了学习型组织，先后学习了包括《反思性教师的成长机制探新》在内的5本书，还组织大家一起研讨如何将“建构主义理论”与自己研究课题相结合；教师小组，在个人研读的基础上，运用团体学习方式，团结协作，能者为师，从实际效果出发，重视过程学习，其间教师十分投入，坚持将深奥的理论与现实的教育教学实践紧密结合。在反复学习、理解、内化的基础上，配合相关的教学案例和生动形象的多媒体课件组织成系列讲座。由一位教师主讲，七位教师配合研讨，全体会上共享理论学习的成果。通过研读、宣讲、收听、会后讨论、谈学习体会、写学习心得等一系列的强化学习，收效颇佳，此后教师们日常的言谈、学习的交流、反思的随笔、教学行为的选择、调整及团体学习的方式都能普遍运用各种原理，使人明显感受到：理论书籍研读的效果和理论的内化到自然的运用，教师的反思能力有了质的飞跃，学习力普遍提升。

总之，教师体会到学习力就是学习的动力、学习的毅力和学习的能力，有了问题就有了学习的动力，在不断解决问题的过程中培养了教师学习的毅力，进而提高了学习的能力。教师的学习能力明显增强，不仅能够主动自觉地查找理论材料，而且也能够主动学习理论并指导实践。

2. 拓宽研究方法的新视野

在研究过程中常见的困惑就是把行动研究看做是质的研究方式之一，或者将其作为一种研究方法。但是陈向明(2008)指出，行动研究是一种与学术研究相对应的一种研究范式，是由实践者自己实施的，是在实践中进行的，是旨在改进实践的研究路径，其目的是为了求“善”，而不只是求“真”。实践者在研究中行动，在行动中研究，研究的目的是发现问题，实施对策，提高反思能力，并改进工作和生存环境。与学术研究的标准不同，行动研究检验研究效果的标准是：行动者的意识和能力是否提高，问题是否被解决，生存环境是否有改善。因此为了达到这个标准，可以采取便利且有效的研究方法，而不必拘泥于这种方法是质的研究，还是量的研究。

打破研究方法的束缚后，教师普遍感到：视野开阔了，研究方法就多样了，对学生的认识也更深刻了。在研究过程中，教师们发现很多问题的成因都不是单方面的问题，是多方面原因交错影响的结果。为了了解各方面的原因，教师相互交流，共同研讨，在实践中尝试多种方法去了解问题真正的原因。通过研究，教师们普遍感到分析问题原因的视角开阔了，了解学生的途径增多了，对学生的了解也更深刻了。

在研究实施的过程中，教师分项目组的教师们采用了以下几种研究方法：

2.1 问卷调查法

通过行动研究，教师们认识到质的研究效果更好。教师们在问卷测量过程中，不再是让学生们在设计好的选项上打钩，而是留出空白，让学生写出自己的真实想法。

2.2 访谈法

教师们在研究过程中，不仅注重与学生沟通，还通过访谈家长和其他教师来反思自己的教学行为，使自己清楚地意识到隐藏在教学行为背后的教育观念，进而提高教学监控能力。这种交流不再是随意交流，而是要事先设计好访谈提纲，有目的、有计划地访谈。这样的结果才更系统、更明晰。有结构、有预设的访谈会取得更好的效果。

2.3 数据分析(折线图、成绩对比分析)

为了更好地了解学生的变化，教师们有意识收集学生在研究前后的数据变化，并且数据的分析视角不仅局限在数值变化上，还纳入学生、组长、家长的共同分析，帮助每个孩子多角度了解自己的成长变化，鼓励学生更加积极向上。

2.4 关键事件记录反思法

关键事件是指教师认为对自己专业发展影响较大的事件，可能是一次课堂教学，也可能是一次师生矛盾的顺利或不顺利地解决，还可能是一次与专家的研讨或看了一本好书，听了一句名言等。对关键事件反思，首先是对关键事件进行记录，平时应关注对自己的教育观念和教育行为"触动"较大的事件，以便为事后回顾反思提供原始素材。在开始的时候，教师总是记录不同的关键事件，还没等研究清楚，就又开始关注新的关键事件。通过行动研究教师明白这里所说的反思与常规的反思不同，行动研究的反思是追踪一个问题并进行持之以恒的分析跟踪，是一种需要认真思索乃至极大努力的过程，而且常常需要查找理论，访谈，调查，查找事件背后的根源，有时需要教师合作研讨。另外，反思不单单是教学经验的总结，它是伴随整个教学过程的监控、分析和解决问题的活动。

3. 促进教师实践知识的积累与实践理论的形成

在行动研究过程中，教师们注重收集、整理相关资料，并已形成初步成果。看到初步成果，老师们在喜悦的同时，也有感慨。教师们普遍认识到，在行动研究中能够梳理以往教学经验，以前的研究是随意的，零散的，现在是系统的。以往写文章，就是经验介绍，现在行动研究更注重对自己的质疑，在一次次质疑和调整的过程中，积累的资料更丰富了、系统了；对问题的理解更深入了；总结出的经验更经得起推敲了。

4. 促进教师的自主发展

"教学反思是教师专业成长的动力"，这是分项目组教师共同的感受。教师形成反思的习惯：首先"对活动进行预设"，有目的地计划自己的教学活动；然后，"活动中进行反思"观察所发生的行为；最后，"梳理、统观整个活动"，分析所发生的事件，并得出用以指导以后决策的结论。如此更替，成为连续的过程。教师在反思过程中是主动的、有意识的。过去教师常说，教师要给学生一杯水，教师就要有一桶水。通过行动研究，老师们最大的收获就是感觉找到了水源。这个找水源的过程就是向理论、向实践学习的过程。遇到问题，教师不再盲目尝试，而是在研究的基础上，对理论与实践相结合的不断调整、完善。教师在行动研究过程中总结出以下四个途径，可以有效促进教师专业发展。

- 反思日记。一天的教学(或训练实践)工作结束后，教师写下自己的反思日志，并与其指导教师共同分析。
- 观摩教学。教师相互观摩彼此的教学，详细描述教师所看到的情景，对此进行讨论分析。

● 实际讨论。来自不同教研组、年级组的教师聚集在一起，首先提出课堂上发生的问题，然后共同讨论解决的办法，最后得到的方案为所有教师所共享。

● 在行动研究过程中，将反思指向自己，在将理论与实践结合的过程中，不断调整研究方案。为弄明白课堂上遇到实质问题，探索用以改进教学的行动方案，教师以及研究者合作进行调查和实验研究。

反思是缩小新教师与专家教师之间差异的可行方法，使新手教师成为优秀教师的，不是他们的知识和方法，而是教师对学生、对自己及其自身的目的、意图和教学任务所持有的信念；是教师在教育实践中表现出来的机智和批判反思能力。只有学会反思，一个人才能不断地矫正错误，不断探索和走向新的境界。反思是教师自我发展的重要机制，是促进教师专业发展的一条重要途径。提高教师的反思意识和反思能力，实现由“经验型”向“反思型”的转变，无疑是提升教师专业水平和素质的有效手段和方法。

叶澜教授有一句名言“一个教师写一辈子教案，不一定成为名师，如果一个教师写三年反思有可能成为名师”。受到这句名言的鼓舞，许多学校掀起撰写教学反思的风潮。高家园中学也不例外，该校从前年起就要求教师每周写2篇反思随笔，老师们都能够按时完成。目前，教师的反思随笔已经有厚厚的一摞。参加行动研究项目老师们再回看以前的反思日志，发现以往的反思与行动研究的反思不同，对反思有了新认识，并总结出六点差异。

第一，原来的反思是被动的，为了完成任务记录下自己思想的火花。行动研究的反思是为了解决自己教育教学中实际问题有意展开的。第二，原来的反思大多指向学生，不是指向教师自己。在长期的学习和工作实践中，教师容易形成一种思维定势，即教师往往非常重视“教什么”和“怎么教”，“我是老师，你是学生”，教学就是“我讲你听”、“我出题你做题”等等，周而复始，教学工作成为普通教师毫无新鲜感的简单劳动，无怪乎，不少老师总是喊累，却无法改变自己的状态。而现在行动研究的反思日志，指向教师自己。在行动研究日志中，越来越多地看到这样的语句“学生听不懂，是不是我的教学设计有问题”，“学生不会做，是不是因为我设计的问题太难了，是不是因为我没有铺垫好”。第三，原来反思是基于教师的实践知识，行动研究的反思是围绕同一主题“理论与实践”的螺旋上升过程；第四，原来反思是“打一枪换一个地方”，行动研究的反思注重对实施效果的评估和检验。第五，原来的反思日志多是叙事文章。主要介绍教师的瞬时想法和成功事件，不能及时总结提炼。现在行动研究的反思日志围绕一个主题开展研究，不仅着重究其成功原因，还与行动密切结合，在行动中不断调整策略，并系统总结、梳理好的经验。第六，原来教师的工作与研究环境相对封闭，导致教师老师之间客观上缺少真正的研讨交流，现在，“北京市中小学骨干教师发展研修项目”为教师提供了新的交流平台，在总项目组与分项目活动中，教师进行了学校间和学校内部更广泛、更深入的交流，开阔了视野。

以上是高家园中学分项目教师的共同的感悟，虽然语言并不华丽，但这是教师实践的共同感受。反思对于教师专业发展的重要性毋庸置疑，一个教师在生命进程中可以自然成长，但一个教师的职业发展状态则需用心才能努力达成。教师在日后的研究中会注重发挥自己的主体作用——提高自我反思的意识和能力；改进自己的教育教学工作；改变自己的工作方式，在“研究”的状态下工作；发现和发展自己的实践性知识。

参考文献：

陈向明．从“范式”的视角看质的研究之定位[J]．教育研究．2008(5)：30－35.
刘良华．校本行动研究 [M]．成都：四川教育出版社．2002.
鱼霞．反思型教师的成长机制探新[M]．北京：教育科学出版社．2007.

以人文关怀为视角探讨中小学英语课程设计及其课堂教学评价标准的改革问题

首都师范大学　王　霄

摘　要：进入21世纪，英语课程与教学的机遇与挑战并存。如何建设具有人文关怀特质的英语课程与教学体系是培养合格人才的关键。本文以人文关怀为视角，着重探讨中小学英语课程设计及其课程教学评价标准的改革问题。此课题的研究对于英语教师在新课标下运用教材，发展教材，课程设计，有效教学，自我评价，改进教学等多个方面具有启示意义。

关键词：人文关怀；课程设计；评价标准；改革

1. 引言

随着英语新课标的实施，课程与教学领域掀起了一股新浪潮，人文关怀的提出帮助我们认清教育的本质究竟是什么。人格的塑造，情感教育，和谐融洽的师生关系等都是人文关怀最前沿的体现。而人文关怀不仅体现在现实的教学教法当中，更应该在课程设计和课堂教学评价标准上有所发展。

2. 文献综述

本人的综述范围从1999年6月—2009年3月，主要资料来源是CNKI中国知识基础设施工程数据资源（清华同方 http：//www. cnki. net）和万方数据资源（科技部情报所 http：//www. wangfangdata. com. cn）的学术期刊文献资料，采用计算机检索方法。本人写作本篇文献综述的目的是，通过对人文关怀的课改作用相关文献的阅读与整理总结，发现其中的问题与局限性，并对相关问题加以解释与说明，最终发现研究问题的可行性，给予本人课题相关启示。

人文关怀体现在建立和谐互动的师生关系。人文精神强调以人为本，以学生发展为本，但不能忽视教师在学生发展中所起的重要作用。教师首先要改变观念，努力树立亲和形象。假如在课堂中，教师正襟危坐、不苟言笑，而学生死气沉沉、如坐针毡的话，课堂气氛则成为一切教学活动的障碍，教学效果只会事倍功半。因此，强调人文精神，转变师生关系的理念至关重要。教师不仅传道、授业、解惑，而且还是学生构建知识的引导者、指导者和帮助者。师生之间充满着人文关怀，应改变传统所形成的教与被教，管与被管的关系。师生之间应形成民主、平等、相互协调、和谐发展的互动关系。

20 世纪 80 年代以来，对外开放政策为教育事业提供了良好的机会，各国之间教育的相互理解、交流和合作已成为一种必然的趋势。在此背景下，南京航空航天大学金城学院国际合作教育部，经过一段时间的摸索与努力，得到了蓬勃发展。国际合作教育部已逐渐成为我校迈向国际化的平台，为学校国际化办学和国际合作与交流做出了重大贡献，每年向澳大利亚、英国输出留学生数百名。学生如何通过雅思(IELTS)考试提高出国率？学校如何提供良好的教学质量？在引进国外资源、教育方法的同时，必须改造现有的英语课程和教学体系，即必须建设具有国际合作教育特色的英语课程与教学体系。首先，必须优化教学内容与课程体系改革。教学内容与课程体系改革是整个英语教学改革的重点。

3. 研究内容

3.1 课程与教学领域中的人文关怀

教育的本质是人格的塑造，教育的根本职能是开发人的潜能，塑造具有健全人格的人。这就是说要把学生培养成为具有人文精神的完整的人。在教育领域中，不仅仅要关心学生的学习，教师的教学，而更为重要的是，教师和学生之间，在处理所谓的师生关系的时候，要学会相互体谅，相互包容，促进和谐的学习生活气氛。而最为有效的手段，就是人文关怀。根据当下倡导的人文主义理论中所倡导的情感教学，就是其中最为有效的鲜活的例子。课程的制定与设计，教学的编排与实施都应该体现人文关怀。对于每一个学生，要了解他们的所需、所求，要帮助他们学会关心，学会体谅，塑造健全人格，追求教育所应该达到的本质。课程方面，教材设计要把握一个尺度，要融入学生对于教材的兴趣与渴望，让每一个学生都能够喜欢手中的教材；在教学方面，教师要根据学生的兴趣，帮助学生发现自己的优势和长处，在课堂教学中培养良好和谐的师生关系。

3.2 人文关怀与中小学英语课程改革

3.2.1 英语新课标中人文关怀的体现

新的《英语课程标准》特别强调从学生的学习兴趣、生活经验和认知水平出发，倡导体验、实践、参与、合作与交流的学习方式和任务型的教学途径，发展学生的综合语言运用能力，使语言学习的过程成为学生形成积极的情感态度、主动思维和大胆实践、提高跨文化意识和形成自主学习能力的过程。我们知道英语课程的学习，既是学生通过英语学习和实践活动，逐步掌握英语知识和技能，提高语言实际运用能力的过程；又是他们磨砺意志、陶冶情操、拓展视野、丰富生活经历、开发思维能力、发展个性和提高人文素养的过程。在如火如荼地进行的新一轮课程改革中，英语课程改革也在全面地展开。在这里可以看出新的英语课程改革中涉及了人文关怀的培养和渗透。改革开放以来，我国的英语教育规模不断扩大，教育教学取得了显著的成就。然而，英语教育的现状尚不能适应我国经济建设和社会发展的需要，与时代发展的要求还存在差距，所以人文关怀在英语课程改革中显得尤为重要。

3.2.2 人文关怀贯穿英语课程设计始终的必要性

新的英语课程改革将人的发展为本的思想作为深化课改的指导思想，要重视为学生全面素质发展服务和培养体现人的发展为本的人文精神。这是适应社会发展的需求也是英语课程改革的基点。英语课程要体现人文关怀，就应尊重学生的人格，培养学生自我实现的能力，激发学生的创新意识，使之成为德智体美各方面全面发展的人。由此可见，人文关怀是英语教育的核心。

英语课程在我国开设至今，一直以来都采用传统的教学法来教授英语。以前的传统教学法强调语言知识的传授，而对于听说能力等交际能力的培养则没有给予太大的关注。因此，传统教学法教出的学生们的英语知识的掌握是牢固的，而他们却不能将这些熟练掌握的英语知识运用到实际中，不能和他人进行交际。这可以说是传统教学法的失败之处。所以我们常说以前的学生学的英语大部分是“哑巴英语”。据报道，近期在河北石家庄举办的大中专毕业生人才招聘会上，一家颇有名气的合资企业招聘台有外籍人士与其他招聘人员闲聊，致使该企业很少有学生问津，更别说有报名者。大家看到其他招聘台前都门庭若市，查找原因后让外籍人员离开招聘报名台。接着，应聘人员蜂拥而至，从而使大家悟出了道理，学生外语口语使多数应聘的毕业生失去了自信。但是随着新英语课程改革的推广和深入，给我们带来了全新的英语教学理念。它将语言的学习归纳为学习者为中心的主题框架，鼓励学生通过积极参与各项 tasks 和 activities 来学习语言、运用语言，它提倡学生之间、学生与教师间的合作学习，它提倡发挥学生主观能动性，挖掘学生自身的知识与经验，这就体现了人文主义精神。因为这样的做法体现了人文关怀独特的内涵：尊重人及其文化的历史存在与价值的精神，注重人与人之间的沟通及和谐的人际关系。

3.2.3 人文关怀贯穿英语课程设计的体现

人文关怀体现在英语教育的各个方面。新的英语课程改革也特别强调了它的重要性。学生只有在学习英语中注重融合和发展人文关怀，才能既掌握英语，又发展正确的世界观、人生观、价值观，发扬爱国主义、集体主义精神，热爱社会主义，继承中华民族优良传统等人文精神，这一点是十分重要的。

第一，端正积极学习的态度。过去传统的教学特别注重接受学习、硬性灌输、死记硬背、机械训练等的学习方式，一味地采用题海战术去追求掌握英语知识和运用英语的技能。这样一来，学生将英语学习当成沉重的负担，往往陷入机械重复、枯燥乏味的学习中，导致英语学习的被动应付。在这种心态下学习，可想而知英语教学的效果绝对不佳。积极主动的学习态度是人文精神的重要体现。英语积极学习的实质是教学过程要在教师的指导下，树立学生是英语学习主人翁的观念，充分调动学生学习的主动性，让他们积极参与耳听、眼看、动脑、动手的学习活动。对于具有积极学习的态度和学习英语感兴趣的学生来说，往往在学习英语过程中会积极动脑思考，努力建构知识。同时他们将付出的脑力劳动当做是一种极大的享受。这种学习促使学习英语逐渐成为学生的一种终身学习的爱好，也是他们自我实现理想的重要途径。

第二，在英语课程中渗透以人为本的思想，一切教学活动从学生的实际出发，并尽可能地给学生提供积极、宽松的环境，要设法让学生在课堂内外体会到学英语的成就感。这样，学生能够在轻松、合作、温暖的气氛中释放最大的潜能，从而得到自我肯定直至自我发展的成功体验，使学生成为学习的主体。要使学生成为学习的主体，就要引导学生进行主动学习，把学习活动的时间和空间还给学生，使动手实践、自主探索与合作交流成为学生学习英语的重要方式。一方面教师应关心学生的个体差异，将因材施教落到实处。另一方面，教师还要爱护学生的好奇心和求知欲，激发学生学习的主动意识和进取精神。将学生的主体地位显现出来，使学生真正以主人翁的态度去学习。英语课程不仅要面对全体学生，同时也应根据不同特点的学生发展各人的个性、潜能和创造能力，使每一个学生都成为学习的主体。这就是师生之间的相互人文关怀的体现。

通过以上分析我们不难看出：人文关怀是英语课程中不可缺少的重要内容。英语课程中强调人文关怀，核心问题是如何看待学生和教师的作用。因此，在英语课程中，作为教师应该重视学生人文精神的培养，使他们成为全面发展的人，以适应社会发展的需要。人文关怀是英语课程设计和实施上必不可少的一个环节。

3.2.4　以人文关怀为基点对英语课程设计的改革

随着新课标的发布施行，英语课程设计面临着巨大的变革。不仅要把对学生负责的态度贯穿始终，帮助学生掌握基本技能和相关知识，更要将情感教育、德育蕴含其中。人文关怀在其中的作用非常重要。下面是以人文关怀为基点的英语课程设计改革的示意图，如下图所示：

我国英语教师的教学思想一直受着我国数千年来传统教学思想的影响。传

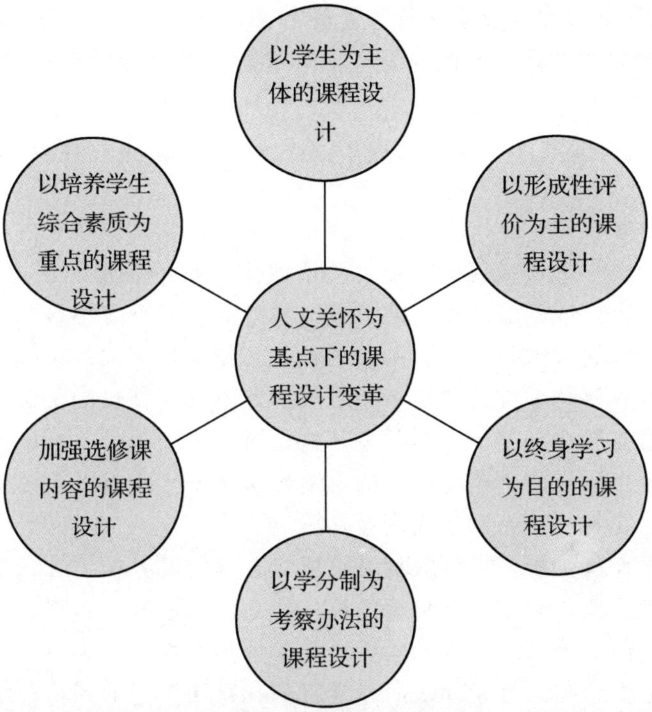

统的教学一直将“传道、授业、解惑”视为教师的职责，教师尽职尽责的教学活动基本上是以教师的传授为主。新的课程体系所倡导的以学生为主体的英语教学，是一种以人文关怀为基点的英语课程设计，是一种与教师决定教学内容和教材的传统教学截然不同的课堂教学。作为教师，在英语教学中要尊重学生，注重情感教学，要主动给予他们人文关怀。

在课堂教学中，各项教学活动都是以学生为中心而进行的，教师的角色也不再只是单纯的知识传授者，而是成了课堂教学中为学生构建知识、提高技能的组织者与参与者，是学生活跃思想、展现个性的引导者和促使者。因此教师角色的转换一方面说明教师要将课堂教学的主体地位转换给学生，另一方面说明教师要将角色综合体的侧重点有所转向：由单纯的知识传授者转向学生综合能力提高的培养者。在新的教学理念下的“以学习者为中心”的教学中，教师仍然是整个教学活动的主导灵魂。这才是真正人文关怀的体现。在不同的学习阶段，教师还要担负不同的角色。教师要做好学生的学习顾问和参与学生活动的参与者。同时，教师要激发、鼓励和帮助学生积极参与教学活动，营造和谐轻松的课堂气氛，要教会他们运用人文关怀做事情，学会体谅，学会关心，学会独立。

3.3 人文关怀与中小学英语课堂教学评价标准改革

3.3.1 中小学英语课堂教学评价标准的定义

确定正确的课堂评价标准，是整个课堂教学评价的关键，实施素质教育，深化学校教学改革，提高学校教学质量，都具有十分重要的作用。而英语课堂评价标准也有其特殊性，因为它毕竟是一门外语学科，和其他的学科有所不同。

英语课堂教学评价标准是对教学质量、英语教学工作要求的具体规定，是衡量英语教师教学工作成就的尺度。英语教学评价的标准可以是定量的要求，也可以定性要求，或两者兼而有之。英语教学评价标准定得恰当与否，对于英语教学评价工作的成败，对于整个英语教学工作都有极大的影响。因此，确立正确的英语课程评价标准，是搞好英语教师课堂教学评价的关键。而英语课堂教学的好坏直接影响到整个教学质量，这是由于英语教学目标的最终实现是靠英语课堂教学来体现的。制定科学的英语教学评价标准具有重要意义，它有利于提高评价的客观性，有利于提高教学质量。

英语教学评价是指依据国家相关权威机构制定的办校方针、办学思想、教学目标和教学规范，利用所有可能的评价技术对英语教学效果和教学目标的实现程度作出价值上的判断。科学的英语教学评价标准，能为改进英语教学工作提供科学的依据。英语教学评价的最终目的，是用一定的评价标准对学校的英语教学情况进行评价判断，深化英语教学改革，以培养适应未来 21 世纪需要和当前国家建设需要的合格人才。

3.3.2 中小学英语课堂教学评价标准的主要内容

确定合理的英语课堂教学评价标准应从其要素组成的整个系统入手，确立其指标体系；仅从某一方面来确定课堂教学评价标准都不是完整意义上的课堂教学评价。在确定课堂教学评价标准时我们要把教学基本功作为最主要的部分，能更好地反映和体现课堂教学评价标准的体系，从而达到以评促建，以评促教的目的。完善中小学英语课堂教学评价标准势在必行。整个体系的主要内容，见表 1 所示：

表 1

指标	细　则	等级	评分
教学目标	目标明确，准确体现大纲要求，结合学生教学目标编制具体，要求恰当，寓思想于知识教学之中		

续表

指标	细　则	等级	评分
教学内容	重点突出，难点突破；概念讲授准确，原理教学清晰；举例典型，详细得当；结构层次合理，科学分配时间		
教学方法	教学得法，启发思维；激发求知，鼓励创新；培养智能，传授学法，循序渐进		
教学基本功	语言准确、生动、形象、风趣；板书清洁、简练，布局合理；各种教学手段运用恰当；教学组织严密		
教学态度	认真负责，教态亲切，仪表庄重，声情并茂，手势、表情自然得体		
教学效果	讲授正确，教书育人：学生学得生动，气氛活跃，信息反馈良好，学生智能得到发展，达到教学目标		

3.3.3 人文关怀在中小学英语课堂教学评价标准改革中的作用及其体现

人文关怀在英语基础教育阶段的作用是巨大的，在新课标里也有充足的体现。

人文关怀为基点的评价标准改革可以让我们认识到传统评价标准的不足：传统标准把过程性评价和终结性评价混在一起；传统标准把评人和评课混在一起；传统标准中的一些项目不是评价人从课堂上可以直接得到结论的，而是需要评价人对得到的信息进行推测加工后才能做出判断的。这些都不符合人文关怀的特质。

人文关怀式的英语课堂教学评价标准体系应该如表 2 所示：

表 2

项目	教师自评	学生评定	家长评定
学生的活动情况			
学生认知结构的构建			
教学情境的创设			
手段的运用			

4. 结语

新一轮英语课程改革中特别强调了人文关怀在英语课程设计和评价体系中的改革问题。在英语课程中，作为教师应该重视学生人文关怀的培养，使他们成为全面发展的人，以适应社会发展的需要。不仅要把英语的基本技能和知识进行有效传送，更应该培养他们学会体谅，学会关心，学会独立。我们应当将人文关怀作为基点，帮助我们搞好英语课程与教学的改革工作。

参考文献：

L. W. McCallum. 1984. A meta-analysis of course evaluation data and its use in the tenure decision[J]. Research in Higher Education, 21(2), 150－158.

曹阳根，孙双金 . 1999. 改革课堂教学评价标准，实施课堂教学素质化[J]. 学校管理(01)：17.

韩云飞 . 2001. 关于课堂教学评价标准的研究[J]. 黑龙江教育 (5)：11－12.

黄光雄，蔡清田 . 1999. 课程设计：理论与实际[M]. 台北：五南图书有限公司 .

刘海君 . 2003. 关于教育主体性缺失的研究[D]. 云南：云南师范大学 .

刘新来 . 2001. 英语双重交互活动教学法实验研究[D]. 广西：广西师范大学 .

麦克尼尔 . 2008. 课程：教师的创新[M]. 北京：教育科学出版社 .

派纳 . 2008. 课程：走向新的身份[M]. 北京：教育科学出版社 .

孙蕊 . 2010. 浅谈高职英语课堂教学活动设计真实性原则海外英语[J]. 海外英语 (8)：409－410.

论新课改推进过程中中小学英语教师的教材观

首都师范大学　武慧兰

摘　要：新课改的不断推进激励着中小学英语教师教材观的转变，教师如何适度地调整自身的教材观，从而达到课改中创造性的开发和使用教材的要求，是能否实现好新课改目标的一个重要因素。本文作者结合教材观研究的基本理论和研究维度，根据相关的调查，认为当前中小学英语教师教材观已经发生了一些变化，但是表现的程度不一，由此，对教师如何适度转变自身的教材观提出了一些建议。

关键词：新课改；中小学英语教师；教材观

1. 引言

近几年来，在“以学生发展为本”的新课改核心理念的指导下，随着新课程标准的实施和新教材的使用，我们感受到英语课程改革正迈着坚实的步伐前进着。课程改革的核心环节是课程实施，而课程实施的基本途径是教学(宋晓平、张有德，2005)。教材是连接教与学的桥梁，是教师施教，学生受教的主要工具；教材更是课程的载体，课程标准的物化，承载着改革者的课程理念和教学思想。新课程改革要求教师能都创造性地使用教材，从“教教材”到“用教材教”。虽然在课改的不断实施和推进的过程中，有些教师的教材观已经发生了应有的变化，但是这还是远远不够的。本文作者认为，当今的中小学英语教师要深刻地理解和认识新课改的理念，适度转变自己的教材观，这样才能在教学实践中创造性地开发和使用好教材，最终实现新课改的目标。

2. 教师的教材观

2.1　教材观

从已有的文献来看，系统地对教材观内涵进行的研究并不多见。本文作者尚未查到国外学者对教材观的直接定义，但是在国内，一些学者从不同的角度对其进行了界定。

曾天山(1997)主要从教材本身所具有的特性来看待教材观，认为教材观是对“教材本质、属性及作用的认识。人们形成不同的教材观，可以归因为他们有不同的社会观、知识观、教学观及课程观。”任丹凤(2003)则侧重从教材的价值、功能和教学的便利性上定义，认为教材观是“对教材的价值、作用、评价标准和处置方式的基本看法，教材观决定和影响着教师的教学方式”。刘占泉(2004)结合语文学科，从教材的编制与使用两个方面来阐述教材观。他认为教材观包括“核心理念(或曰语文教材的性质观)、教材目的观、教材内容观、教材模式(结构)观、教材使用方法观”。陈柏华和高凌飚(2010)综合前几位学者的观点，把教材观定义为“人们对教材的内容、属性、结构、功能等的基本看法，不同的教材观体现了不同的教材内容观、组织观、功能观以及教学观”。

2.2　教师的教材观

教师的教材观是一个复合概念，通过查阅文献可知，目前对教师教材观进行的深入研究可谓是凤毛麟角。

郭晓明(2001)将教师的教材观分为两种，即“圣经式的教材观”和“材料式的教材观”。宋晓平、张有德(2005)认为从教材价值取向，将教师的教材观分为知识教材观和智慧教材观。综观教学理论与教学实践的发展历史，他们梳理出教材观的发展轨迹，即知识教材观初期(教学生知识)、知识教材观的发展(教学生学会)、智慧教材观初期(教学生会学)、智慧教材观的发展(教学生会创造)。陈柏华(2007)在其博士论文中曾对教师教材观做出比较明确的界定，认为教师教材观是“教师对教材的目标、内容、结构以及处置方式等的基本看法。对教材这几个方面的不同看法体现了教师教材观的差异”。同时，他提出了教师教材观研究的四个维度，即教师的教材目标观、教材内容观、教材结构观以及教材教学观。据此，他对二十世纪以来专家学者们所探讨的教师教材观进行梳理，归纳出七种典型的教师教材观，分别为圣经式教材观、经验自然主义教材观、科学取向教材观、结构主义教材观、范例式教材观、人本取向教材观、建构主义教材观。

根据以上文献分析，本文研究的教师教材观主要参照陈柏华对教师教材观的界定，把教师教材观定义为教师对教材内容、编排组织、物理属性的事实性认识，对教材内容体现的知识观、教材目标体现的价值取向所做出的价值判断。同时，根据陈柏华总结的教师教材观研究的四个维度，本文作者对当前中小学英语教师的教材观进行了分析。

3. 当前中小学英语教师的教材观

教材作为课程的物化产物，必须全面体现课程的理念和内容。在传统的以传授知识为主的课程理念指导下，教材被看作是学科知识的浓缩和反映，仅仅发挥了作为信息资源的单一功能。而当今课改是以促进学生全面发展为其核心理念，不仅重视教材作为信息资源的功能，更强调教材促进学生发展的功能，要求新教材应从“教本”向“学本”转变，从“文本”向“对话”转变，从“知识”向“素质”转变，最大程度地促进学生的学习和发展。因此，新英语教材具有了很多新的特点。首先，新教材不再是课堂教学的全部内容，而只是为展开教学活动，使师生互动产生知识提供的一种范例和素材。其次，新教材注重促进学生学习方式的转变。第三，新教材添加了培养学生正确价值观的内容。最后，新教材重视引导学生进行自我反思与评价，充分发挥评价对学生的激励、促进和发展功能。

在新课改的推动和新教材的使用中，教师教材观正在发生变化。过去“圣经式”的教材观，即教师把教材看作教学的唯一依据，教学中绝对的“依纲靠本”，在当下已经不多见了。很多教师都注意到现在的教材在内容上比较开放，方法上更为灵活，教师可以根据需要对教学内容及其前后顺序进行调整。这一方面给教师有更大的教学空间，同时也对教师提出了更高的要求。但是由于现有教材配套资料的不足、教学时间的限制以及外部考试的压力等，部分教师在面对新教材时感到无所适从，十分迷茫。

所以，不同教师教材观转变表现出来的程度又有所差异。经过对最近一些调查的分析与总结，本文作者认为在课改推进的过程中，中小学英语教师主要存在以下三种教材观。有一些教师把考试作为教材的目标，认为教材给了什么就教什么，赞同主题式编排，但是在教材教学观上觉得应该奉行“依纲靠本”的教学理念，认为教学的依据是课本加教参。总体来说，这是一种“保守型教材观”。另有一些教师持有一种“妥协型教材观”。在教材的目标观上，他们认为，既要承受外部的考试压力，同时又要关注学生的个性发展。关于教材的内容，这样的教师认为学生在学习与他们日常生活密切相关的知识之余，还需要学习与感悟他们目前难以体验到的生活，后者与当今课程改革倡导的人本理念相违背。在教材的组织上，虽然这种教师赞同主题式编排，但觉得教材遵循难度递增的编排体系比较好，这样有助于教师的讲授。在教学中，他们还是比较信奉教材的权威性，即使要添加一些课外材料，也不是为了拓展学生的知识，而是为了避免被学生质疑时“问倒”。最后一种教师，不管是对教材目标、内容、结构的看法，还是在教学的实施过程中，都比保守型和妥协型教材观的教师显得更为开放，在此把这种类型的教材观称为“创生型教材观”。持这种教材观的教师认为教材除了要完成基本知识目标外，还应锻炼学生的能力，并为学生今后的发展奠定坚实基础，凸显了工具性与人文性并举的目标观。就教材内容观来说，首先他们关心的是学生的生活，觉得当前教材在这方面做得更好。

在教材结构观上，倡导圆周式与螺旋式相结合的编排体系，这与其他教师的观点基本一致。就教材教学观而言，把教材看作教学的范例、引子，教师据此对教材进行增删合立。

上述当前中小学英语教师教材观存在的类型主要是根据陈柏华教材观研究的四个维度进行的划分。实际上，教师教材观的特点和表现形式非常复杂，它们经常交织在一起，可能在以上两种甚至三种教材观之间摇摆，只能说某个教师是偏重于某种教材观的。其原因可能是很多教师在课程改革中只是受到一定观念上的冲击，正在试图改变对教材的认识和使用，却因为不知道如何把握教材观转变的“度”，所以在实践中又不得不在不同程度上坚持自己以往的看法，影响了课改效果。

4. 对适度转变当前中小学教师教材观的建议

4.1 深入了解和学习英语新课程标准，努力转变教材利用的目标

当前我国的外语教学正在经历自上而下的改革，课程理念和课程标准都经历着不断地发展变化。较之过去的课程标准，最近的几次课改弱化了过去过分重视语法和词汇知识讲解与传授，忽视对学生实际语言运用能力的培养的趋向，更加强调从学生的学习兴趣、生活经验和认知水平出发，采用任务型的教学途径，让学生在体验、实践、参与和交流中，发展综合语言运用能力。同时，也增加了情感因素、学习策略以及文化意识和跨文化交际能力等方面，体现了以人为本的教育观念，培养学生的终生学习能力，培养学生健全的人格和技能发展能力，提到了教育成功的核心。

因此，“为考试而教”、“为完成教学任务而教”等类似的教材目标观已经与上述的新课程标准的目标相背离，不符合我国当下的教育宗旨，也不利于我国新时代人才的培养。

要转变整体的教材观，首先还是要从观念上入手，认真学习、深刻领会教学大纲和课程要求，对课程性质、课程目标、课程设计、课程管理及评价手段逐一研读，做到心中有数，努力改变自己对教材利用目标的看法，并在教学过程中以此为准绳及时进行检查和调整，使自身的教材目标观逐渐和新课程目标相契合。

4.2 整合资源，创造性地使用教材，合理调整教材内容的利用程度

当今，越来越多的人已经认识到教材不是知识的固定载体，而是师生共同探求新知识的互动平台，是教师与学生有效地开展课堂教学活动的轴线。因此，新的教材内容观认为教材是一个开放多元的体系，教师要学会整合资源，创造性地使用教材。当然，创造性地使用教材并不是完全抛弃教材，一味地强

调教师与学生的生成、调适及解放，因为这样的做法也是危险的，很有可能这种教材内容生成的方法就成为放任自流，偏离新课标的要求，这无异于缘木求鱼。

本文强调的创造性使用教材，是在尊重教材，吃透教材的基础上，根据具体的教学情境有针对性地、创造性地对教材进行再加工，以达到凸显教材功能，拓宽教材外延的目的。恰如新英语课程标准中所言，对教材要进行适当的科学性的补充和删减，例如替换教学内容改变活动方式、扩展活动素材、细化活动步骤及调整教学顺序等。

在教师对现有教材进行充分灵活使用时，本文作者认为教师要充分广泛地对身边的资源进行整合利用，使其教材化。这样可以满足不同教学情境的需要，充分调动学习者的学习积极性。尤其是当学生自己去收集这种资源的时候，他们的学习积极性得到了提高，会使得课堂气氛变得活跃，教学效果也远比使用教材中明显过时的材料效果好得多。

4.3 自觉进行课后反思，不断增强教材使用与教学过程的有效结合

哈特(Hart，1990)等人认为，实践反思是慎思的过程，通过影响界定问题和解决问题的方法，来提高结果的质量，在实践反思中知识、思想和行动是整合的。熊川武(2002)认为，反思性教学是“教学主体借助行动研究不断探究与解决自身和教学目的以及教学工具等方面问题，将‘学会教学’(learning to teach)和‘学会学习’(learning to learn)统一起来，努力提升教学实践合理性使自己成为学者型教师的过程”。总之，我们看到反思是一个慎思的过程；它体现了对意义的重新建构；它是从情境中、实践中来提升理论。

在课堂教学实践后及时反思教材的整个使用过程，不仅能使教师直观、具体地总结某种教材使用方法的长处，及时发现问题，找出原因和解决办法，再有可以研究教材和分析学生特点，优化使用方法和手段，丰富自己的教学经验，而且是将实践经验系统化、理论化的过程，有利于提高教材使用水平，使教师的教材观能上升到一个新的理论高度。尤其是，对于年轻教师，这种反思的过程对于他们的专业成长很有好处。

为了使反思更加有效，可以利用如下的办法。第一，撰写反思日志。这种方法很简单，就是教师根据自己的教学实践，把自认为教学效果好的教材使用方法(包括其使用的具体情境等)或者是不恰当的使用方法(包括其不足及改进措施等)记录下来，以便日后工作参考。第二，实际讨论。教师个人思考总是很有局限，所以个人及时反思的同时，应该多与其他的教师沟通，相互交流经验，这样才可能碰撞出更多的思想火花。最后，回归到教学中检验。通过以上两种方法得出的教材使用理论能否行得通，能否使教材在教学中产生良好的使

用效果，还是得靠具体的教学实践进行检验。这样，反思与实践的交互过程，一定能使教师不断增强教材使用与教学过程的有效结合，使教学能力和教学效益不断提升。

5. 结论

中小学课程改革已走过十余个年头，如何转变教师的教材观依然是改革能否顺利深入推进的重要因素。教师的教材观是一个复杂的概念，它的影响因素也很多，但是教师自身的认识和发展对树立符合新课改理念的教材观的影响最大。因此，教师应该从自身的教育教学实践着手，不断更新自己的教材和教学理念，改进教材的使用策略，在一次次的尝试与反思中，确立以学生发展为本的新型教材观。

参考文献：

Hart，A. W. 1990. Effective administration through reflective practice[J]. Education and Urban Society，22(2)，153 — 169.

陈柏华. 2007. 小学教师教材观研究[D]. 广州：华南师范大学.

陈柏华，高凌飚. 2010. 教材观研究：类型、特点及前瞻[J]. 全球教育展望 39(6)：63—69.

郭晓明. 2001. 从“圣经”到“材料”——论教师教材观的转变[J]. 高等师范教育研究 13(6)：17—21.

刘占泉. 2004. 汉语文教材概论[M]. 北京：北京大学出版社.

任丹凤. 2003. 中小学教科书编制设计的理论与实践研究[D]. 上海：华东师范大学.

宋晓平，张有德. 2005. 新课程理念下教材观反思[J]. 江苏大学学报(高教研究版)27(1)：69—73.

熊川武. 2002. 论反思性教学[J]. 教育研究 270：12—17.

曾天山. 1997. 教材论[M]. 南昌：江西教育出版社.

探究支架式教学模式在小学英语教学中的应用

首都师范大学　张莉波

摘　要： 支架式教学模式是近年来在建构主义教学观的理论背景下产生的典型的教学模式之一。该教学模式体现以学生为中心的现代教育理念，倡导体验、实践、参与、合作与交流，通过提供一套恰当的概念框架来帮助学习者理解特定知识，建构知识的意义。鉴于支教式教学模式应用于小学英语教学的可能性和必要性，本研究尝试将支架式教学模式同我国小学英语教学有机结合起来，探究这种新的教学模式对小学英语教学的影响和效果。

关键词： 支架式教学；小学英语；应用

近年来，随着建构主义理论在西方的兴起，越来越多的教育家和教育学者把建构主义的思想用在教学理论和实践中，产生了新的教学理论和方法，有人称之为当教育心理学的一场革命变革。而支架式教学模式是在建构主义教学观的理论背景下已开发出的比较成熟的教学模式之一。它是以学生为中心，在整个教学过程中由教师起组织者、指导者、帮助者和促进者的作用，利用情景、协作、会话等学习环境要素充分发挥学生的主动性、积极性和首创精神，最终达到使学生有效地实现对当前所学知识的意义建构的目的。

我国教育部颁发的《小学英语新课程标准》，其所倡导的理念和基础教育阶段英语课程的任务又契合了支架式教学，这就为支架式教学模式在小学英语教学中的研究提供了现实背景。

1. 支架式教学的定义

“支架”(Scaffold)原是建筑行业的术语，又译作“脚手架”，是建筑楼房时施予的暂时性支持。当楼房建好后，这种支持就撤掉了。根据这个建筑隐喻，伍德(Wood，1976)最先借用了这个术语来描述同行、成人或有成就的人在另一个人的学习过程中所施予的有效支持。罗森赛恩(Rosenshine，1992)等认为，支架式教学是教师或更有能力的同伴为帮助学习者解决独自不能解决的问题，也即帮助学习者跨越当前水平和目标之间的距离而提供帮助、支持的过程。狄克森(Dickson，1993)等提出，支架式教学是系统有序的包含了提示性的内容、材料、任务以及相应的教师为改善教学所提供支持的过程。斯南文(Slavin，1994)指出，支架式教学是教师引导教学的进行，使儿童掌握、建构和内化所学的知识技能，从而使他们进行更高水平的认识活动的过程。普利斯里(Pressly，1996)等人的定义是根据学生的需要为他们提供帮助，并在他们能力增长时撤去帮助。

目前，比较有影响、流行的定义源自于欧共体“远距离教育与训练项目”(DGXⅢ)的有关文件。支架式教学被定义为“支架式教学应当为学习者建构对知识的理解提供一种概念框架(conceptual framework)。这种框架中的概念是为发展学习者对问题的进一步理解所需要的，为此，事先要把复杂的学习任务加以分解，以便于把学习者的理解逐步引向深入”。

2. 支教式教学的理论基础

2.1　建构主义学习理论

建构主义理论认为，儿童是在与周围环境相互作用的过程中，通过同化与顺应，逐步建构起关于外部世界的知识，从而使自身认识结构得到发展。由于个体的认识发展与学习过程密切相关，因此利用建构主义可以比较好地说明学习如何发生、意义如何建构、概念如何形成，以及理想的学习环境应包括的主要因素等。建构主义学习理论提倡在教师指导下的以学生为中心的学习，学生通过一定的情景(社会文化背景)，借助他人(包括教师与学生)的帮助，利用必要的学习资料，通过意义建构的方式而获得。因此，“情景”、“协作”、“会话”、“意义建构”是学习环境中的四大要素。

这样，我们就可以将与建构主义学习理论以及建构主义学习环境相适应的教学模式概括为：“以学生为中心，在整个教学过程中由教师起组织者、指导者、帮助者和促进者的作用，利用情景、协作、会话等学习环境要素充分发挥学生的主动性、积极性和首创精神，最终达到使学生有效地实现对当前所学知识的意义建构的目的。”在这种模式中，学生是知识意义的主动构建者；教师是教学过程的组织者、指导者、意义建构的帮助者；教材所提供的知识不再是教师传授的内容，而是学生主动构建意义的对象；媒体也不再是帮助教师传授知识的手段、方法，而是用来创设情景、进行协作学习和会话交流，即为学生主动学习、协作式探索的认知工具。在上述建构主义的教学模式下，目前已开发出的、比较成熟的教学方法主要有：支架式教学模式、抛锚式教学模式和随机进入模式这几种。

2.2 最近发展区理论

支架式教学思想来源于前苏联著名心理学家维果茨基的“最邻近发展区”理论。维果茨基认为，在儿童智力活动中，对于所要解决的问题和原有能力之间可能存在差异，通过教学，儿童在教师帮助下可以消除这种差异，这个差异就是“最邻近发展区”。换句话说，最邻近发展区定义为，儿童独立解决问题时的实际发展水平(第一个发展水平)和教师指导下解决问题时的潜在发展水平(第二个发展水平)之间的距离。可见儿童的两个发展水平之间的状态是由教学决定的，即教学可以创造最邻近发展区。因此，教学绝不应消极地适应儿童智力发展的已有水平，而应当走在发展的前面，不停顿地把儿童的智力从一个水平引导到另一个新的更高的水平。

3. 支架式教学模式的思想和观点在小学英语教学中的应用

支架式教学模式主张在教学中要为学习者建构知识意义或理解提供一种概念框架，这种概念框架为发展学生对问题的进一步理解所需，同时也是为了保证能把学习者的理解引向深入。概念框架建立的关键是要符合“最近发展区”的要求，从这一意义上讲，概念框架可作为学习过程的“脚手架”。正是通过这种“脚手架”的作用，教师引导着教学的进行，并通过支架把管理与调控学习的任务逐渐转移给自己学生，进而不断地把学习者的智力从一个水平提高至另一更高水平，真正做到教学走在发展前面。支架式教学模式由以下几个环节组成。

3.1 搭手脚架——围绕当前学习主题，按“最邻近发展区”的要求建立概念框架

根据支架式教学的定义，支架式教学应当为学习者建构对知识的理解提供一个框架，这种框架中的概念是为发展学习者对问题的进一步理解所需要的，为此，事先要把复杂的学习任务加以分解，以便于把学习者的理解逐步引向深入。

对支架式教学的应用，必须强调以学生为中心，认为学生是认知的主体，是知识意义的主动建构者。而教师处于主导地位，要根据学生的实际情况，围绕主题设计建立一个相关的概念框架，并在具体实施时引导学生一步一步完成对知识的意义建构。

为此，老师应该根据小学生的年龄特点和已有的智力发展水平以及教学目标的要求，设计一些由易到难的教学步骤(概念框架)，让学生随着老师所创造的最邻近发展区，一步一步地向新的更高的水平发展。教师在英语教学中可以设计“单词——词组——句子——全文——表演课文”这一系列概念框架，使学生沿着支架一步步向上攀登。

3.2　进入情景——将学生引入一定的问题情景

建构主义学习理论认为学习活动是在一定的情景、社会背景下进行的，在实际情景下进行学习，可以使学习者能利用自己原有认知结构中的有关经验去同化和索引当前学习到的新知识，从而赋予新知识以某种意义；如果原有经验不能同化新知识，则要引起“顺应”过程，即对原有认识结构进行改造与重组。学习者就是在不断的“同化”与“顺应”中达到对新知识的意义建构。

最近的《国家义务教育阶段英语课程介绍》中也指出：“外语教学应以培养学生的语言能力为主线，突出语言的实践性。”英语是一种交际工具，而情景是语言交际的重要因素。自然语言产生于情景之中，活动受情景制约，说话总是由一定的情景所诱发。语言交际活动只有在一定的具体的情景中才能实现，没有情景就没有语言交际活动。另外，情景还是促进语言交际活动的重要因素，它能促进交际双方互相理解和表达思想，激发交流信息的愿望和兴趣。因此，我们要在英语教学中为学生创造真实的交际情景，让学生学以致用，达到对所学新知识的意义建构。

教师在小学英语教学中可以根据学生的已有经验或生活常识创设问题情境。例如老师问学生彩虹有几种颜色，学生们用汉语说出七种颜色，接着老师在黑板上画出彩虹并涂上已学过的颜色，如涂上 red，blue 和 green，那么剩下的没涂色的即为要讲的新单词；教师可以利用悬念来创设问题情境。例如老师拿出一个装满各种水果的黑色袋子，让学生通过触摸来猜测是哪种水果；教师可以以直观教具和现代教育技术为媒体创设问题情境。例如通过多媒体播放校运动会时的图片和录像，引出关于体育运动的单词和词组：run，swim，jump，do the long jump，throw a ball 等等。

3.3　独立探索——让学生独立探索

建构主义学习理论强调以学生为中心，不仅要求学生由外部刺激的被动接受者和知识的灌输对象转变为信息加工的主体、知识意义的主动建构者；而且，要求教师由知识的传授者、灌输者转变为学生主动建构意义的帮助者。

因此，探索开始时要先由教师启发引导，然后让学生自己去分析；探索过程中教师要适时提示，帮助学生沿概念框架逐步攀升。起初的引导、帮助可以多一些，以后逐渐减少，越来越多地放手让学生自己探索；最后要争取做到无需教师引导，学生自己能在概念框架中继续攀升。

例如教师在讲完有关体育的单词、词组和句子后，接着展示几个具有不同身体特征的人物的图片，如 Tom，Tony，Bob and Peter. 让学生们独立思考他们会参加校运动会的哪种体育项目。开始时老师可以这样说：“I think Tom is gong to run in a race，because his legs are long.”通过启发引导，让学生独立思考几种人物要参加的运动项目以及原因，培养学生的发散性思维。

3.4 协作学习——进行小组协商、讨论

建构主义学习理论认为，学习者与周围环境的交互作用，对于学习内容的理解(即对知识意义的建构)起着关键性的作用。这是建构主义的核心概念之一。学生们在教师的组织和引导下，一起讨论和交流，共同建立起学习群体，并成为其中的一员。在这样的群体中，共同批判地考察各种理论、观点、信仰和假说；进行协商和辩论，先进行内部协商(即对当前问题摆出各自的看法、论据及有关的资料，并对别人的观点作出分析和评论)。通过这样的学习环境，学习者群体(包括教师与每一位学生)的思维与智慧就可以被整个群体所共享，即整个学习群体共同完成对所学知识的意义构建。

这种协商与讨论的结果，有可能使原来确定的、与当前所学概念有关的属性增加或减少，各种属性的排列次序也可能有所调整，并使原来多种意见相互矛盾、而且态度纷呈的复杂局面逐渐变得明朗、一致起来。在共同集体思维成果的基础上达到对当前所学概念比较全面、正确的理解，即最终完成对所学知识的意义建构。

学生们分成小组，讨论以上几种不同特征的人即将参加的运动项目，通过热烈的讨论与交流后，把自己的各种不同的见解生动活泼地摆出来，从中培养学生的发散性思维和首创精神，并对学生进行互爱互助的教育，最终统一意见，达成共识。在这种学习环境下，他们的思维与智慧就可以被整个群体所共享，使整个学习群体共同完成对所学知识的意义构建。

3.5 效果评价——对学习效果的评价

对学习效果的评价包括学生个人的自我评价和学习小组对个人的学习评价。评价内容包括：①自主学习能力；②对小组协作学习所作出的贡献；③是否完成对所学知识的意义建构。课堂的评价要让学生觉得自信、自豪，为自己在英语课堂上的表现、为自己的小组、为自己的班集体感到骄傲。

以上面的校运动会为例，本课的效果评价包括：①你觉得你能否用英语把Sports Day讲给爸爸妈妈听？②你认为你们小组谁学得最棒，谁出的主意最好？③如果自己参加运动会，会参加哪种项目？

4. 结语

本文通过支架式教学模式在小学英语教学中的实施，发现其在理论上打破了长期以来统治各级各类学校课堂的传统教学模式，丰富了小学关于英语教学的理论和方法，有利于新课程改革的深化；尊重和满足不同学生的需要，促进认知主体积极进行知识的构建，帮助学生实现有意义的学习；其所倡导的学生

主动参与，乐于探究，勤于动手，培养了学生搜集处理信息的能力，获取新知识的能力，分析和解决问题的能力以及交流与合作的能力。有助于把学习的主动权还给学生；有助于让学生学会学习；有助于学生发展智能，陶冶个性，形成完美人格；有助于提高教学的有效性。

参考文献：

John，W. 2005. Educational Psychology[M]. 北京：世界图书出版公司.

Vygotsky，L. S. 1978. Mind in Society：The Development of Higher Psychological Processes[M]. Cambridge，MA：Harvard University Press.

Robert，E. 2004. Educational Psychology：Theory & Practice [M]. 北京：北京大学出版社.

陈琦，刘儒德. 2007. 当代教育心理学[M]. 北京：北京师范大学出版社.

高文，徐斌艳，吴刚. 2008. 建构主义教育研究[M]. 北京：教育科学出版社.

武法提. 2003. 网络教育应用[M]. 北京：高等教育出版社.

王海珊. 2005. 教与学的有效互动——简析支架式教学[J]. 福建师范大学学报(哲学社会科学版)(1)：140－143.

闫寒冰. 2003. 信息化教学的学习支架研究[J]. 中国电化教育 (11)：18－22.

朱琳琳. 2004. 关于支教式教学基本问题的探讨[J]. 教育导刊 (10)：4－9.

文化、翻译与文学

以 Grice 的会话合作原则为框架谈身势语对语言信息的补充

首都师范大学　宋　洁

摘　要：身势语作为非语言交际的重要手段，对交流中的语言信息起到了明显的补充作用。本文以 Grice 会话合作原则为框架分析了身势语在交流中对言语信息的辅助作用。

关键词：身势语；会话合作原则；辅助；补充

人类交际有两种渠道：语言的和非语言的。波亚托斯(F. Poyatos，1997)认为，人类交际行为是一个基本的三重结构(basic triple structures)，其中包括语言(language)、伴随语言(paralanguage 或叫做副语言)和身势语(body language)。其中伴随语言和身势语就属于非语言交际。非语言交际在交际中的作用是不可忽视的。Birdwhistell 曾对同一文化的人在对话中的语言行为和非语言行为作了一个量的估计，认为语言交际最多只占到整个交际行为的30%左右，其他则均为非语言行为；Samovar(1991)认为在面对面交际中，信息的社交内容只有35%左右是语言行为，其他则都是通过非语言行为进行传递的。

身势语(body language)，又叫身体语言、体态语或形体动作语，是非言语交际的重要组成部分。《现代语言学词典》中体态语的定义是：使用脸部表情和身体姿势来传递意义，特别是与语言结合使用。周国光在《体态语》一书中指出：所谓身势语是指由人体发出的具有表情达意功能的一套图像性符号，包括人的面部表情、身体姿势、肢体动作和身体位置的变化。身势语是人类重要的交际手段之一，是辅助性的沟通工具，它以表达感性信息为主，也表达一定的理性信息。它可以有效地加强、补充有声语言的表达，并使语言信息具体化。身势语研究涉及符号学、语言学、心理学、社会学、美学、历史学、民俗学、人类学、信息论等多种学科，是一个十分典型的跨学科领域。各不同领域的学者基本认同身势语包括目光语、手势语、空间距离、面部表情和身体接触等。

从语用学的角度分析，身势语对交际中的语言信息起到了很好的辅助和补充的作用。美国哲学家 Herbert Paul Grice 在20世纪60年代提出了语言交际的会话合作原则。Grice 认为在所有的语言交际活动中，为了达到特定的目标，说话人和听话人之间存在着一种默契，一种双方都应该遵守的原则，他称这种原则为会话的合作原则(Cooperative Principle，简称 CP)。具体地说，合作原则要求每一个交谈参与者在整个交谈过程中所说的话符合这次交谈的目标或方向。交谈者之间的这种合作使得他们能够持续地进行有意义的语言交际。合作原则可以具体体现为四条准则：

1. 数量准则(Quantity maxim)：要求说话者所说的话达到所要求的详尽程度并且不超出需要的信息。

2. 质量准则(Quality maxim)：要求说话者不要说自己认为是不真实的话和缺乏足够证据的话。

3. 关联准则(Relation maxim)：要求说话者说话要贴切。

4. 方式准则(Manner maxim)：要求说话者避免晦涩的词语；避免歧义；说话要简要；说话要有条理。

这四条准则中的前三条与人们在交谈时“说什么”有关，第四条则与“怎么说”有关。数量准则规定了我们说话时所提供的信息量，也就是，凡是交谈的对方要求或期待你说的，你知道多少就该说多少，但不能把对方不要求或不期待你说的也都说出来。质量准则规定了说话的真实性，也就是要求说话人说真话，不说假话，不说没有根据的话。这里所说的真实性是指说话人认为是真实的话，不否认会存在说话人自认为是真实的，但实际上却是不真实的情况。因此说话人无意识地说谎时，应该说他仍然是在遵循这条准则的。关联准则规定了说话要切题，不说和话题无关的话。方式准则在表达方式上提出了要求，要求说话人简明扼要，不要用语义含糊的词语，避免冗词赘句。遵守这些准则就能以最直接的方式和最高的效率进行交际。

身势语作为非语言交际的主要组成部分，对合作原则中的语言交际具有有效的补充强化，鉴别和澄清的作用。

首先，身势语针对量的准则，补充了语言交际信息量的不足。

量的准则(Maxim of Quantity)包括两条次则：(1)所说的话应包含交谈目的所需要的信息内容；(2)所说的话不应包含超出需要的信息内容。

当交谈内容所提供的信息量不够时，身势语在一定的情况下可以起到填充言语交际的作用。例如：目光交流作为一种身势语经常对语言交流起到适时的补充作用。芝加哥大学博士 Eckhard Hess 的研究表明：真正的热情或兴趣能从人的眼神中反映出来。他相信人的瞳孔能显示激情或兴趣。瞳孔扩大往往与令人愉快、满足的经历有关。有时人们感觉到某人的热情与友好很可能是对于其目光语——瞳孔放大作出的自然反应。身体语言能使表达更加生动和形象。

例如，美国人在证明自己的时候，总是说："I swear."(我发誓)同时举起右手至肩上方，掌心朝前。这里身势语使语言更形象了。其次，身势语可以加大语义信息量，加强语势，深化表达内容。例如："Come on , boy. " The boys yelled and clapped their hands.("小子，加油!"男孩们大声地呐喊和用力鼓掌)。再次，身势语还可以使语言表达更准确清晰。例如：运动员在比赛中夺得冠军，登上领奖台。在奏国歌升国旗的时候，总会看到他们右手按左胸，跟着旋律一起吟唱国歌来表示敬意和爱国之情，这里他们的手势动作有效地强化了语言交际要表达的信息。

第二，针对质的准则，身势语帮助鉴别语言交际信息的真假。

质的准则(Maxim of Quality)要求说话人说的话务必真实。它包含的两条次则为：(1)不要说自知是虚假的话；(2)不要说缺乏足够证据的话。

在日常生活中我们往往注意到，某个人一旦说的是假话，他的身势语会不由自主地将其谎言戳穿。外国朋友到家里做客，好客的中国主人准备了丰盛的菜肴。由于彼此的饮食习惯等的差异，客人虽然大赞食物为美味，可是吃得很少，主人很容易从其非语言方面的表现判断出客人是否真的认为饭菜可口。一个到机场迎接客人的人嘴上说："太欢迎你了!"而他的面部表情则可能暴露他不太情愿和不太高兴的内心活动。

下面是一个教师和学生间交往的例子：

A student who tried to persuade his professor that he had a valid reason for not turning in a required paper. He explained that he had been working on the paper for several weeks and only had to finish typing it when his computer broke down. Throughout the conversation, the student appeared nervous, made little direct eye contact, and smiled at the wrong times.

通过这个学生在身势语方面的表现"appeared nervous, made little direct eye contact, and smiled at the wrong times"，教授不难判断这个学生在说谎，因此如果语言交际和非语言交际传递的信息不一致或者互相矛盾时，人们更加倾向于相信非语言交际传达的信息，应该说非语言交际的表现比语言交际更具有说服力。

第三，针对关系准则，身势语可以适时地代替言语信息。

关系准则(Maxim of Relevance)要求交谈内容要有关联，要切题。

一个伟大的音乐指挥家用他的身势语很恰当地表达思想来指挥乐队诠释音乐的奥妙，其身势语的力量是非常强大又极富感染力的。有时看似前言不搭后语的一段话语或一段对话正是靠身势语才得以串联。在某些场合中人们通常用身势语来替代自然语言进行交际，从而给交际增加了更加强烈的表现力。下面的对话就是一个例子：

A：Who are against this proposal?（有谁反对这项建议吗？）

B：Sam leaves the seat and slams the door.（山姆离开了座位，把门关得砰地一响。）

在这个例子中，山姆没有直接地用语言来回答说话者的问题，而是用了两个动作“leaves the seat”（离座）和“slams the door”（猛地关门）来替代了回答，从而表达出他坚决反对这项建议的态度。这里的身势语比语言更能突出他要表达的态度。

在课堂教学中，教师经常会用目光交流和手势来替代语言与学生交流或控制课堂秩序。声音嘈杂的课堂上，教师的一个眼神或手势会使学生们心领神会并马上安静下来。教师的微笑和表示理解的眼神交流会给学习吃力的学生带来莫大的鼓励和信心。

最后，针对方式准则，身势语帮助澄清语言交际中模糊不清的表达。

方式准则(Maxim of Manner)要求说话人所说的话要清楚明了。它由四条准则组成：(1)避免晦涩；(2)避免歧义；(3)要简练；(4)要有条理。然而，交际过程中有时却仍会出现不借助身势语便难解其意的话语。

下面的例子讲的是在圣诞前夜，一位老人因买不起布丁只能在商店品尝，一个陌生人提出要买布丁送给他，接着我们可以关注一下这位老人的身势语：

“Pardon me, sir, will you do me a favor? Let me purchase you one of these puddings. It would give me such pleasure.”

The old man jumped back as if he had been stung, and the blood rushed into his wrinkled face. “Excuse me,” he said, with more dignity than the anther would have thought possible considering his appearance, “I do not believe I have the pleasure of knowing you. Undoubtedly you have mistaken me for someone else.” And with a quick decision he turned to the shop girl and said in a loud vice, “Kindly pack me up this one here. I will take it with me.” He pointed at one of the largest and most expensive of the puddings. (《大学英语》文理科用第一册：104)

老人的话如果不付诸一定的身势语，的确难以表现他如此自尊。看到老人的身势语(jumped back, the blood rushed into his wrinkled face)和伴随语言(said in a loud voice)，他话语的真正含义便会让人恍然大悟，老人为了挽回面子，拒绝施舍，忍痛自己花钱买下了布丁，这里老人的身势语对其语言进行了有效的澄清，也使这位老人的强烈自尊给读者留下了很深刻的印象。

这里还要简要说明一下，身势语是后天习得的，因而是有文化差异的。相同的身势行为在不同的文化环境中可能表达不同的意义，并产生不同的交际功效。这可能会对人们的跨文化交际造成困难。外语学习者要努力培养自己鉴别不同文化中身势语差异的敏感性，以顺利进行跨文化交际。

把身势语的功效放入会话的合作原则框架下分析，我们发现它不仅有效地补充了语言交际中信息量的不足，帮助鉴别了言语信息的真假，还适时地代替了语言交际信息，并且澄清了模糊和不便传达的信息，因此身势语在人际交流中对语言信息的补充作用不容忽视，值得我们语言教学工作者认真研究。

参考文献：

Poyatos，F. 1997. Nonverbal Communication and Translation：New Perspectives and Challenges in Literature，Interpretation and the Media[M]. Amsterdam：John Benjamins Publishing Company.

Samovar，L. 1991. Communication between Cultures[M]. Belmont：Wadsworth.

程千山．2002. 身势语与会话含意[J]. 外语学刊（2）：36.

戴维，克里斯特尔．2000. 现代语言学词典[M]. 北京：商务印书馆．

何兆熊．1999. 语用学概要[M]. 上海：上海外语教育出版社．

胡文仲，毕继万．1999. 跨文化非语言交际[M]. 北京：外语教学与研究出版社．

李玲．2006. 体态语的交际功能及其文化差异[J]. 十堰职业技术学院学报（2）：42-44.

张宗久．2005. 体态语在非言语交际中的文化差异[J]. 郑州大学学报（6）：168.

翻译教学中的学生角色

国际关系学院　李　青　首都师范大学　张建新

摘　要： 本文从翻译教学方法的改进对翻译教学进行了探讨，尤其在翻译教学中学生所起的作用进行了分析，旨在通过翻译教学提高学生的实际翻译能力。研究翻译教学问题，对提高翻译教学效率具有现实意义。

关键词： 翻译教学；翻译技能；语言能力

关于目前的翻译教学方法问题，有学者认为："当前高等院校的翻译教学和口笔译翻译人才的培养，都是跟不上我国社会和发展需求的"（卢思源、吴启金，2000）。翻译教学应根据时代和社会发展的特点，积极探讨和尝试新的教学方法。传统的翻译教学过程大致是教师根据教材内容，通过译例说明某一翻译技巧，然后再给出大量实例让学生练习。笔者认为这种"实例法"虽然有助于学生在入门阶段卓有成效地掌握翻译理论和技巧，却不利于培养他们高水平的翻译技能以及对译文质量的评价能力。这种传统的教学方法很容易导致理论与实践在某种程度上的脱节，造成学而暂时不能用的后果。如何解决传统翻译教学的弊端问题，是目前翻译教学研究的其中一个问题。

1. 传统翻译教学模式的弊端

在翻译教学方法上，大多数教师仍沿用传统的教学方法。教师先讲翻译理论和方法，再让学生翻译片段，然后教师批改学生译文，进行讲评，并给出标准译文。这样的教学模式，有其合理性的一面，学生能独立地完成翻译，但其不合理之处在于学生处于被动地位，不能主动积极参与翻译教学。讲评由老师独自进行，学生和老师不能进行必要的讨论和交流，不利于调动学生的学习积极性，还使得翻译课缺乏吸引力；此种教学方法还产生另一个弊端：老师给出的标准译文抑止了学生的创造性思维，不利于翻译能力的培养和提高。

2. 以"学生为中心"为主要教学模式

在传统的翻译教学模式中，教师是课堂的主体，主要讲解翻译理论和译例，教师主要向学生讲解翻译知识，然后要求学生在翻译训练时应用。学生进行翻译训练的时间不多。而翻译教学的目的是为了学生进行翻译实践。针对这个问题，翻译教学应改变学生处于被动接受的地位的状况，引用以“学生为中心”的理念。以“学生为中心”的教学模式要求教与学观念转变。教师不再以传播翻译知识为主，而是引导学生主动参与翻译课教学，激发学生的学习动力，提供合理的学习策略，从而促进学生的学习(何高大，2002：57)。与传统翻译教学方式以教师为中心不同，改进的教学方式强调翻译教学以学生为中心，引发学生的参与意识，教师精讲多练，为学生提供更多的参与机会和培养学生的应用能力，较大幅度地发挥学生的主观能动性，提高了翻译教学效率。

3. 以“评论与交际法”体现以“学生为中心”的教学模式

“评论与交际法”的翻译教学就是在翻译教学中充分调动学生的参与意识，在课堂上鼓励学生对译文进行讨论，允许有多种翻译答案，并对精彩的学生习作大力宣扬，从而培养学生的自信和兴趣，调动学生的积极性和创造性。具体做法就是教师在讲解翻译方法或技巧并给出译例后，根据所讲内容给学生布置翻译练习，指导学生在完成翻译训练，然后让学生对译文进行自我评论，并把学生分成几个小组讨论每个学生的译文，取其精华，提出修改意见，向教师递交一份小组认可的译文，教师再对其分别加以评价，指出译文中的优缺点，再提供参考译文，并鼓励学生对参考译文提出自己的看法，以培养学生的应变能力和译文鉴赏能力。这种教学方法是对以“学生为中心”的理念的具体体现。

4. 多样化翻译教学方法加强以“学生为中心”的教学模式

坚持以“学生为中心”的教学理念，笔者认为还应强化学生的自学能力。目前翻译课程学时普遍不足。绝大多数院校在英语专业的低年级阶段不设翻译课，有一部分学校大三或只在大四年级开设翻译课，翻译课通常每周两节，在这样短的学时内要完成一门必修课的教学，教师要给学生讲解翻译理论，要让学生掌握基本的翻译技巧，还要让学生做大量的翻译训练，这就使教师不能坚持以“学生为中心”的教学模式。针对翻译课教学内容多而学时不足的状况，教师应重视学生的课外自学。让学生采取自学的方法来加强以“学生为中心”的教学模式。教师应向学生推荐翻译理论方面的书籍，介绍其他的翻译教材，布置学生完成一定的翻译任务，也可让学生自己选择课后的翻译练习材料，给予学生主动权，将翻译教学社会化，以任务为目标，让学生在教师设计的任务中根据自己的经验，实践翻译课堂所学，对这些信息进行心理操作，使之变成自己的东西(何高大，2002：58)，提高学生的兴趣。

总之，教师不能满足于课堂讲解，学生也不能只被动学习。教师除了要关注翻译理论，还要关注学生的课堂参与和课堂内外的实践，更要积极关注、探索、尝试并接受国内外最新的翻译教学理论及模式，以“学生为中心”的教学模式是一个值得探索的翻译教学途径，虽然它对翻译教师的业务能力、课堂内外的掌控和精力付出都提出了更高、更严格的要求。

参考文献：

Bassnett-McGuire, S. 1980. Translation Studies [M]. London and New York: Methuen.

Nida, E. 2003. Fascinated by Language[M]. Amsterdam: John Ben-jamins Publishing Company.

鲍川运 . 2003. 关于翻译教学的几点看法[J]. 中国翻译 (2): 48 - 50.

何高大 . 2002. 现代教育技术与现代外语教学[M]. 南宁：广西教育出版社 .

李红青，黄忠廉 . 2004. 外语专业翻译课的定位问题[J]. 外语与外语教学 (11): 22 - 25.

卢思源，吴启金 . 2000. 展望 21 世纪的翻译教学与研究[J]. 中国翻译 (1).

张美芳 . 2001. 中国翻译教材研究[M]. 上海：外语教育出版社 .

西方电影中的东方神韵

——电影《阿凡达》的跨文化解读

首都师范大学　富晓妮

摘　要： 电影《阿凡达》创造了电影历史上的传奇，其在中国的成功热映也并不是偶然，这部电影中所蕴含的东方文化神韵使得它受到了中国人民的热捧。本文从跨文化的角度，对这部成功的好莱坞影片《阿凡达》进行文化解读，寻找西方电影中如何将东方文化融会贯通去获取人心。

关键词： 跨文化；东方文化；文化交流

随着全球经济文化的迅猛发展，各国文化的便捷交流，文化壁垒一次又一次地被突破，世界各国文化呈现出了一种百家争鸣的景象。电影作为一种大众文化传媒，承载着无数的文化因素。《阿凡达》的成功让我们看到了文化传播和文化交流在这个全球化发展的时代的重要性。近年来，由于西方强势文化在中国的传播，令一些文化学者们担忧不已，甚至或者要求限制西方文化在中国的传播。全球化的舞台，各国文明与文化自由的交流，我们既要紧紧抓住自由发展的机会，又要看到潜在的威胁，一味地限制和保护并不能解决文化交流所带来的困惑。我们应该看到，西方文化在中国盛行的同时，中国的传统文化在国际舞台上也发挥着举足轻重的作用，并深深地影响着其他国家的文化。

《阿凡达》这部影片之所以大获成功，除了精湛的拍摄技术和精美的画面外，其现实主义主题的表达更是带给观众心灵上的震撼。当弓箭长矛面临飞机导弹，当土著居民面临“暴力拆迁”，一切并没有像历史现实一样在影片《阿凡达》中重演。电影中对我们生存的地球环境充满了关注和关心，“传达的是一种对人类与地球命运和未来的思考与忧虑”。它“想通过镜头，让全世界人学习，并逐步改变自己的生活方式”。影片中所体现的哲学思想与中国传统文化的诸多思想不谋而合。也正是这些普世的价值观和哲学思想，成就了《阿凡达》的全球盛行。

1.“天人合一”的天人观和人天观

关于人与天之间的关系，在国际文化舞台上的认识主要有三种：西方文化将人与自然对立起来，人类可以主导世间的万物，人类凭借自己独有的智慧、科技和机遇可以战胜一切；中东和印度信仰自然神，认为大自然赐予我们生命，大自然是世间一切生命的造物主，是人类的神灵；中国文化认为人类是大自然的一部分，万物皆为人类的朋友，人类与自然万物应当和谐相处。"天人合一，物我一体，和谐自然。"中国传统的道家思想主张天人合一，物我一体。"道"是世界万物之源，万物皆经历了"道生一，一生二，二生三，三生万物"的过程，天地万物皆有其规律，而在道中实现了和谐统一。只有天地万物相互和谐，各部分才能各司其职，各尽其责，共同向前发展。

随着人类社会的不断向前发展，人类与自然的关系也越来越激烈，人类的文明发展史同时也是同大自然作斗争的历史。在人类不断向前冲刺的同时，也为人类的生存环境大自然带来了无数的伤害。我们不再拥有自由呼吸的权力（影片开始时所有的人都戴着面具，未来的人类已经离不开面具，空气中到处弥漫着工业社会带来的各种尾气和毒气，地球上已经不存在任何的洁净空气，也不存在任何的绿色植物），我们的生命之源——水，已经不再洁净如前。未来的社会看不到江河湖海，因为它们通通变成工业社会的排水沟，不再有鱼虾嬉戏的景象。在当今的国际社会，环境作为重要的议题，已经引起各国的注视。环境作为人类生存必不可缺的条件，国际社会的公民都应竭尽全力去保护她，呵护她。

影片中人类在自身利益的驱使下，毫不犹豫地选择了人定胜天的生存哲学，认为人是自然的中心和主宰，人对自然有着支配权。借助于强大的现代科技，人类把自己的足迹洒遍了地球的每一个角落，还把疯狂的探索计划延伸到了外星球。这种人类中心主义的思维遭到了大自然的报复，使人类尝到了不善待自然造成的种种恶果，如今人类所赖以生存的地球已是满目疮痍。影片真实地反映了人类以自我为中心的生存哲学，为了自身的利益，人类不惜一切代价来到了遥远的潘多拉，对游说策略逐渐失去耐心的军队疯狂地将各种重武器对准他们进行攻击，对土著人及他们赖以生存的星球有着强烈的支配欲，完全无视他们的行为会对土著人及这个星球产生怎样的毁灭性后果。而原始的纳威人却本能地与大自然和谐相处，奉行天人合一的生存哲学。在潘多拉星球上高达900英尺的参天巨树、星罗棋布的悬浮山、色彩斑斓的茂密雨林、庞大凶猛或灵巧可爱的奇异生物，有机地构成一个梦幻般的奇美世界。这里的纳威人用心感受世界和其他物种，并与之共同分享着那片土地，没有主宰与被主宰。潘多拉星球上，没有任何一个物种高于其他物种，也没有任何一个物种可以控制其他物种。为了救杰克，无奈中纳威人女战士奈蒂丽赶走毒狼，并伤害了其中的一只，她也会抚摸它，为它痛心并祈祷，还责怪杰克的幼稚。而在危难之中纳威人与其他物种能紧密团结，互相帮助，宛如亲人和兄弟。在地球人攻打潘多拉之时，空中霸王托鲁克载着杰克，斑溪兽、槌头兽等响应他的号召，齐心协力，共同反击，赶走地球人。他们相互尊重，相互依赖，互为朋友，无论是美丽的生物，还是面目看似狰狞的野兽，还有纳威人，均无孰高孰低之分。“潘多拉”上的一切独立而又相互依赖，相异却又和睦共处。

2. 以家为本位，以伦理为核心的人生观

西方文化所崇尚的个人主义将“家”定义为“As are families，so is society”(Larry A，Richard E. and Edwin R.，2009)。家庭如同社会，提供了我们的身份标识，在我们成为自己之前，我们的标签是某某的儿子或者女儿。进入社会之后，我们变成了自己，拥有了自己的身份。家这一概念是中国文化的核心理念之一。在儒家文化中，“国”“家”一体，国是千万家，家是最小国，自古中国人崇尚的就是“修身、齐家、治国、平天下”、“四海为家”。中国人认为家人、国人乃至全世界的人们都是血肉相连、命运相关。人与自然、人与社会都可以看成是“家族”的关系。而维护这“家族”文化的就是中国人讲究提倡的“仁”，仁者，爱人也。《阿凡达》中，纳威人对神灵的敬畏，对动物的呵护，与世间万物的沟通、交流以及最后只有善良、仁爱的地球人才能留在潘多拉星球的场景，都体现了一种“仁爱”、“兼爱”的思想。身为间谍的杰克·萨利在“潘多拉”星球上经受训练顺利成为纳威人，又冒险返回星球拯救星球并再一次被善良、不计前嫌的纳威人所接受时，我们看到中国文化中的“仁义”思想，“大家”理念在西方人身上、在全世界人民乃至整个宇宙生命的身上闪烁着耀眼的光芒。

中国人的家族观念自古以来就很强，“血浓于水”“百善孝为先”等思想都是基于血缘、家族、亲情基础之上的，传统观念一直认为，西方文化在这个方面比较淡薄，但是，在这部电影中，我们也可以看到中国文化的“小家、亲情”理念在电影中的完美展现。纳威人的老首领在临死之时，把弓箭交给自己的女儿，女儿竭尽全力为父报仇，这些感人的镜头与场景很自然地就会让每一个中国人联想到“血浓于水”的亲情的伟大。这些中国传统文化中的经典理念在西方电影中的完美应用，为影片的观赏性加分许多。

3. 崇尚和谐统一的价值观

传统的中国儒家思想崇尚中庸之道，中庸的主要意义在于“用中”和“中和”，即在特定的条件下“不偏不倚”与“和而不同”，从而处理好不同事物之间的平衡关系，其根本价值取向就是尽可能地实现整体的和谐与发展。中华民族

自古以来就有“以和为贵”的思想，主张与宇宙万物和谐相处，主张阴阳和谐，顺应自然，顺应规律。中庸之道指导了华夏五千年为人处世的准则，时至今日，我国提出了建设和谐社会，和谐世界的口号，提出了建设“资源节约型，环境友好型”两型社会的主张，体现了对“度”的把握。

和谐的观念在《阿凡达》中有较为突出的体现，潘多拉星球上的自然万物和谐共存便是最和谐的体现。在潘多拉星球，纳威人将大自然的一切视为生命的一部分，平等地对待生命，平等地与之交流，并且通过特定的方式——EVA母亲树，与已逝去的灵魂、先人、神灵去沟通，用心去体会、去看待一切。在人类攻击潘多拉星球的时候，纳威人不愿离开他们的家园树，因为家园树是他们生命的一部分。家园树倒下的那瞬间，我们透过纳威人眼中的泪水和他们的呐喊声，感受到了家园树在他们生命中的重要性。连根拔起的家园树就像是他们心中的那份美好和信任也被人类用他们的武器毁灭了一样。杰克刚进入潘多拉星球的时候，遇到狼群的攻击，娜蒂丽为了救杰克无奈杀死了几只毒狼。娜蒂丽为了自己的杀戮行为感到悲伤，为死去的毒狼祷告，并抚慰那些死去的毒狼，仿佛死去的并不是一只无关紧要的动物。在最后的一场战役中，由于人类大肆地破坏潘多拉星球上的和谐生活，大自然对人类的进攻实施了“报复”。森林中的野兽成为杰克和娜蒂丽的战友，并肩作战驱逐肆意妄为的人类。

透过影片，我们可以看到在地球“千疮百孔”，资源枯竭之时，人类靠暴力强取豪夺，掠夺其他星球的资源只能是自取灭亡，而能与潘多拉星球的纳威人平和地交流、谦虚地向他们学习的杰克却得到了纳威人的肯定与接纳。矛盾是需要调和的，而调和的主要方式就是“Communication”，要平等、真诚地沟通、交流，而不能强权压制，甚至武力威胁。人与神灵之间，人与人之间，人与世间万物之间，国家与国家之间以及星球与星球之间，只有用心沟通才能解决问题，产生合力，达成共识，彼此相辅相成。《阿凡达》中，人与兽、与树木之间的交流让人神往。这与中国道家、佛家所提倡的思想有许多共同之处。“和”，这一独具东方神韵的文化理念在西方电影中闪烁着朴实无华却永恒隽永的光芒。

4. 悠久的图腾崇拜文化

图腾是原始时代的人们把某种动物、植物或非生物等当做自己的亲属、祖先或保护神。相信他们有一种超自然力，会保护自己，并且还可以获得他们的力量和技能。在原始人的眼里，图腾实际是一个被人格化的崇拜对象。图腾是一个群体的象征，主要是为了将一个群体和另一个区分开。由一个图腾，人们可以推理出一个族群的神话、历史记录、习俗。在原始时代，可信的是某些自然物或是一些众生的画像与他们的族群遗产是有一些血缘上的联系。因此，某种动物或职务会用作某一族群的标志或象征。

中华民族是一个有信仰、有自己图腾的民族，我们认为图腾就是我们的守护神，在危机时刻，紧急关头，他总会及时救大家脱离苦海。对龙的崇拜在中国历史上是一种绵延了数千年的特殊现象。在中国人的心目中，龙具有非凡的能力，他有鳞有角，有牙有爪，能钻土入水，能蛰伏冬眠；他有自然力，能兴云布雨，又能电闪雷鸣。在艰难乱世，民不聊生之时，总会有“真龙天子”现世，搭救万民，建立新秩序、新社会。在《阿凡达》中，那威力无穷的似凤似凰的神兽——“魅影骑士”，就如同我们的“真龙天子”，在最危险的时候现身，带领纳威人冲破一切艰难险阻，转危为安。纳威人对“魅影骑士”崇敬有加，并且“魅影骑士”身上有一个古老的故事。“魅影骑士”作为纳威族人的神兽，带领纳威族人经历了重重的苦难，创建了家园。东方图腾文化的神韵在西方电影中魅力彰显。

5. 结论

电影作为当今国际舞台上文化传播的主要媒介之一，其对于文化的传播和交流有着巨大的促进作用。如何运用电影的影响去传播本国的文化，是许多电影人，也是文化学者思虑甚多的问题。电影是一个民族文化很生动的呈现方式，它能把文化中隐性的、显性的方方面面都展现得淋漓尽致。在这个经济、政治、文化全球化的时代，我们总是担忧强势文化的传播会对我国的文化造成负面的冲击，使我们年轻一代的价值观受到西方腐败文化的侵蚀。但是，我们也应该欣喜地看到，古老的中国文化在国际舞台上的巨大影响。透过《阿凡达》这部成功的西方大片，我们清晰地看到这其中中国文化的身影，真真切切地感受到了古老的东方文化的神韵。中国有句古语叫做“民族的就是世界的”，我们优秀的中国文化在全球化的时代也深深地影响着西方的文化观念。我们年轻一代更应该肩负起传承优秀民族文化的责任，在学习吸收优秀的西方文化的同时，也要抵制住西方文化中的负面诱惑，同时更要学习和谨记优秀的民族文化。

参考文献：

Mitchell，J. M. 1986. International Cultural Relations[M]. London：Allen Unwin.

Samovar，L. A.，Porter，R. E.，& McDaniel，E. R. 2009. 1. Communication between Cultures (6th Edition)[M]. Beijing：Peking University Press.

韩和元．2011. 我们没有阿凡达：中国软实力危机[M]. 北京：中国发展出版社．

孟建，李亦中．2003. 冲突·和谐：全球化与亚洲影视[M]. 上海：复旦大学出版社．

孙立军，马华．2009. 美国迪士尼动画研究[M]. 北京：京华出版社．

孙有中．2009. 跨文化视角：女王与国家——从电影《女王》看英国王室的现代化改革[M]. 北京：高等教育出版社．

韦政通．2005. 中国文化与现代生活[M]. 北京：中国人民大学出版社．

[英]约翰·汤姆林森．孙剑英译．2002. 全球化与文化[M]. 南京：南京大学出版社．

天主与天的“亲缘”

——利玛窦眼中的天主教与古儒

首都师范大学　王雨婷

摘　要：在利玛窦来华之前，天主教曾两次传入中国，即唐代的景教(聂斯脱利派)和元代的也里可温派(景教和天主教的合称)。但是都没有给当时的中国带来新的思想。中国真正接触所谓的“西学”是在明末第三次天主教传入中国之后。以利玛窦为代表的耶稣会士通过各种途径使天主教在古老的中国落地生根，同时也使得中西两大文明得以接触与融合。

那么以利玛窦为代表的耶稣会士是如何让这个异域的宗教逐渐地被这个文化意识根深蒂固的中国所接受的呢？当天主教靠近儒家思想的时候发生了什么呢？天主的思想与儒家思想又有什么样的亲缘呢？

关键词：利玛窦；天主教；儒家思想；亲缘

天主教在明末清初第三次传入中国时深刻地影响了中国的文化，之所以如此是因为以利玛窦为代表的传教士在传教方面找到了一条最为便捷有效的路线：走上层路线。因为名卿仕宦不仅掌握了各种各样的权力，在必要的时候仕宦可以给传教士某些实质性的帮助，而且在当时他们还是中国社会结构中最具有文化理解力的一个阶层。(何兆武，2007：4)所以利玛窦穿上了“儒服”成为“西儒”。通过上层路线传教士们取得了皇帝及官宦的信任与支持，禁止传教的规定也逐步放宽，有利于天主教在中国的传播。

由于儒家经典是中国人普遍接受的思想，所以传教士们极力从中国古籍中寻找根据，附会中国古代的“天”即天主教中的“天主”。使得中国的“天”完全丧失了其自然性意义，而有了天主人格神的属性。

本文将从“古儒”方面来谈谈两者之间所谓的“亲缘”关系。

一

众所周知，欧洲历史上经历了一次声势浩大的宗教改革运动，给予了封建制度以沉重的打击，而在封建势力顽强的南欧国家(主要是西班牙、葡萄牙、意大利)，传统的封建教会势力便展开了一场“反宗教改革运动”。他们反对一切新的思潮，如：近代科学、思想自由、个性解放、人文主义等等，同时耶稣会在国际上的活动也异常活跃，企图通过海外传教来巩固已经动摇的天主教的根基。于是就引起了明末传教士来华。

可是他们带来的并不是当时欧洲最为先进的科学与思想，因而耶稣会的世界观与思想方法对中国的思想科学不可能起到积极的推动作用。他们宣扬的仍然是与文艺复兴对立的旧学，即中世纪封建教会的神学和经院哲学。

主要的思想包括：上帝存在、灵魂不灭、意志自由，另外还包括与封建品级结构相适应的社会政治观点。

近代以来，随着来华耶稣会士的增多，对天主教的研究也越来越普遍。刘耘华在《诠释的圆环》中就传教士对儒家经典的解释作出了本土回应，并且就此总结了中西交流史。他认为传教士对中国经典的态度是“补儒易佛”，既然利玛窦等传教士选择儒士作为自己在中国的身份，那么造成的直接结果就是选择儒家为西方思想甚至某些天主教思想的理论依据。而中国的仁人志士对此作出的回应也有不同，大体可以分为两类：入教儒士和反教儒士。在入教儒士中，以徐光启和李之藻为代表的儒士选择科学的信仰路线，他们的皈依是受自身科学素养以及热忱求取新知的驱动。另一派走的就是宗教信仰路线，以杨廷筠为代表，他们入教就是单纯的求取生死安顿。在张晓林的《天主实义与中国学统·文化互动与阐释》中，他从解释学的角度对《天主实义》进行分析，指出利玛窦在《天主实义》中的主要思想是容古儒、斥新儒，易佛道，并逐一对其分析。

二

利玛窦曾就学于耶稣会最高学府——罗马学院，因此对神学、哲学、天文学、数学等方面均有良好的造诣。来到中国之后又苦学经史知识，再加上本人谦虚平和，因此可以与中国的士大夫们“深入交谈”。由于中西两种文化的不同，使得士大夫对“洋文化”非常好奇，这样一来，他们交谈的方式就变成了由中士提问，然后由西士解答的方式。于是，一问一答的交流满足了中士的好奇心理，同时也使得西士有机会传播天主教的思想及世界观。

谈及天主教的神学世界观和经院哲学思想，在耶稣会士的译著中肯定有所体现，本文将以利玛窦的《天主实义》为例加以分析，来认识译著中是如何体现他们的思想。

《天主实义》又名《天学实义》，共八篇，分作上下二卷。全书采用晚清讲学仍然盛行的语录体，假设问答。由“中士”即华人儒者提问或质疑，由“西士”即耶稣会入华的传教士作答或释疑，往返问答，共一百十四次。

在《天主实义》中，利玛窦努力从中国古籍中找到各种证据来说服中士相信儒家思想与天主教教义有某种意义上的“亲缘”。当然这是针对古儒(以孔子及古经为表征的思想),因为利玛窦对中国已存在的思想采取的态度是:容古儒、斥新儒,易佛道。

1. 世界的主宰与创造者,有且仅有一个:天主

观天之际,谁不默自叹曰:“斯其中必有主之者哉?”夫集天主,吾西国所称“陡斯”是也。兹为子特揭二三理端以证之。

通过这里可以发现,利玛窦认为世界的真正主宰是“天主”,在接下来的“二三”端理中利玛窦指出,天主主宰了人心,使人具有至尊观念,主宰日月星辰的天体运动,使运动具有秩序,也使有知觉无灵性的生物趋利避害。

当中士问及:

天地间物至烦至赜,信有主宰。然其原制造化万物,何以征也?

利玛窦给出的解释是:

凡物不能自成,必须外为者以成之……,天地不能自成,定有所为制作者,即吾所谓天主也。

这里说的是世间万物,必须借助外力才能成形,而这个外力就是天主。

物本不灵,而有安排,莫不有安排之者。……

这里说明天主不仅仅是制造者,而且是安排者,上至有灵性的人,下至无灵性的动物,“有至灵之主赋其质”。此主即为天主。

……则必须推及每类初宗,皆不在于本类能生,必有元始特异之类化生万类者,即吾所称天主是也。

这里说的是万物的元始。

当中士问及,天主由何而生时,利玛窦给予一个典型大的经院哲学的回答:

物之有始有终者,鸟兽草木是也;有始无终者,天地鬼神及人之灵魂是也。天主则无始无终,而万物始焉,为万物根柢焉。无天主则无物矣。物由天主生,天主无所由生也。

利玛窦将世间万物分为三类:有始有终者,有始无终者,无始无终者。而天主则是无始无终者,创造并主宰万物,却无所由生。

2.“吾国天主,即华言上帝”

对于儒家思想,普遍认为可以将其分为两种:古儒、新儒。前者指的是先秦儒家(以孔子和古经为其表征),后者指的是宋明新儒家(尤其以朱熹体系为表征)。利玛窦根据天主教原理采取的是“容古儒”而“排新儒”。容儒不仅指与天主教观念解释、改造、补充古儒思想,也指基于天主教观念对整个儒家思想传统加以改造,其目的是使儒士认识到儒家思想如天主教的共同之处,从而思想上接受天主教。

对于中国已经存在的道教、佛教和儒家思想，利玛窦采取的是反对佛道而支持古儒。

二氏之谓，曰空曰无，与天主理大相剌谬，其不可崇尚，明矣。夫儒之谓，曰有曰诚，虽未尽闻其释，固庶几乎！

有始之物，曰先无而后有，可也。无始之物，非所论矣。无始者，无时不有，何时先无焉。

天主教的经院哲学认为，天主是无始无终的，而道家思想认为万物生于虚无，利玛窦在此加以驳斥，天主无始无终，所以无时不有，无处不在，怎么会是生于虚无呢？由此可见，利玛窦对道家思想是持反对态度的。

利玛窦从《中庸》、《雅》、《易》、《礼》等古经典籍中找到各种证据来证明我国古经中的上帝即天主。

吾天主，乃古经书所称上帝也。

利玛窦宣扬一神论，强调“至尊无两”，而我们自古以来信仰的是“天地”。对此，利玛窦做出的解释是：

大抵抬头见天，遂惟之拜天而已。

意思是由于人们抬头看到的是天，因此有拜天之说。

上天既未可为尊，况于下地，乃众足所踏贱，污秽所归寓，安有可尊之势？

这里就中国的“天地二尊”的思想给予重新分析，中国古代习惯将天地并列为至尊，而利玛窦认为，地乃是万人之足所至之处，是至贱之所。显然，这一说法与中国关于地的解释与态度大相径庭，因为在中国人心中，“地”被看做是宽广博大的意思，如“地负海涵 ”中的地指的是大地负载万物的意思，而不是利玛窦口中的至贱之物。利玛窦之所以这样说只是为了证明自己关于一神论的观点。

由此可见，利玛窦在设法将中国古代的思想加以修正，使其与天主教中的某些思想接轨，从而达到让中国人接受天主教的目的。

3. 灵魂不灭与天堂地狱，以报世人所为善恶

典型的基督教教义之一就是灵魂不灭，它是天堂地狱、得救永生的前提。没有灵魂不灭，则基督教的全部神话都会落空。在《天主实义》中，利玛窦将魂分为三类，即：生魂（植物）、觉魂（动物）、灵魂（人类）。

同时，利玛窦试图从中国的典籍中找到关于灵魂不灭的证据，他也确实也找到了：

《诗》云“文王在上，于昭于天”，“文王陟降，在帝左右”。周公、昭公何人乎？其谓成汤、文王既崩之后，犹在天陟降而能保佑国家，则以人魂死后为不散泯矣。

意思是文王死后仍然能够在天上保卫自己的国家，这就是灵魂不灭的证据，同时也说明，文王死后所去之处称为天，天就是天堂，这也就同时证明了天堂也存在于中国人的思想意识中。

接着，利玛窦试图向中士解释何为善恶：

无意则无善恶，无君子小人之判也。

何为有意无意？利玛窦给出一个例子：两位弓士，其中之一看到山林中有像虎的东西，怕伤及他人，射之，却误中他人；另一人看到有影如人，射之，其实鹿也。前者虽然误射他人，其实无意为之，本意为善，而后者则本意射人，故为恶。

至于如何区分善恶，利玛窦告诉我们所为之事须怀有正意：

吾言正意为为善之本，惟谓行吾正，勿行吾邪。

所以“子为养亲行盗”的行为也被认为是为恶，因为“盗”非正意也。

吾发意从理，即为德行君子天主佑之；吾溺意心，即为犯罪小人，天主且弃之矣。

这里利玛窦在劝人为善，告诫大家只有为善之人才能得到天主的保佑，而为恶之人必会被天主抛弃。

到此方知天主教中的善恶之分，既有善恶，则必有结果。在儒家思想中，“善有善报，恶有恶报”是我们一贯相信的，为大善者，必惠及下一代，为大恶者，必殃及子孙。而在利玛窦关于天主教思想的陈述中，本人所为善恶并不会报于子孙。

这也是对我国古典思想的一种修正补充。

本世之报，微矣，不足以充人心之欲，又不满诚德之功，不足现上帝赏善之力量也。

另外，报于子孙的做法不妥，子孙又有子孙之所为善恶，如果本人为恶而子孙为善，将恶之报于加之于善之所为则为不仁，若本人为善，而子孙为恶，则此回报为不义之报。那么最合理可取的回报就是“各任其报”，各人为各人所为之事负责。因此天主教里的“天堂地狱”一说更为合理。这里对儒家思想的修正其实是为了为天主教的思想找到合适的理由。

接着，利玛窦解释了何为“天堂地狱”：

天堂非他，乃古今仁义之人所聚光明之宇；地狱非他，乃古今罪恶之人所流秽污之域。

这样，通过对天堂地狱的描写使人们认识到要想死后享福，避免地狱煎熬，就有本世为善，忍受现世的苦痛，安于现状，只有这样死后才可以升入天堂永享极乐。

这样的思想迎合了统治者的专制统治，人们可以服从他们的专制而不去反对，有利于维护其统治。天主教也因此得到统治者的推崇，传教的阻力大大减少。这也符合利玛窦所谓的“上层路线”。

4. 人性本善与本善无恶

在传统的儒家思想中一贯主张“人之初，性本善”，认为人生来就是善良的，由于后天的各种因素才使得人又善恶之分。

利玛窦也将性善论的思想加以运用，在论证之前，他先给出了善恶的界定：

可爱可欲为善，可恶可疾为恶也。

接着利玛窦从天主教的思想中指出：

若论厥性之体及情，均为天主所化生，而以理为主，则俱可爱可欲，而本善无恶矣。

这里说的是天主造人，并赋予其性情，所以人的本性是至善无恶。这里又重复了上帝造人并且主宰万物的思想。

将“至善无恶”的天主教思想与儒家的“性善论”思想加以联系，目的是让中士宣扬天主教教义与儒家思想有相通之处。

5. 仁者，爱人与天主，爱人

至此，中士对天主教的态度已经相当宽容，对天主的态度也由原来的抵触与不理解变成了宽容与理解。

在讲述仁义之前，利玛窦先说明了何为“内学”：

吾所论学惟内也，为己也，约以一言，谓成己也。

意思是内学指的是一切成己之学，除此之外，其他学问均为外学。

在传统的儒家思想里，仁、义为两大德，尤以仁为其总纲。

司明之大功在义，司爱之大本在仁，故君子以仁义为重焉。两者相须，一不可废。然惟司明者，明仁之善，而后司爱者爱而存之；司爱者，爱义之德，而后司明者察而求之。但仁也者，又为义之至精。仁盛，则司明者滋明，故君子之学又以仁为主焉。

利玛窦大谈仁义之德，尤其侧重的是“仁”，因为他知道“仁”在整个儒家思想中的重要性，这里并不能说明利玛窦推崇儒家的仁义思想，其最终目的还是为了利用天主教的道德哲学来改造或补充儒家的“仁”。

由接下来的论述可以得出结论：

夫仁之说，可约而以二言穷之，曰爱天主，为天主无以尚；而为天主者，爱人如己也。行斯两者，百行全备矣。

孔子论仁，谓仁者爱人，仁是人与人关系的概念。而在这里，利玛窦把“仁”解释为爱天主及爱人如己，使仁成为表达神人关系和人际关系的概念。这是天主教里特有的概念，《圣经·新约》中耶稣称“爱主你的神”和“爱人如己”是“律法和先知一切道德的总纲”。但利玛窦把它以儒家的概念表述出来，使天主教观念穿上了儒家的外衣。而且不仅是穿了一件外衣，从利玛窦对两者的关系的陈述中可以看出，他是在儒家的仁学之上，又加了一条纲：

然二亦一而已。笃爱一人，则并爱其所爱者矣。天主爱人，吾真爱天主者，有不爱人者乎！此仁之德，所以为尊，其尊非他，乃因上帝。

从字面意思来看，爱天主和爱人的主次关系似乎很清楚：爱天主，及于其所爱者；真爱天主，能不爱人？以及仁德因天主而成为尊德。显然，爱天主是主，爱人是从。

利玛窦一方面称其仁学为成己之学，另一方面又说成己是为了符合天主之圣旨，并在规定仁时，把爱天主驾于爱人之上。在这里中士感到了困惑：

如是，则其成己为天主也，非为己也，则毋奈外学也？

意思是爱天主并非成己，那不就成了外学？对此，利玛窦给出的解释是：

仲尼说仁，惟曰“爱人”，而儒者不以为外学也。余曰仁也者，乃爱天主，与夫爱人者，崇其宗源而不遗其枝派，何以谓外乎？人之中，虽亲若父母，比于天主者，尤为外焉。况天主常在物内，自不当外。

利玛窦认为，孔子的“仁者，爱人”要求是成人成己，仍然是人我兼顾，并不是单纯地以他人为中心，是一种世俗的价值观。而利玛窦的仁学则是以天主为中心，虽则也崇宗源而不遗其枝派，即神人兼顾，是一种宗教信仰的价值观。从这方面来讲，天主的仁学就不能称其为外学了。

三

可以说，利玛窦为了向中国传播天主教，使天主教为中国人所接受，将天主教教义与儒家的传统思想进行了对比。通过这种附会的方法，居然证明了天主教与儒教并无不同。目的是为了说服中士为代表的中国人改变对儒家思想的偏信，而认为天主教与儒家思想有某种“亲缘”存在。这样的“合儒”工作真实目的是达到“超儒”，使得天主思想为中国大多数人接受，这种“亲缘”关系是否真正存在却有待商议考究。

参考文献：

刘耘华．2005.《诠释的圆环·明末清初传教士对儒家经典的解释及其本土回应》[M]. 北京：北京大学出版社．

何兆武．2007.《中西文化交流史论》[M]. 武汉：湖北人民出版社(4).

朱维铮．2001.《利玛窦中文译著集》[M]. 上海：复旦大学出版社．

张晓林．2005.《天主实义与中国学统·文化的互动与诠释》[M]. 上海：学林出版社．

关于个体主义和集体主义的跨文化述评

首都师范大学　雷　慧

摘　要：在跨文化研究中，研究者常常把个体主义和集体主义作为决定个体行为和价值观的两种基本维度。然而，关于个体主义和集体主义的理解众说纷纭，莫衷一是。本文主要地论述了个体主义和集体主义的定义，个体主义和集体主义维度，价值观跨文化研究存在的问题，个体主义和集体主义研究方法存在的问题及研究意义。

关键词：个体主义；集体主义；跨文化

1. 引言

随着跨文化交际的兴起与发展，跨文化交际学及其研究日益受到国内外学者的关注。对于什么是跨文化交际，学者胡文仲曾这样给它定义：可以说具有不同文化背景的人从事交际的过程就是跨文化交际(胡文仲，1999)。不同文化背景中的人们存在不同的价值观。价值观是跨文化交际的核心。不理解价值观方面的差异就不能真正理解跨文化交际。学者对价值观的定义各不相同。Samovar 和 Porter 认为："价值观通常是规定性的，告诫人们什么是好的和坏的，什么是正确的和错误的，什么是真实的和虚假的，什么是正面的和反面的，等等。文化价值观确定什么是值得为之献身的，什么是值得保护的，什么会使人害怕，什么是应该学习的，什么是应该耻笑的，什么样的事件会使人们团结起来。最重要的是文化价值观指导人们的看法和行为。"Geert Hofstede 的定义简明扼要：价值观是"喜欢某种事态而不喜欢另一种事态的大致倾向"。而个体主义和集体主义是决定着个体行为和价值观的文化变量，那么它在跨文化交际中的重要性显而易见。

2. 个体主义和集体主义概述

关于个体主义和集体主义的界定，理论界已有 300 多年的历史。早在 20 世纪六七十年代，美国心理学家 Hofstede 基于他从 1968 年至 1972 年间对 IBM 公司分布于全球 64 个国家的子公司中的雇员在价值观念和民族文化差异方面进行了一项大型研究项目。这个研究项目采用抽样调查的方式，涵盖了23个国家的学生，19个国家的社会精英，23个国家的商业航空公司飞行员，15个国家的高消费者以及14个国家的市政服务管理人员，最后发放的调查问卷总数约为116，000份。这项研究总结了反映民族文化差异的五个独立维度，将其中之一命名为个体主义/集体主义。Hofstede认为个体主义和集体主义是民族或者国家的一种特性，而非个体的。他认为，处于个体主义背景下的人们倾向于自我实现，个体创新，以“我”为中心，追求自我空间。美国作为这种文化的代表更重视个人权利、侵略、竞争、隐私等，而家庭关系、忠诚、和谐这些因素则被淡化。处于集体主义背景下的人们强调适应，从属于一个内圈，以“我们”为中心。中国作为典型的集体主义国家，它更重视等级、群体归属感、合作、圈内的责任和需要。

继Hofstede之后，1997年Peng Nis beett和Wong采用调查法对比了不同民族的文化与价值观，发现美国人主要表现出自我奋斗、自我实现等个体主义的价值观，而中国人则主要表现出集体主义的价值观。他对个体主义和集体主义作了界定：个体主义是指以西方文化为代表的价值观，主要表现在个人的自由、独特性等方面；而集体主义是指以东方文化为代表的价值观，主要表现出把亲近的人作为自我不可分割的部分，强调作为群体成员必须承担的责任，发扬牺牲精神，偏爱群体工作，注重群体成员之间的融洽及群体的发展，较少强调竞争，提倡“友谊第一，比赛第二”(吴兰花，2003)。

Triandis(1995)提出集体主义是包括紧密个体关系的社会结构。集体主义社会中的个人将自己视为团体(家庭、种族、民族)的一部分，他们会被集体的准则、责任激发，当个体目标与集体目标发生冲突时，他们优先考虑的会是集体目标，他们重视与集体中他人的联系。而个体主义是一种包含松散个体关系的社会结构。个体主义社会中的个体将自己视为集体中的独立个体，他们会被自己的喜好、需求、权利、与他人的约定等等激发，当个体目标与集体目标发生冲突时，他们会牺牲他人利益来保全个人利益，他们更加看重与他人联系的优劣势的理性分析。

3. 个体主义和集体主义维度

3.1 Triandis理论中个体主义和集体主义的四种构成

Triandis对于个体主义和集体主义的划分是基于Markus和Kitayama对自我的四种划分，即独立/依赖，同/异。这四种类型的结合就可以划分为：水平个体主义(独立/同)和水平集体主义(依赖/同)，垂直个体主义(独立/异)和垂直集体主义(依赖/异)。在集体主义文化中，水平主义包括与群体成员的社会联系及统一感。垂直主义指的是服务群体，为群体利益做出牺牲，并履行职责。在个体主义和集体主义文化里，垂直主义维度接受不平等，分等级和特权。这是“不同自我”的表现。相对而言，水平主义维度强调人们在大部分特性上应当是相似的，尤其是地位。这恰恰表现了不想从群体中突出的“相同自我”。

3.2 Triandis 对具体个体主义和集体主义的四种构成要素的解释

1)Markus&Kitayama(1991)认为自我在集体主义中是依赖的自我，在个体主义中是独立的自我。它可以反映在个体与群体成员共享资源或者遵守群体的准则程度上。

2)在集体主义中，个体和整体的目标紧紧相联系，而在个体主义中则并非如此。当群体目标具有优先权时，我们可以判定为集体主义；当个体目标具有优先权时，可以判定为个体主义。群体和个人目标可以共存时，一个人是具有集体主义性质的；群体和个人目标不可以兼容时，这个人则具有个体主义性质(Triandis，1988；S. H. Schwartz，1990)。

3)重视准则，职责的认知指导着集体主义文化下人们的社会行为。那些重视个体需求、权利、合约的认知则知道个体主义下人们的社会行为(Davidson et al.，1976)。

4)在集体主义文化中，重视关系是普遍的，即使是不利的群体关系。在个体主义文化中，人们则更重视维持优劣关系的理性分析(U. Kim et al.，1994)。

3.3 水平和垂直集体主义

水平集体主义代表着相同、相互依赖的自我，而垂直集体主义代表着不同、相互依赖的自我。Chen，Meindl 和 Hunt 参考了一些中国人的数据提出了水平和垂直集体主义的区别。他们发现有垂直集体主义倾向的中国人支持共产党引进的改革政策，而倾向于水平集体主义的中国人是反对改革的。假设说，垂直主义者比水平主义者对来自权威机关的指示更加敏感，他们更倾向于牺牲自己个人利益。水平主义者基本上可以坚持孔子的相互联系价值观，因此认为改革是增强人们之间的竞争，削弱团结的表现。他们的调查还发现垂直集体主义与年龄，拥有管理角色，组织中的年老程度等等有关。

3.4 水平和垂直个体主义

水平个体主义者将他们自己看做是相同的、独立的个体，强调自由选择和平等；然而，垂直个体主义者把每个人都看作是不同的、独立的，他们的目标是通过竞争追求成功和地位。在个体主义文化里，也存在水平个体主义和集体主义。在霍夫斯泰德的问卷调查中，瑞典人在个体主义方面获得了较高分数，但他们不喜欢“突出”的人。他们不喜欢做独特、引人注目的人，就像那些与其他个体成鲜明对比的美国人、英国人、法国人或者德国人。例如，只有2%的瑞典人口渴望高高在上的社会地位，相比之下，有7%的美国人，25%的德国人希望得到高的社会地位。因此，在个体当中还是存在区别的。在类似瑞典这样的个体主义国家文化中，相对而言，是属于水平个体主义的；而美国在个体主义文化中是相对强调等级地位的垂直个体主义。

3.5 水平个体主义和垂直集体主义

与水平个体主义者相比，垂直集体主义者认为文化中的个体是不同的，相互依赖的。他们更关注群体内成员，更尊重高地位成员。集体主义与权力距离紧密相关。垂直集体主义和水平个体主义是社会文化两种典型。但是在每种文化中，都存在一些水平和垂直个体主义，水平和垂直集体主义。在每种文化中，这四种类型中都有一个是模范典型文化。这四种类型都是根据情境的特殊性而变化的。美国无疑在社会情境中是倾向水平的，但在收入的不平等方面是倾向于垂直的。

4. 价值观及个体主义 & 集体主义研究方法存在的问题

4.1 价值观跨文化研究存在的问题

迟若冰在《国内跨文化价值观研究问题综述》中对中国期刊全文数据库(1999－2008)中66篇相关文章的题目、关键词和摘要内容进行分析，发现研究中的66篇文章，24篇没有标注具体理论来源的文章都是解释性研究，其他42篇使用特定理论的文章中6篇为量化研究。所有理论都出自西方，没有发现基于国内本土研究的理论。这说明了我国跨文化价值观研究还未形成明确的理论体系和学术惯例。

1980年以来，许多研究都采用了Hofstede的维度模型，或证实，或补充，或质疑了原理论，但近来研究视野中的所有相关文章均以早期模型为蓝本进行解释或批判。可见，一味地沿袭借鉴前人的研究造成了目前国内研究思路狭窄，理论滞后。同样关于个体/集体主义价值观维度，在Kluckhohn(1956)，Hsu(1963)；Hofstede(1980)，Kim(1986)，Schwartz(1992)，Triandis(1995)和Oysterman(2002)等人的研究中都被不断细化和改良过，但除了两篇硕士学位论文中有所体现外，其他文章都没有涉及。

4.2 个体主义和集体主义研究方法存在的问题

按研究方法之不同，将文章分为思辨性总结、实证研究两大类，实证研究又细分为定量研究、定性访谈、定量与定性结合研究以及内容(文本)分析。内容(文本)分析是传播学、语言学、文学常用的实证研究方法。

就量化研究来看，方法单一是最突出的问题，全部采用的是自我报告式态度检验问卷，且问卷选择上任意性强，较少给出令人信服的理由。由于跨文化研究的是不同的文化背景中的被试，所以在使用问卷法时有以下问题：第一，问卷在翻译过程中的问题，没有很好地以其所生活的文化为背景进行翻译。第二，因问卷回收率不是很高而影响了结果的准确性。第三，被试不愿合作而影响了问卷的真实性。例如，美国学生对那些涉及个人隐私的问卷会产生厌恶，在这种情况下要他们回答自己的真实想法是很困难的。第四，被试的卷面回答与他们在实际的生活中的行为往往是有很大差距的。因此，美国心理学家认为文化价值观不可能由态度调查法来测量，因为在这些反省性自述的调查中常常不能反映被试在真实的生活情景中所反映出的认知、动机、情感、行为等等。

此外，多数调查对对立假设控制不够，削弱了结论的逻辑说服力。这说明国内的跨文化研究者在量化研究上还欠缺经验，在研究设计上也缺乏创新。这些研究方法中除传统的问卷调查外，访谈法、观察法、实验法等都值得借鉴。比如 Triandis，Bontempo，Leung 和 Hui 在 1990 年进行的一次中美价值观比较研究时，采用了一种三人组协商形式，通过测量被试对所给价值观念含义达成一致意见所需时间以及意见的正负值来推测各组的价值观类型。

就质性研究而言，谈话法能够较真实地反应被试者的情况。但是同样也会出现一些问题：第一，由于主试和被试在一个面对面交流的环境当中，被试往往会由于压力而不愿回答自己真实的想法；第二，被试往往倾向于回答主试所期望的答案或者是社会所赞许的答案；第三，在对口头的回答进行整理时，往往会加上主试的主观价值判断。

5. 研究意义

个体主义和集体主义的跨文化研究带来的意义主要体现在以下几方面：第一，从它所取得的成果方面来看，把个体主义和集体主义作为研究文化的维度，使我们找到了一个考察文化的参照点，并用这种方式来考察人类文化的普遍性和特殊性。第二，从测量方法方面来看，可以使我们用量化的方式来考察不同文化背景中人们的行为。第三，从个体主义和集体主义的研究不足方面来看，使我们深化了对“文化”的理解，并寻找新的研究文化的方向，改善我们的测量方法，提高我们的统计技术。第四，个体主义和集体主义的跨文化研究所涉及的领域非常广泛，说明了研究具有较强的实用价值。

跨文化研究在国内发展日益蓬勃，虽然在研究的过程中会存在一些不足。但是，我相信，经过不断克服不足，总结经验，一定能使之完善起来，能够对建立本土文化研究提供一定的理论依据，对中国区域文化的研究有一定的借鉴意义，服务于社会主义和谐社会建设。同时，对于世界的跨文化交流提供更多的借鉴之处，增强人们跨文化交流中的跨文化意识。

参考文献：

Davidson，A. R.，Jaccard，J. J.，Triandis，H. C.，Morales，M. L.，& Diaz-Guerrero，R. 1976. Cross-cultural model testing：Toward a solution of the etic-emic dilemma[J]. International Journal of Psychology，11(1)，1-13.

Kim，U. 1994. Individualism and Collectivism：Theory，Method，and Applications [M]. California：Newbury Park Press.

Markus，H. R. & Kitayama，S. 1991. Culture and self：Implications for cognition，emotion and motivation[J]. Psychological Review，98(2)，224-253.

Triandis，Harry C. 1995. Individualism and Collectivism [M]. Boulder：Westview Press.

Triandis，Harry C. 1988. Collectivism v. Individualism：A Reconceptualization of a Basic Concept in Cross-cultural Social Psychology [M]. London：Macmillan Press.

迟若冰. 2009. 国内跨文化价值观研究问题综述[J]. 学术论坛 (1).

胡文仲. 1999. 跨文化交际学概论[M]. 北京：外语教学与研究出版社.

尤国珍. 2011. 近年来国内外价值观问题研究述评[J]. 四川大学学报(哲学社会科学版)(6)：27-31.

从目的论角度论戏剧翻译
——以《我们的小镇》中译本为例

首都师范大学　陈　莉

摘　要：本文从目的论角度探讨了舞台演出戏剧《我们的小镇》的翻译。舞台演出剧本的翻译区别于纯文本的翻译，需要译者运用不同翻译策略和技巧对原文进行处理。本文从演员、目的语受众和译者三个方面对《我们的小镇》中译本进行了分析。本文通过对该戏剧的分析，意在总结其不足，借鉴其成功之处来指导戏剧翻译实践。

关键词：目的论；舞台演出戏剧；翻译

戏剧是一种综合性、集体性很强的表演艺术，可供舞台演出，蕴藏着丰富的文化特色，当然也可以像小说、散文或诗歌一样供人们阅读，有一定的文学性。如果戏剧作为文本供读者阅读，其翻译要求译者准确传达原文意思，读者通过文字表达理解戏剧所要传达的信息；以演出为目的的戏剧文本翻译则要求译者考虑舞台演出的因素，也就是说把演员的表演和观众的接受性纳入到翻译过程中来。译者在进行舞台演出剧本的翻译时，一方面要尽可能地传递原剧本所表达的一切语言信息，另一方面还必须考虑到译本用于演出所具备的适合表演的特性。

1. 目的理论

德国的功能翻译理论产生于20世纪七八十年代，主要运用功能和交际方法来研究翻译。目的理论是德国功能学派提出的较为有影响力的翻译理论之一，研究角度倾向于功能化和社会、文化方向，而不是只依靠语言学来解决翻译实践中的问题。

目的论（Skopostheorie）的原文来自于希腊语 Skopos，意为"目的"、"意图"。目的论认为整体翻译行为的目的决定了翻译的过程（Nord，2010：27）。它强调翻译的互动和语用特征，目的语文本的形式应当由目的语语境中要达到的目的来决定。也就是说译者要在目的语的背景下，为目的语语言和目的语受众生产出一个译本。在翻译过程中，根据不同的受众对象采用不同翻译方法或策略，使接受者能够连贯地理解译文的意义与形式。目的理论主张遵循三个原则：目的原则（skopos rule）、连贯原则（coherence rule）和忠实原则（fidelity rule）（Nord，2010：32）。目的原则决定整个翻译过程中方法和策略的选择。连贯原则是指译文要符合目的语文内连贯的要求，译文必须符合逻辑，符合目的语的表达习惯，易于受众接受。忠实原则是在服从前两个原则的前提下，译文应忠实于原文。翻译本身是一个目的性的行为，因此翻译所要达到的目的必然决定了其行为的过程。

2.《我们的小镇》

《我们的小镇》（*Our Town*）（Wilder，2000）是美国剧作家桑顿·怀尔德（Thornton Wilder 1897—1975）的代表作，1938 年 1 月 22 日首演于新泽西州普林斯顿的迈克卡特（McCarter）剧场。2 月 5 日，《纽约时报》就称赞此剧取得了"当前戏剧舞台上最杰出的成就之一"。此剧荣膺了当年的普利策戏剧奖，在百老汇久演不衰，并在美国各地巡演。除了舞台戏剧外，此剧还被改编成了多种艺术形式。《我们的小镇》已成为一部美国家喻户晓的现代名剧。凭借此剧，桑顿·怀尔德也成为唯一一位横跨小说和戏剧两个领域的普利策奖得主。鉴于他的杰出成就，有的评论家甚至将桑顿·怀尔德与尤金·奥尼尔、阿瑟·米勒和田纳西·威廉姆斯并称为美国的四大戏剧家。近几年来，该剧不断被改编并在国内上演，夜语剧社和厦门大学都曾改编过该剧，梁志民导演也将此剧改编为台湾本土《淡水小镇》的故事。

《我们的小镇》（姜若瑜，2001）是由中央戏剧学院导演系姜若瑜老师所翻译。它描写了新罕布什尔州的一个小镇风光和两个普通家庭的日常生活。该剧分为三幕：日常生活、恋爱与婚姻、死亡。第一幕从季布斯医生接生完双胞胎回家开始，讲述了季布斯医生和威博先生两家平凡的一天生活。第二幕展现了两个年轻人艾米丽和乔治相爱结婚。第三幕描述了艾米丽因难产去世，灵魂不舍离去想要回到过去的场景。剧中没有复杂曲折的故事情节，也没剑拔弩张的冲突，主要讲述的就是人类从出生到死亡的循环过程——从生到死，从死到生，周而复始。该剧选取了人生中三个重要的时刻"出生、结婚、死亡"进行歌颂，为我们日常生活的琐事寻求一种至高无上的永恒价值。剧中的小镇极具普遍意义，即便展现的是琐碎的日常生活却并不显得单调乏味，相反，全剧充满着诗意，让人们去思考永恒的话题。

3. 分析译本

目的理论指出翻译行为的目的决定其过程，卡特琳娜·赖斯指出不同的文本类型必须采用不用的翻译方法及策略（刘军平，2009：372）。戏剧《我们的小镇》作为演出剧本，要求译者在翻译过程中考虑到其舞台演出的特点。

舞台戏剧表演多以对话的形式出现，因此译本必须具备口语化的特点。人物角色之间是大不相同的，剧本语言也要有个性。在舞台上呈现的演出，观众是必不可少的。离开了观众戏剧艺术的美学特性就不可能完整地体现出来，因此在翻译过程中，译者也要考虑到观众是否能够接受。下面分别从演员、目的语受众和译者角度进行分析。

3.1 演员角度

演员在剧本和观众之间起着连接作用，通过话语、肢体动作或面部表情来展现一部复杂而完整的戏剧。戏剧经过演员的演绎来传达其中的深刻含义。演员在舞台上主要是以话语的形式来呈现人物形象的，因此，译者翻译人物台词就至关重要，也就是说要考虑剧中话语是否符合目的语言习惯，具有口语化、个性化或简洁性的特点。演员在表演的时候，台词是否能够准确表达人物性格特色以及在特定的环境中展现人物的心理活动。

例 1. Dr Gibbs：Anything serious goin' on in the world since Wednesday?

季布斯医生：从星期三以来，这个世界有什么重大的事吗？

该句话是在季布斯医生和送报者小久·克洛威尔的对话中出现的。小久·克洛威尔送的报纸是由威博先生主编的，小镇的报纸“看守者”。季布斯医生问句里“in the world”译为“这个世界”是不准确的，而小久·克洛威尔的回答是“当然有，我学校的老师，福斯特小姐就要嫁到康克去了”，可以看出说的是小镇里发生的事情。就当时的语境来讲，“in the world”译为“镇上”更为贴切。

例 2. Mrs Bibbs：Well，dear，I think it's a good thing to spend some every now and then.

季布斯太太：宝贝，也得适当地花点儿。

对话能够反映出人物之间的关系，例句是早餐的时候季布斯太太和女儿蕊贝卡间的谈话。相对于儿子乔治总是钱不够花，女儿却一直存钱。这句话要表达母亲对女儿的疼爱。母女之间的话语应该是比较简单亲密的。译文在这点上恰到好处，若是原文直译成“我觉得不时地花点钱是一件好的事情”就会给人一种生硬的感觉，没有译文带给人的那种母亲宠爱女儿的亲密之情。

3.2 目的语受众角度

目的语受众即是观看戏剧的观众。演员和观众是戏剧艺术两个基本的重要组成部分。观众对舞台上的表演接收反应比如观众的笑声、沉默或紧张气氛都能传递给台上的演员。观众良好的反应会激发演员更好的表演，消极的反应则会让演员有消极情绪，影响演出发挥。在剧场近距离地接触演员，观众会有意识或无意识地有这样的疑问：演员能否很好表现所要扮演的角色？演出过程中会不会有什么惊喜？演员会不会在台上出错？在观看过程中，观众会不断地去寻找他们所要的答案。

从目的语受众角度来谈戏剧翻译，要求译者站在观众的立场来思考，是否能够满足他们对原语文化的理解，是否能够达到他们对戏剧本身的期望。观众要想欣赏戏剧就必须理解演员话语、演员的手势动作等等。场地布景和肢体动作都是比较直观的，观众在观看过程中就能很快理解。《我们的小镇》这部剧源自于美国，涉及美国文化背景的信息则需要做大量修改。

例 1. Stage Manager：This is Mrs Gibbs's garden. corn ... peas ... beans ... hollyhocks ... heliotrope ... and a lot of burdock.（Act One）

舞台监督：那是季布斯夫人家的花园，玉米……豆子……扁豆……芥菜，还有一些西红柿。

从译文可以看出，译者省略了对“hollyhocks”的翻译，意为“芙蓉花”，其叶子可作为药用。“burdock”文中改译为“西红柿”，本身的意思是“牛蒡”，一种药食两用的植物。“芙蓉花”和“牛蒡”这两种药用植物可以反映出季布斯医生的职业性，但多数观众对这两种植物并不了解，如果直译的话，会造成疑惑，因此译者对省略了前者的翻译，而将后者该为大家非常熟悉的蔬菜。译者做这样的处理是为了便于观众理解，体现出在翻译过程中从受众角度出发的方法。

例 2. Stage Manager：There are some more things we want to explore about this town. I think this is a good time to tell you that the Cartwright...（Act One）

舞台监督：在这个小镇我们还有东西要看，我们还要去了解别的方面。我们要站在未来的角度看现在……他们说这儿的冬天太冷了。我看他们在那儿变成了圣公会教徒。卡特莱特只是对在小镇建个新的银行感兴趣……

舞台监督的角色在这部剧中相当于旁白，介绍整个剧情发展，交代相关背景。从例 2 中的译文不难看出，在原文的基础上添加了部分内容。译文标出的部分介绍送报者小久·克洛威尔和杂货店摩根先生在将来发生的事情，让观众对剧中人物有进一步的了解，便于他们理解和欣赏剧情。随着剧情的发展，剧中人物的未来都会通过演员的话语来传达。例句中添加的部分使得上下文更加连贯，达到了目的理论连贯原则的要求。

例 3. Mrs Webb：Oh，I've got to say it：you know，there's something downright cruel about sending our girls out into marriage this way. I hope some of her girl friends have told her a thing or two. It's cruel，I know，but I couldn't bring myself to say anything. I went into it blind as a bat myself.

威博太太：我得说，你知道，把自己的女儿这样送上婚姻船是残酷的。我希望她的朋友们会告诉她一些关于婚姻的事，我知道，太残酷了！但是我自己什么也说不出来。我就像是一个盲人一样，什么也看不见。

父母在孩子结婚的时候，心情很是复杂，既高兴又不舍。威博太太在女儿婚礼前的这段话表达了在女儿出嫁时母亲内心的挣扎。“sending our girls out into marriage”译为“送上婚姻船”，用词形象生动，表现出送女儿出嫁时的难舍难分之情。“blind as a bat”是英语中的习语，如果直译为“像蝙蝠一样瞎”，观众会很难理解，因为不符合目的语的表达习惯。译文中处理为“盲人”，受众对“盲人”的理解更直接。

3.3 译者角度

目的理论指出决定翻译过程的是整个翻译行为的目的。威密尔把目的原则解读为：每一个文本都是为了某一特定的目的而生，就应当为该目的服务，也就是说在一定的环境中，译本应当起到人们所期望要达到的目的的作用。那么，翻译行为的目的也可以从译者角度来分析。《我们的小镇》的译者翻译这部剧的目的就是为了在国内演出，其首要目的就是表演。

例 1. Stage Manager：Do you，George，take this woman，Emily，to be your wedded wife，to have...

...

Do you，Emily，take this man，George，to be your wedded husband...

舞台监督：你，乔治，是不是接受这个女人，艾米丽，成为你的妻子……

……

你，艾米丽，是不是也接受这个男人，乔治，成为你的丈夫……

中西方文化的差异体现在很多方面，比如宗教信仰、饮食习惯等等。在该剧第二幕呈现的是恋爱与婚姻，观众可以感受西方婚礼仪式，领略异国文化。舞台监督扮演牧师，婚礼很有仪式感。对原文的翻译采用直译能原汁原味地展现原语文化。

例 2. Dr Gibbs：How'd you sleep last night，Julia?

Mrs Gibbs：Well，I heard a lot of the hours struck off.

...

Mrs Gibbs：...but I always find something to say. Did you hear Rebecca stirring around upstairs?

译文将画线部分的位置重新调整，放到季布斯太太和季布斯医生商量儿子婚事的场景中，与上下文衔接更加紧密。译者考虑到演员出场、舞台布置等因素，而对场景顺序做出合理的调整。剧中的对话都来源于人们日常生活，译文的处理也比较符合口语化和简洁化的特点。译者在翻译过程中对原文做任何处理或改动，不论是从演员、观众或译者自己的角度出发，都必须牢记舞台演出这个目的，译作才能最大可能地达到这个目的。

6. 结语

本文通过对《我们的小镇》进行分析，探讨目的理论在戏剧翻译中的应用。译者对原著(*Our Town*)的改译、删除或增加基本都符合目的理论的要求，一些细小的不足可以进一步改进。译者在对戏剧文本进行翻译的时候，一定要考虑到戏剧翻译的特殊性，尤其是舞台演出剧本的翻译。对于不同类型文本需要使用不同的翻译策略和技巧使其在舞台上呈现出不同的效果。舞台演出戏剧的翻译的最终目的是指导整个翻译行为的最高原则，一切翻译方法都是为这个目的而服务的。目的理论为戏剧翻译理论提供了新的视角，为戏剧翻译实践起到指导作用。

参考文献：

Nord, C. 2010. Translating as a Purposeful Activity—Functionalist Approaches Explained[M]. Shanghai: Shanghai Foreign Language Education Press: 27, 32.

Wilder, T. 2000. Our Town and Other Plays[M]. London: Penguin Books Ltd: 21－91.

[美]T. 王尔德 . 2001. 我们的小镇 . 姜若瑜译，未出版 .

刘军平 . 2009. 西方翻译理论通史[M]. 武汉大学出版社：372.

论自由间接引语在意识流小说中的作用
——以伍尔夫小说为例

首都师范大学　李彧娟

摘　要： 自由间接引语是一种介于间接引语和直接引语的表达形式。它结构上的不确定性能使叙述者的声音和人物的声音摇摆不定。其“亦此亦彼”的双重身份使叙述干预具有隐蔽性和欺骗性，能够在“叙述干预”与“自然真实”之间求得秩序和平衡，让两者完美地融为一体。因此它的“双重声音”为意识流作家精心控制语篇提供了理想的物质手段，在意识流小说中得到了广泛的应用。本论文会以伍尔夫的小说为例，探讨意识流小说中自由间接引语所起的作用。

关键词： 自由间接引语；意识流小说；叙述干预

1. 引言

现代小说理论奠基人亨利· 詹姆斯认为，小说家毫不掩饰地叙述声音无疑会破坏小说的艺术真实。叙述者妄加评论的做法不仅破坏了艺术的真实性，同时也破坏了读者与故事的关系。随着欣赏能力的成熟，不再相信叙事权威的现代读者开始讨厌这种上帝般全知型的叙述，希望自己对故事进行独立解读。在此背景下，乔伊斯、伍尔夫等意识流作家积极探索，另辟蹊径，以最大限度降低作家的叙述声音来实现艺术的似真效果，因此意识流作品中“内心独白”的“原生态”必然受到文学评论家的高度赞扬和推崇，因为它降低了作者的叙述干预。但事实上作者不可能全部隐退，在意识流小说中自由间接引语这种语言表达形式频繁地出现就是一个很好的证明。本论文旨在探讨在意识流作品中自由间接引语这种语言表达形式是如何在“叙述干预”与“自然真实”之间求得秩序和平衡的。

2. 自由间接引语的定义和特征

对自由间接引语的关注至少可以追溯到 20 世纪初。这也正是意识流小说初登世界文学舞台的时候。从现代文体学的创始人巴里在 1912 年提出从现代文体学提出“自由间接文体”(Le Style Indirect Libre Francais Moderne)这一术语以来，“自由间接话语”(Free Indirect Discourse)，简称 FID，包括“自由间接引语”(Free Indirect Speech)和自由间接思维(Free Indirect Thought)作为一种呈现小说中人物言语和思想的文体形式在西方文学评论界、文体学界备受关注。利奇和肖特(Leech & Short，2001：318)在《小说中的文体》一书中对小说中表达人物言语和思想的各种方式及其语言特征、功能和文体价值进行了深入系统的探讨，把小说人物话语的表达方式分为五类：直接引语 (DS)、间接引语 (IS)、自由直接引语(FDS)、自由间接引语 (FIS)和语言行为的叙述报告(NRSA)。在这些表达形式中，自由间接引语由于其特点和表述上的优越性，成为现代英美文学作品中一种常用而又重要的话语表达方式，了解它的形式与功能，对作品的欣赏、批评或创作具有重要意义。

自由间接引语是一种复杂的转入别人的语言和思维活动的表达方式，常用来描写或叙述人物内心活动。作为间接引语和直接引语的混合形式，它除了省略引号与引入分句外，人称及时态与间接引语一样要改变。省略引入分句后，原来的从属分句获得独立句子的地位。

请比较：

(1)He said，“I have made no plans for my retirement.”

(直接引语)

I have made no plans for my retirement，he exclaimed.

(自由直接引语)

(3)He said that he had made no plans for his retirement.

(间接引语)

(4)He had made no plans for his retirement.

(自由间接引语)

通过比较，我们可以发现作为间接引语和直接引语的混合形式，因摆脱了引导句，受叙述语语境的压力较小。自由间接引语“自由”特征的优势之一可以像直接引语那样保留体现人物主体意识的语言成分，如原话中的时间和地点状语、疑问句式或感叹句式、不完整的句子、口语化或带感情色彩的语言成分，以及原话中的时间或地点状语等，体现人物主体意识的个人口头语、粗俗语、行话、俚语等在自由间接引语中都可得到还原，且不会改变其内涵。L. 施皮策 (L. Spitzer)将自由间接引语定义为模仿与被模仿，即叙述者对人物的模仿与学舌。通过自由间接引语，作者的叙述中巧妙地插入复制人物语言内涵、风格和语气的生动语言。自由间接引语在小说中与叙述语的人称与时态保持一致，两者自由衔接，浑然一体，有时难以区分。

因此，自由间接引语的本质是人物的话语借作者(或叙述者)之口说出，是人物话语掩护下的叙述语。通过它，不仅人物的主体意识得到充分体现，而且人称与时态的改变暗示着叙述干预的存在。它是叙述者和人物两者声音的融合，这种"双重性"也被西方批评家称为"双重声音"(double voice)或"双重观点"(double perspective)。

总之，借助于自由间接引语的双重声音造成一种错觉，即人物的意识是直接呈现给读者的。干预的隐蔽性使读者乐意接受和认同作者的观点。然而，"作者可以在某种程度上选择掩饰和隐蔽自己，但绝对无法选择取消自己"(Booth，Wayne C.，1983：20)。不管作者多么高明，仍然能够找到他对整个语篇实施宏观干预的痕迹。

3. 自由间接引语在意识流小说中的作用

"意识流"是西方现代文学艺术中，特别是小说和电影中广为应用的写作技巧。是现代派小说的一个重要类型。意识流小说的最大特色，是打破了介绍人物、安排情节、评论人物的心理活动的方式，而直接表达人物的各种意识流动的过程。意识流小说注重表现人物意识活动本身，作家退出小说，着力描写人物心理的种种感受，开掘深层的意识来展露隐蔽的灵魂和内心世界。描写的方式有内心独白、自由联想、意识迁移、意识流语言。

表达意识流的一种形式是自由直接引语。在表现人物心理方面它无疑有更明显的直接性和生动性。但除了自由直接引语以外，表达意识流的另一较好形式是自由间接引语。其原因是现代派作家运用意识流的手法来表现人物的内心活动，而自由间接引语却正是适合做这类心理描写，它是表现人物意识流的良好手段。这也是由自由间接引语的双重性决定的。一方面，自由间接引语这一形式在作者采用第三人称和过去时来转述人物活动的情况下，可以充分表现人物非理性的内心意识活动，使读者能直接进入人物的意识中去，发现人物内心世界的奥秘，并且作者运用自由间接引语表现人物的思想和言语时，常常使用大量的感叹句、疑问句、不完全句以及通过人物特有的语言或标点符号和拼写方法等不规范的语言成分，创造跳动变换的言语环境，以表现人物复杂的思想和瞬间的感受。另一方面，自由间接引语能使人物的意识更自然地与叙述者的话相混合。但是它所表现的自我意识感相对自由直接引语较弱，因而它表现那些仅仅被人物感受到的、不完整的且尚未形成语言的心理活动较为有利。

4. 以伍尔夫的作品为例

弗吉尼亚·伍尔夫是运用自由间接引语的高手，她的杰作《到灯塔去》与

《达洛维夫人》可以作为她圆熟掌握这一技巧的注解。伍尔夫运用自由间接引语进行叙述干预塑造人物形象的手法集中反映在对书中主人公拉姆齐夫人的塑造上。她远远超出了简单片面的“一切美好品质的化身”。她的可贵之处在于，她能够通过真诚的自我剖析，正视自己性格中的缺点，不断使心灵得到净化。下面这个片段讲述的是习惯于受人赞赏和爱慕的拉姆齐夫人特意向孤僻的卡迈克尔先生表示友好却遭到他的拒绝和回避时感觉受到伤害的心情。正是在这种特殊心态之下，她开始在自我反省她“给予的本能”，但由于叙述者的干预，给读者造成的效果截然不同：

All this desire of hers to give, to help, was vanity. For her own self-satisfaction was it that she wished so instinctively to help, to give, that people might need her and send for her and admire her? Was it not secretly this that she wanted, and therefore when Mr. Carmicheal shrank away from her, as he did at this moment, making off to some corner where he did acrostics endlessly, she did not feel merely snubbed back in her instinct, but made aware of the pettiness of some part of her, and of human relations, how flawed they are , how despicable , how self-seeking , at their best.

如果读者完全接受这段自我反省为事实，那么在其心目中拉姆齐夫人的形象就会面临崩溃的危险。因为一旦读者认定她最受赞赏的美德“给予的本能”完全是出于对虚荣心的自我满足，拉姆齐夫人的形象就会变得虚伪自私，令人无法忍受。但叙述者改变了这一切。自由间接引语中多个反义疑问句的运用突出了她的坦诚和对自己毫不留情面的严厉，而从她对人类自私本性的感叹中，读者也可以体会到叙述者同情与敬佩的语气，从而对她真诚的自我剖析产生敬佩之情。这个例子说明伍尔夫以自由间接引语作为控制意识流的叙事手段，将小说人物的意识之流纳入作者的导向，读者不是被动地接受作者对于人物内心世界的展现并迷失在人物看似混乱无序的意识流之中，而是在叙述者的引导下运用自己的智慧和判断力掌握作者的透视角度，重建人物内心世界，并从中体会阅读的乐趣。由此可见，伍尔夫并未放弃作为作者的全知能力，而是采取了独特的方式来控制人物的意识流。

再如小说《达洛维夫人》中对于达洛维夫人心理的描写。

多美好！多痛快 ！就像以前在布尔顿的时候，当她一下子推开落地窗，奔向户外，她总有这种感觉，此刻耳边依稀还能听到推窗时铰链发出轻微的吱吱声。那儿清晨的空气多新鲜，多宁静，当然比眼下的更为静谧；宛如波浪拍击，或如浪花轻拂；寒意袭人，而且（对她那样年方十八的姑娘来说）又显得气氛肃穆；当时她站在打开的窗口，仿佛预感到有些可怕的事即将发生；她观赏鲜花，眺望树木间雾气缭绕，白嘴鸦飞上飞下；她伫立着，凝视着，直到彼得·沃尔什的声音传来……

在这一段中大量运用自由间接引语揭示达洛维夫人独自漫步伦敦街头时的凝思遐想：她沉浸在对美好往事的回忆中，喜悦的心情溢于言表。既然“自由间接引语是叙述者和人物之声的双声语”(申丹，2005：305)。我们在这里是否能够听到叙述者对这种喜悦心情认同的声音呢？答案是肯定的。然而，与传统的全知叙述相比，叙述者的声音明显是隐蔽的，叙述者的态度与观点是附着于人物话语之中，借人物之口说出的，貌似叙述语的自由间接引语造成一种错觉，即人物的意识是直接呈现给读者的。也正因为如此，才造成读者阅读时在“如坠云里雾里”的感觉中稀里糊涂掉进叙述者设下的圈套，乐意接受其干预。读者要仔细解读，才能体会、领略其中的奥妙与韵味。

这样的例子在伍尔夫的作品中比比皆是：

(1)Poor old bird! She did look dashed.（Mansfield，Life of Ma Parker）

(2)Why these people stood that damned insolence he could not conceive.（Woolf，Mrs. Dalloway）

(3)And the prince—Ah! The prince! Who took wonderfully，they said，after old King Edward，but was ever so much slimmer.（Woolf，Mrs. Dalloway）

(4)It was awful，he cried，awful，awful! Still，the sun was hot. Still，one got over things. Still life had a way of adding day to day. Still，he thought，yawning and beginning to take notice—Regent's Park had changed very little since he was a boy...（Peter，Mrs. Dalloway）

(5)But no，he wanted nothing.

She told the story; an affair at Oxford with some girl; an early marriage; poverty; going to India; translating a little poetry very beautifully，I believe，being willing to teach the boys Persian or Hindi，but what really was the use of that? —and then lying，as they saw him，on the law.（Mrs. Ramsay，To the Lighthouse）

(1)、(2)分别使用了人物偏爱的词汇（Poor old bird)和口头禅(damned)。(3)句子开头用了小写字母，破折号后面引进了人物对 prince 的感叹。(4)描绘彼得三十年前与恋人分道扬镳，今日重逢时的内心感受，“awful”的叠用形象地表达了他对过去经历的遗憾与悔恨之情，“Still”的重复衬托出今非昔比的对应关系。(5)是以自由间接引语展示的，当读者读到 but what really was the use of that? —and then lying，as they saw him，on the law 时，由于一种强烈的模仿，我们仿佛听到了拉姆齐夫人的声音。因为在这时叙述者钻进了拉姆齐的意识并且模仿她的思维。

通过以上的实例，我们看到为达到内容与形式的完美统一，意识流作家充分利用自由间接引语的"自由"特性，经常将语序颠倒错置，甚至机械地重复一两个最达意、最富于感情色彩的个性化词语，不仅能达到生动形象的效果，还能创造跳动变幻的言语境界，表现人物复杂的思想和瞬间的感受。正如王黎云、张文浩在《自由间接引语在小说中的运用》一文中所提"人的意识具有流动性和飘忽性，通常都是无逻辑地杂乱无章地在大脑中涌现。自由间接引语的形式最能自然地如实地记录人们的意识活动"。

5. 结语

自由间接引语其"亦此亦彼"的双重身份使叙述干预具有隐蔽性和欺骗性，能够在"叙述干预"与"自然真实"之间求得秩序和平衡，让两者完美地融为一体，从而增强文学作品的可信性，实现意识流作者所追求的"真实"的宗旨。因此，在此基础上形成的叙述的似真化、叙述主体的隐蔽化和叙述视角频繁转换等叙事美学思想对当代文学创作和美学研究起到了重要的指导作用。

参考文献：

Booth, Wayne C. 1983. The Rhetoric Fiction[M]. Chicago: University of Chicago Press.

G. Leech and M. Short. 2001. Style in Fiction [M]. 北京：外语教学与研究出版社 .

[美]布斯 . 1987. 华明，胡晓苏，周宪译 . 小说修辞学[M]. 北京：北京大学出版社 .

谭君强 . 2005. 叙事作品中的叙述者干预与意识形态[J]. 江西社会科学(3).

申丹，韩加明等 . 2005. 英美小说叙事理论研究[M]. 北京：北京大学出版社 .

申丹 . 1991. 对自由间接引语功能的重新评价[J]. 外语教学与研究(2).

申丹 . 1999. 有关小说中人物话语表达形式的几点[J]. 外语与外语教学(1).

申丹，韩加明等 . 2005. 英美小说叙事理论研究[M]. 北京：北京大学出版社 .

弗吉尼亚·伍尔夫 . 2009. 翟世镜译 . 到灯塔去[M]. 上海：上海译文出版社 .

弗吉尼亚·伍尔夫 . 2000. 孙梁，苏美译 . 达洛维夫人[M]. 上海：上海译文出版社 .

李维屏 . 1996. 英美意识流小说[M]. 上海：上海外语教育出版社 .

王黎云，张文浩 . 1989. 自由间接引语在小说中的运用[J]. 外语教学与研究(3).